鐵人三項完全指南

Triathlon Manual:
How to train and compete successfully

Sean Lerwill
西恩・樂威爾 著
吳家慶 總編譯

譯者序

鐵人三項的終點那麼遙遠，過程那麼費力，以致於很多人將它當成天方夜譚。第一場現代鐵人三項比賽誕生於一九七四年九月二十五日在美國的聖地牙哥任務灣。比賽首先是跑步，然後接著騎車、跑步、游泳、跑步、游泳、跑步、游泳、跑步，最後以游泳結束，總共有十個階段。而一九七八年的 Ironman Triathlon 比賽則確立了現今鐵人三項比賽的順序：游泳、騎車、跑步。

《鐵人三項完全指南》以實用為導向，有別於偏重訓練理論，或是以聊天性質為主的鐵人三項運動書籍。本書主要是針對初學者所編寫，內容包括心理動機、能量與營養、訓練計畫與方法、各項運動的技術練習與器材介紹，以及許多實用的比賽經驗與訣竅。如果你已經是鐵場老將，本書也有許多內容可以讓你的訓練安排更加全面，例如肌力與體能訓練、運動傷害與復健等。此外，還有專章介紹女性生理特性與鐵人三項訓練的內容。比較特別的是，作者還提到小鐵人運動的益處，也說明了英國小鐵人發展的概況，提及有家公司為了促進小鐵人的發展，從二〇〇七年起免費提供 8～13 歲兒童單車、安全帽及衣服等裝備服務，至今已有六萬名兒童受惠。這項資訊對台灣小鐵人運動的推展極具參考價值。由於市面上較少看到有關小鐵人運動的書籍或刊物，因此本人願藉此機會為讀者們補充較多的相關資訊。

歐美各國的小鐵人競賽已有三十年的歷史，親子參與、樂在其中一直是小鐵人運動的主軸。小鐵人競賽是以性別和每一歲做為分組的依據，賽程距離隨年齡的增長而增加。各國的小鐵人競賽在不同年齡的游泳、騎車、跑步距離也有些許不同，以下列舉英美加等國的現況：

國家	年齡	游泳	騎車	跑步
英國	7～8 歲	25 公尺	1 公里	0.5 公里
	9～12 歲	50 公尺	2 公里	1.0 公里
	13～16 歲	100 公尺	3 公里	1.5 公里
美國 Ironkids	6～8 歲	50 公尺	3.2 公里	0.5 公里
	9～11 歲	150 公尺	6.4 公里	1.6 公里
	12～15 歲	300 公尺	12.8 公里	3.2 公里
加拿大	12～13 歲	300 公尺	15 公里	3 公里
	14～15 歲	500 公尺	15 公里	4 公里
	16～19 歲	750 公尺	20 公里	5 公里

而台灣最具規模的小鐵人系列競賽則是 7 ～ 12 歲的比賽距離都相同，游 200 公尺、騎 3.5 ～ 5 公里、跑 1.25 公里。

台灣的小鐵人競賽越來越受到家長的注目，這也會是培育台灣優秀鐵人三項選手的搖籃。我對小鐵人的訓練有以下的建議：（1）保持樂趣，不要過早與過度專業化訓練。（2）運動前充分的熱身，訓練後適當的伸展。（3）各項運動體能與技術均衡發展，避免只從事耐力運動訓練。（4）選擇適當與安全的運動場所。（5）每次訓練都要有教練或家長的監督。（6）生病或發燒時避免激烈運動。（7）正確地處理運動傷害。（8）注意水分與營養的補充。（9）確實穿戴與使用合適、合身的護具與器材，如安全帽、腳踏車、跑鞋等。（10）小學生一週不安排超過六次的練習，每次練習不超過 90 分鐘。（11）一週要有兩天的完全休息。（12）每週安排一次腳踏車加跑步的轉換練習。另外，家長應親身參與小孩的訓練過程，而非僅是作為旁觀者。若家長能與小孩一起運動、學習，除了可增加親子間的互動，大人的以身作則也會對小孩產生巨大的正面影響。

本書的翻譯工作都是由鐵人三項愛好者所完成，第 5 章是由任教於國立臺北大學李至斌老師所譯、第 3、10、12、13 章由任教於國立屏東科技大學吳柏翰博士協助翻譯，其餘各章則是由程奕嘉、楊依晉與我共同翻譯。

近幾年台灣鐵人三項賽事場次逐漸增加，Ironman、Challenge 等國外知名的鐵人三項運動組織也相繼在台灣舉辦賽事。二〇〇三年我與好友一同參加 Ironman New Zealand 的比賽。我們在天色未亮的陶波湖畔喝著咖啡，懷著興奮的心情準備開始熱身，當時還邊做操邊討論：「如果台灣也有 Ironman 比賽那該有多好！」如夢一般，二〇一〇年我協助好友成立台灣鐵人三項公司，同時引進 Ironman 70.3，也將於二〇一五年舉辦 Ironman Taiwan。最後感謝麥格羅．希爾國際出版公司引進此書，在緊接著單車熱與正夯的馬拉松熱之後，期許這本實用價值極高的鐵人三項訓練書能夠再引領另一波的鐵人三項運動風潮！

用意志力執行這本書的內容，然後超越自我贏得「鐵人」的稱號！

吳家慶

鐵人三項運動員、運動生理學博士

2014.9

目錄 Contents

前言

在一九七一年時，三十五歲的我與其他幾百萬的美國人一樣加入了慢跑的熱潮。接著，我開始參加路跑比賽，那在當時是相對小規模且便宜的活動。在此之前，我的運動員生涯包括八年的高中與大學游泳隊，還有一九五七年在 100 碼蛙泳項目被提名選入大學和美國業餘體育運動聯合會的美國隊（AAU All-American teams）。

我曾構想過一個結合跑步和游泳的運動競賽，會同時著重兩種項目，並包含了數個賽段。一開始的跑步賽段可以穿著跑鞋，而其後的賽段則可能得赤腳在草地或沙地上進行。聖地牙哥任務灣（Mission Bay）的費耶斯塔島（Fiesta Island）附近就是非常合適的地點。我設計了一個課表，並將它放進聖地牙哥跑步俱樂部的行事曆裡。那時有人提議將我和唐 ‧ 夏納漢（Don Shanahan）的想法合併，這樣行事曆上就不會有太多「奇怪」的競賽。畢竟，這是跑步的俱樂部。我連絡唐之後得知，他想要舉辦的是一個包含自行車賽段的比賽。

最後，我們決定將這個活動取名為任務灣鐵人三項賽，報名費好像是 1 美元。傳單上說參與者必須自備腳踏車。現在這看起來可能很奇怪，但當時我們覺得自備單車這個要求是必要的，因為曾有人問我主辦單位是否會提供。

當我們訂做獎盃時，那家店的老闆詢問該如何拼寫「triathlon」一字，因為他翻遍了所有的字典都找不到。我那時想，如果任何一本字典裡都沒有，那這個字大概不存在。我最好決定一下它的拼寫方式。既然現代五項運動（pentathlon）、七項運動（heptathlon）和十項運動（decathlon）都被用過了，我想這樣的拼法是最明顯不過的選擇，不過那也讓當時的我看起來似乎大權在握。

在比賽那天，一九七四年的九月二十五日，四十六位熱情的參賽者越過起跑線，對於這場在平日傍晚進行的別開生面的比賽，這樣的人數遠遠超出我們預期。雖然唐因為受傷而未能參加比賽，但我還是得完成它。我們共同承擔賽前的責任，但當活動開始之後，他就是這場賽事的總指揮。

原本我們期待這場比賽的冠軍應該在低於一小時內完賽，但我們也預測某些參賽者可能會需要兩倍久的時間才能完成。天色昏暗顯然會是個問題，所以我們安排了幾輛車，用頭燈來照明最後一段的游泳賽段。當最後幾名三項運動的先驅者們越過了小海灣抵達終點線時，天色已經全黑了。

這些人都沒有以「三項運動員」（triathlete）或「綜合訓練」（cross-training）而聞名，因為這兩個詞彙在當時還不存在。大部分的人都沒有競賽用的單車，而有些人充其量也只是業餘泳者，但這些人仍然有冒險精神，能在上完一天班之後出來參與這項新的運動競賽。今天的三項全能運動員對在完賽名單中的幾個人名可能都會覺得非常熟悉，但其中最應該被記得的是當時名列第三十五名的那個人，約翰 ‧ 科林斯（John Collins）——四年後創立了 Ironman 公司——才剛完成他人生中的第一場鐵人三項比賽。

大部分的單車都是沙灘腳踏車和三段變速車。僅僅只是騎著我兒子的原始十速公路車，我騎的就已經是場上最高級的幾台車之一了。當我下了車，嘗試要使雙腿跑動起來時，卻感覺它們根本就不屬於我的身體。我哀叫了一聲，還聽到有人對我吼道：「看吧，都是你們出的餿主意！」那次我以第六名結束比賽。

再接下來的幾年，這個地方性的活動變得越來越有名，而且有少數運動員已經開始將鐵人三項運動當作他們的專精項目了。包括第二屆 Ironman 的冠軍湯姆 ‧ 華倫（Tom Warren），還有兩屆 Ironman 冠軍史考特 ‧ 廷利（Scott Tinley）。

一九九八年十月，我很榮幸地和戴夫 ‧ 潘（Dave Pain）、唐 ‧ 夏納漢、比爾 ‧ 菲利普斯（Bill Phillips）與湯姆 ‧ 華倫一同獲選進入了《三項運動員》雜誌（Triathlete Magazine）的名人堂。

對我而言，從一開始在聖地牙哥任務灣的微小開端至今，現在三項競賽已經有了奧運正式項目，並有許多比賽在世界各地舉辦，這已經夠令我滿足了。

傑克 ‧ 強斯頓

第一場鐵人三項比賽創始人

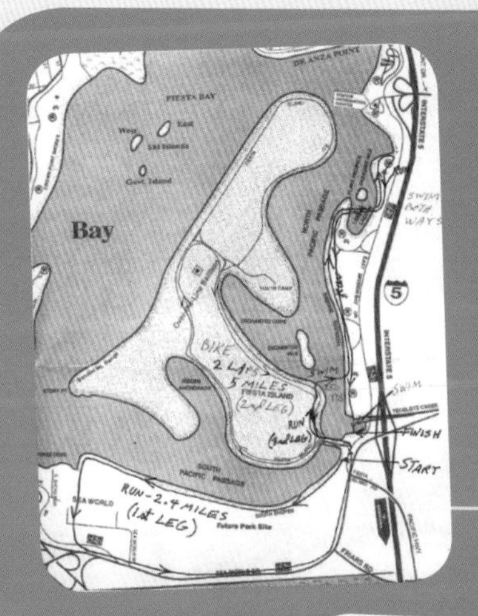

第一場鐵人三項賽的路線圖（一九七四年九月二十五日）

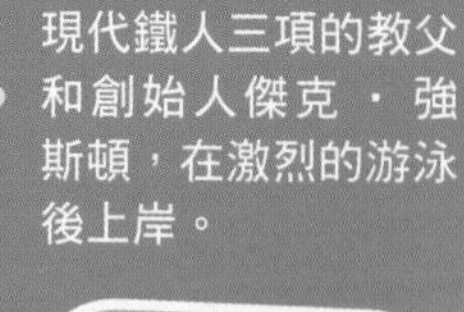

現代鐵人三項的教父和創始人傑克 ‧ 強斯頓，在激烈的游泳後上岸。

一九九八年鐵人三項運動員雜誌名人堂：比爾 ‧ 菲利普斯（第一場鐵人三項賽的優勝者）、戴夫 ‧ 潘（戴夫 ‧ 潘生日鐵人兩項賽的創始人）、唐 ‧ 夏納漢與傑克 ‧ 強斯頓（第一場鐵人三項賽創始人）

引言

雖然鐵人三項從一九七〇年代開始就存在了，但這項運動真正變得受歡迎也不過是最近幾年的事而已。長久以來，它一直被視為一種只適合擁有驚人耐力，且或許是感覺不到痛苦的人的運動。拜其名所賜，超級鐵人三項運動（Ironman triathlon）因此被視為是對耐力運動選手的真正考驗，而馬拉松和超級馬拉松則被遠遠的拋在塵土中。

最近幾年，健身房、地方政府、甚至是學校都已經開始將超級衝刺距離鐵人三項運動（Super Sprint Triathlon）[1]和衝刺距離鐵人三項運動（Sprint Triathlon）[2]引入健康計畫，向人們開啟了邁入這項運動的大門。隨著一些職業與半職業的運動員開始放下他們本身的運動專項，轉而投入鐵人三項比賽中，這種趨勢的成長非常顯著。鐵人三項被視為時尚的休閒運動，成為一種你可以自豪地說你在訓練的項目（主要是在都市裡）。同時，相關的比賽、配備、教練，當然還有書籍，也全都出現在市場上。隨著受過專業訓練的三項運動員的出現，這項運動的知名度更是水漲船高。

這本書主要是針對想要嘗試鐵人三項的入門者，還有那些已經歷過一兩場鐵人三項比賽而還想更精進的人所寫。這本書收集了所有我自己的比賽與訓練，當然也包含在訓練其他人的過程中所累積的訣竅與建議。如果你是一個經驗豐富的三項運動員，我無法保證這裡一定有你不知道的資訊，但我以皇家海軍陸戰突擊隊的背景，提供你健康、健身和運動飲食方面更深入的解說，所以誰知道呢？就算只是一個新的訣竅，也可能造成不同的效果！再不然，你也可以把這本書視為一個有價值的鐵人三項知識庫。

鐵人三項運動的歷史

關於鐵人三項運動的起源有兩個理論：一個是從一九七四年開始，另一個則是一九七八年。前者的競賽是我們現在所謂鐵人三項運動的出現，而後者則是現在所謂「超級鐵人三項」比賽的起始年。

一九七四年九月二十五日，美國聖地

牙哥跑步俱樂部的傑克．強斯頓和唐．夏納漢在聖地牙哥的任務灣一同舉辦了第一場包括游泳、騎自行車與跑步的比賽。那時的比賽距離是跑 6 英里，騎車 5 英里與游泳 500 碼；多數的跑步過程是在草地與沙地上進行，所以是完全的赤腳。傑克不只組織了該場活動，也下場競賽，以總排名第六的成績在比爾．菲利普斯（以 55 分 44 秒獲勝）、葛瑞格．吉拉斯比（Greg Gillaspie）與戴夫．米契爾（Dave Mitchell）之後完賽。大部分的參賽者不是跑者就是泳者，並不擅長其他項目。令人驚訝的是，以第三十五名完賽的約翰．科林斯在參加了這場鐵人比賽後，與一些朋友們討論，決定將距離拉長，在一九七八年舉辦了全球第一場鐵人三項比賽（Ironman triathlon）。

如果這項目前最火紅的運動該歸功於傑克，那到底是什麼啟發他的呢？其實是一場在一九七三年七月二十八日為戴夫．潘舉辦的慶生兩項賽，讓傑克也想在戴夫曾辦過比賽的費耶斯塔島舉辦一場兩項運動。但唐說服他增加自行車項目，也因此將這場三項運動比賽的位置移到任務灣。由於當時傑克覺得大約 250 碼（雖然在廣告上宣稱 440 碼）的游泳距離太短，而且兩項運動比賽中跑步項目的比重太高，因此他想讓自己的活動能夠包含更長的游泳距離。他一定沒料到這場三合一的比賽將成為世界上最有名的運動項目之一。

任何一場鐵人三項的開始總是既令人緊張又使人振奮，但卻是寶貴的經驗。

超級鐵人三項比賽也是從平凡中誕生，由海軍軍官約翰．科林斯、中太平洋路跑俱樂部的跑者，與威基基游泳俱樂部的泳者所討論催生。在一九七七年夏威夷環歐胡島接力賽（一個五人制的團體接力賽）的頒獎典禮上，跑者們與泳者們一如往常的「討論」著哪種運動員比較強。那場辯論最後演變成對他們而言最終極的耐力考驗，也就是混合了歐胡島最艱難的三種運動的比賽：2.4 英里的威基基海泳、112 英里的環歐胡島自行車賽，還有 26.2 英里的檀香山馬拉松。

一九七八年二月十八日的第一場比賽有十五名參賽者，贏家可以獲得「鐵人」的頭銜。最後共有十二個人完賽，由傑拉德．海勒（Gerrard Haller）以 11 時 46 分 58 秒的成績勝出。儘管當時被視作瘋狂舉動，這群人仍創造出今日被公認最困難的耐力考驗，鐵人三項比賽也被視為世界上最艱困與最受景仰的活動。

為什麼要從事鐵人三項運動？

任何一種運動或健身項目，總會對人們帶來好處，否則我們一開始就不會投入其中。鐵人三項也是一樣。不管你是新手、業餘愛好者或是經驗豐富的老手，皆能從鐵人三項的訓練與競賽中獲得許多益處：

- **因過度使用而造成運動傷害的風險較低**——許多運動或健身項目經常規律地，甚至每天進行類似的訓練，很容易造成過度使用或過度訓練的傷害、高原期，最終導致興趣降低。但鐵人三項有三種不同的項目，因此較不易令人感到枯燥，且有著更豐富的變化性與較低的受傷風險。

- 同樣地，如果你是為了某個專項進行訓練（例如一場 10 公里的跑步賽事），你的訓練課程可能會一直重複，最後仍然會感到無趣。即使訓練計畫確實可能含多種變化，也確實可能保持新鮮，但人類是容易養成習慣的生物，若訓練成果不明顯，又會遇上撞牆期，我們會因而傾向更努力地按現有計畫操課，最終結果就是喪失興趣甚至放棄。

- **上半身與下半身的訓練**——在健身房裡，多數人會去心肺區跑步、騎車、綜合訓練或是划船，也會去重量訓練區訓練二頭肌、胸肌、雙肩、背肌，還有腹肌。公園裡也是一樣，在戶外運動區不斷地繞圈跑步，或使用雙槓、拉單槓或是伏地挺身。它們有何共同點？不是會運動到雙腿／心肺，就是上半身，但很少兩者皆有。女性是出了名的只跑跑步機或只做心肺訓練，常忽略上半身的肌肉，也從不使用重訓器材（這已經超出本書的討論範圍。不過如果妳也有同樣情況，請稍微研究一下為何重量訓練對女性來說也十分重要，尤其是如果妳想要減重的話）。至於男性，則常常只專注於訓練那些「海灘」的肌群——手臂和上半身——而忽略雙腿（諷刺的是，反而是訓練雙腿才會釋放有助於上半身肌肉增長的荷爾蒙）。但鐵人三項訓練需要使用到整個身體。沒錯，跑步和騎自行車十分專注於下半身，但要游得好就幾乎完全得倚賴上半身了，因此，必須有一套全面性的訓練課表——更不用說上半身和下半身的訓練對於一個好的三項運動員而言有多麼重要。

- **建立綜合訓練的習慣**——前面已經提過，但不管你是專精於什麼項目或有著什麼目標，每個人確實都該嘗試並內化綜合式訓練。綜合式訓練能確保你不會過度訓練身體某個部位並因此受傷；它能幫助減緩厭倦期的來臨，並有助於停止高原期，維持整體體能的進步。簡單來說，綜合訓練是一種訓練及享受健身生活的好方法。

- **增進活動度**——許多健身計畫只專注於一種運動模式，例如跑步時，雙腿、軀幹及身體只用一種方式在移動。但鐵人三項的訓練則要求我們不只是改變身體的能量系統，在運動的型態上也能改變運作的方式。譬如游泳便是活動肩膀和上身肌肉的極佳方法，這是許多人在從事重量訓練時經常忽略的。他們儘管變得強壯且肌肉發達，但同時也常會感覺關節疼痛，且肌肉的活動範圍減少。鐵人三項的訓練有助於改變這種現象。

曾經成功完成過一場超級鐵人賽的人們都說，那是他們生命中最令人愉悅且回報最多的經驗之一。有很多人甚至會參加好幾次！

- **增進柔軟度**——同樣地，綜合訓練比專注於訓練身體單一部位能帶給我們更多柔軟度。然而，柔軟度的提升也需要適當的伸展，這也是我們每次跑步、騎車或游完泳後，必須要進行的動作，甚至應該在特定的休息日安排專屬的伸展時間。

- **釋放腦內啡**——不論是在跑步、游泳、騎車的高強度訓練時，突破個人最佳成績時，或是在比賽日面對競爭或完成比賽的興奮感，腦內啡的釋放都能夠使人振奮並令你感覺更有活力，因此它是進行訓練與比賽的好推手。但你最好確保自己沒有過度訓練，否則這種感覺可是會成癮的。

- **學習新技巧**——不管你是需要學習游得更好或騎得更好的跑者，或是一個想要跑得更好的泳者，還是隨便哪種組合，很少人在剛開始進行鐵人三項之時是三種技巧都具備的，所以總是會有新的挑戰和新技巧可以學習。就算你已經會游泳、會騎車也會跑步了，你能在跑向轉換區的同時把潮濕的防寒衣脫掉嗎？

- **增進體能**——如果開始進行三項訓練課表，你的體能一定會進步，但訓練課表的內容須取決於你的基礎體能。除非你已逼近頂尖的鐵人三項選手程度，你必須牢記關於體能的七個要素（詳閱第 4 章）。確實達成會大大提升你的體能水準。

- **強化心理**——有數不清的理由支持我們開始並堅持一個健康計畫。延年益壽、保持健康、強健心理素質與保持良好的體格與體態等都是常見的原因。鐵人三項訓練能夠使你的身體刺激多種能量系統，並進一步使心臟更賣力搏動，確保身體能獲得足夠的氧氣來完成訓練或比賽。越是這樣刺激心臟（只要確保養分補給充足），它就會越強壯，而你的脈搏數也會降得越低。

- **增加肺活量**——越多的心肺運動（再次說明，是在營養充足的情況下），會使心肺功能變得越強壯。你在呼吸和運動的同時，其實也是在強化能夠使胸腔擴張的那些肌群，進而能夠將更多空氣打入肺部。運動越多，它們就會越強壯。而游泳對此助益更大，因為你是在缺氧狀態下活動，所以能更有效率地使用氧氣。也因為「訓練有素則熟能生巧」，你會變得更熟悉游泳，等同於強化肺的功能。

- **認識與結交新朋友**——鐵人三項正快速成為流行的休閒運動，也是健身圈中「必做」的運動之一。許多人開始參與當地的衝刺距離三項運動後就沉迷於其中。因此這是一個認識同好的妙方——在鐵人俱樂部或是游泳俱樂部裡認識新朋友，意味著你永遠能和他們分享生命中這個有意義的部分。你不只能從他們的經驗中學習，也能與新朋友一同跑步、騎車與游泳，而非獨自一人，如此會進步得更加迅速。

- **生活有新目標和興趣**——儘管我們不想承認，但生活有時就是會變得乏味而了無新意，不管是工作、家庭還是球隊都一樣。你需要改變，而有什麼改變能比成為一個三項運動員更大呢？與其一直看電影與電視或是呆坐在夜店中逃離現實，不如讓鐵人三項賦予你生活嶄新的目標和意義。

- **拜訪新地方**——不管所謂的新地方是健身房、游泳池，或者你想要在國內四處比賽，三項訓練能夠帶你去很多你從來沒去過的地方。它真的能改變你的生活。

- **購買新裝備**——無論男女，我們總是喜歡善待自己。或許對男人來說是買些小玩意，對女人來說是買衣服，但在鐵人三項上，這兩種欲望都可獲滿足。而且這種想買些器材來幫助訓練和比賽的誘惑，對每個人來說都難以抵抗！

- **訓練理由**——很多人不見得是為了特定原因而訓練，只是把它當作生活中的一部分，或僅僅只是想要在假日的海灘上看起來更好些。無論如何，有一個特定的理由可以讓你感覺更好。

- **熱愛競爭**——人類似乎渴望著競爭，這是源自我們的基因，或許是出自使他人印象深刻以獲得伴侶的天性，或者是生存本能、腦內啡和其他荷爾蒙的結果。不管理由是什麼，我們熱衷於競爭，這能讓我們感覺到自己「活著」。鐵人三項正是為此而生的最佳運動。有那麼多事可以努力和改善，要感到乏味真的很難，而且你也會不斷進步。

- **走向戶外**——許多健身房常客整年就只會在室內自我訓練。這的確沒什麼不對，但能到戶外享受新鮮空氣、陽光與隨之而來的「免費」維他命 D 豈不更好！不管從事跑步、游泳，還是騎車，這些都能在室內外進行。所以如果你可以在新鮮空氣中訓練的話，就好好把握機會吧！

- **訓練弱項**——太多人只訓練自己的強項；在特定方面看到進步時，就會執著於該處。若你的運動只有一種（拿 10 公里路跑為例，其關鍵點就是中／長距離的速度），你就沒有機會去發現並注意自己的弱項。但在鐵人三項裡，你總是有某些事情可以關注。沒幾個人能說他們是完美的三項運動員——他們總是得重新檢視某些方面來替自己注入新的驅動力。

- **測試你的心理耐力**——在皇家陸戰隊新兵訓練的前幾個月中，最重要的訓練就是提升心理強韌度，讓新兵們了解並感受到，他們的能量可以超乎自我的想像。對於鐵人三項來說也是一樣。你會有訓練課表、比賽或是失眠的夜晚，而你的心理強韌度將是你不放棄的關鍵。心理耐力不只能使你成為一個更好的運動員，也能使你成為更好、更強大的人。

- **挑戰**——某些人熱愛挑戰，某些則否。有時候你覺得你已經有足夠多的挑戰，只想要一個平靜的生活；有時候你又會覺得你的生活乏味，想要有一些不同於你的家庭、工作或重量訓練的事物。鐵人三項能夠提供你挑戰，並為你的生活重新燃起一些火花。

鐵人三項的種類

不管你拿起這本書的理由是什麼，實際上你都已經踏出了成為鐵人三項運動員的第一步。你已經展現出興趣，接下來只需要完成第一步（通常是最困難的），之後就簡單了！

國際鐵人三項聯盟（International Triathlon Union, ITU）是在一九八九年於法國的亞維儂（Avignon）舉辦第一場鐵人三項世界錦標賽時所創立。此時也確定了標準距離，而個別項目則採用原本就是奧運比賽項目的距離。

標準距離：

游泳：1,500 公尺（原先是 1 英里）
自行車：40 公里（原本是 25 英里）
跑步：10 公里（原先是 6 英里）

這是在雪梨、雅典和北京奧運、大英聯邦運動會（Commonwealth Games）和 ITU 系列賽中所使用的距離。然而，還有其他競賽距離存在並被使用，包括：

超級衝刺（Super Sprint）：

游泳：400 ～ 500 公尺
自行車：10 公里（有時會增到 20 公里）
跑步：2 ～ 3 公里（有時會增到 5 公里）

衝刺（Sprint）：

游泳：500 ～ 700 公尺
自行車：20 公里
跑步：5 公里

包羅萬象

在我們開始探索鐵人三項的世界之前，先讓我們為這個運動做個結語，並說說它是如何激勵人們重拾我們作為耐力動物的根源（以前狩獵的方式就是在平地上跑著追逐我們的獵物）。二〇一六年在里約熱內盧（Rio de Janeiro）舉辦的帕林匹克運動會（Paralympic Games）中，帕拉三項運動（Paratriathlon）將初次登場。屆時這項比賽將會分為六大類別，讓擁有不同能力的人能夠公平的與同類別選手競爭。不過目前英國最被看好，因為其陣容包括二〇一〇年 ITU 帕拉鐵人三項世界盃的冠軍珍．伊根（Jane Egan）、世界和歐洲冠軍菲．麥克利蘭（Faye McClelland）、二〇〇九年歐洲冠軍大衛．庫克（David Cooke），還有十分有前途的 ITU 世界錦標總決賽冠軍得主伊恩．道森（Iain Dawson）。

半程超級鐵人（Half-ironman）（也稱作中距離）：

游泳：1,900 公尺（1.2 英里）
自行車：90 公里（56 英里）
跑步：21.1 公里（13 英里）

超級鐵人（Ironman）（也稱作長距離或全程）：

游泳：3,800 公尺（2.4 英里）
自行車：180 公里（112 英里）
跑步：42.2 公里（26 英里）

即使你自認是在鐵人三項中任一項目經驗老到的運動員，在你踏入這個領域時，你也該從短距離開始嘗試。這能幫助你穩定而確實地建立體能，也能讓你在短距離比賽時從錯誤中學習。這意味著你可能只需要在 5 公里的跑步中忍受水泡和磨破的腳趾，而非在半程馬拉松。

如果你是位好的跑者或騎士，但不太會游泳，那麼最好在參加比賽前花點時間學學更專業的游泳技巧，尤其游泳項目是在開放水域進行時。否則，那段游泳過程會變得極度漫長（相信我，我親身體驗過）。反過來說，如果你是個好的泳者，但需要建立跑步的體能，則別低估訓練雙腿騎車和游泳的重要性，尤其要注意預防受傷。

我試著從初學者角度來談論這三種項目的運動。如果你是位新手，應該也能理解並上手。如果你專精其中任何一項而對其餘兩者缺乏經驗，我的建議仍是閱讀本書中鐵人三項的所有部分。我訓練過許多選手，他們會跟我說：「喔不，我游得很好，我只需要訓練跑步，」或是「我是很好的跑者，但我需要學習游泳。」但當我審視他們的跑步或游泳技巧後，有 90% 的機率我還能夠幫助他們予以改善，使其達到更好的成績，且游得、跑得更輕鬆省力。

結論

不管你是一章接著一章讀，還是直接跳到特定你覺得能夠有所學習的章節，希望這個章節都能夠啟發你繼續閱讀的興趣。如果你熱衷於跑步，那請告訴他人，鼓勵他們一起加入。人類太容易變得體能不佳和過重，但若我們能夠互相鼓勵去跑步的話，就能夠克服這個問題。出門探索周遭的環境，發掘你的跑步潛能，找找有沒有朋友也熱衷跑步，最重要的是找尋你自己。

小鐵人

如同前面所討論到的，鐵人三項不論以知名度與競賽的舉辦數量而言，在全球都是成長最快的運動之一，且其聲名仍持續看漲。和所有著名的運動一般，小孩子很快就會想要加入嘗試。

乍看之下這是件好事：孩子們對於身體運動比對電腦遊戲還有興趣！但鐵人三項是種漫長、艱困又耗費心力的耐力運動，不單孩子們很難持續，他們也不該在太年輕時就太專注於訓練耐力。

好處是，比起長跑，鐵人三項混合了不同的元素，不只能吸引孩子們的注意，也可教會他們能夠持續一生的游泳、跑步與騎車技巧。而最棒的是，衝出泳池換裝和跳上單車對小孩子來說十分有趣，群眾的喧嚣也會更增刺激感。

從雙親的觀點而言，若你有時間與金錢，鐵人三項是讓孩子參與的極佳運動。這不只能讓他們待在戶外的時間多上三倍，也意味著能夠參加好幾個不同的學校社團，大幅拓寬社交環境。此外，它也能帶給孩子們更強韌的心智，帶領著他們從小到大，一生受用。讓孩子接觸鐵人三項唯一的缺點在其花費，不過剛開始的話，一套泳衣、蛙鏡、一套跑步裝備、一台自行車還有學費應該就足夠了。對於年輕人來說，輸贏不是重點，重要的是能夠參與和樂在其中，所以爸媽的頂級三鐵車或許還不是那麼必要！

為孩子舉辦的三項比賽會比成人的短，也會將國家體育課程為每個重要階段的孩子設定的距離納入考量。

UK Triathlon 網站（uktriathlon.co.uk/uk-kids/）列出以下數據：

- 7 ～ 8 歲：游泳 25 公尺，騎車 1 公里，跑步 500 公尺
- 9 ～ 12 歲：游泳 50 公尺，騎車 2 公里，跑步 1 公里
- 13 ～ 16 歲：游泳 100 公尺，騎車 3 公里，跑步 1.5 公里

在大部分的比賽，孩子會以 20 秒的間隔一一放行，讓每個人都能有自己的入池時間，避免一開始就造成混亂，還有可能造成的恐慌與不適感（即使是大人也會）。

騎車和跑步的部分經常在遊樂場周圍的草地上進行，一方面可以不用封閉道路，也能避免在混凝土地面摔倒。考量到年齡層的問題，在轉換過程中，可能得適度引導並幫助孩子著裝。如同大部分成人的活動，每個衝過終點線的孩子也會獲頒一枚完賽獎牌。

英國青少年鐵人三項超級系列賽，聚集了全英國最好的年輕運動員，讓他們可以在各地的賽場中面對面競爭。而年齡介於 8 ～ 13 歲的學齡兒童也能享受 Tata Steel 的免費裝備服務，在所有的賽事中都有提供自行車、安全帽和 T 恤；孩子們只需要自備跑鞋和游泳裝備。

在台灣本地的初學者，如需鐵人三項活動資訊或聯絡細節，可以參閱中華民國鐵人三項運動協會網站：http://www.ctta.org.tw。

譯註

1. 超級衝刺距離鐵人三項運動（Super Sprint Triathlon）
   游泳 400 m (0.25 mi)／自行車 10 km (6.2 mi)／跑步 2.5 km (1.5 mi)
2. 衝刺距離鐵人三項運動（Sprint Triathlon）
   游泳 750 m (0.47 mi)／自行車 20 km (12.4 mi)／跑步 5 km (3.1 mi)

第1章

動機與心理學

為什麼你會閱讀這本書？你正在考慮進行鐵人三項嗎？你已經報名參加了嗎？你已經完成過鐵人三項比賽了嗎？或是你想要變得更好？所以請你再自問一次：為什麼？要真正了解你自己，就得自問為什麼你要做那些事。了解你做某些事背後的理由，能讓你更容易激勵自己，或讓你發現自己做事的出發點不對。

了解你自己

如果你知道自己為什麼要做某件事，那就能更輕鬆地去評估你要如何達成它。了解動機能幫助你在那些孤寂或潮濕的早晨督促自己繼續前進。不管你想達成的目標是什麼，一定會有些特別的動機對你的訓練有著莫大的心理影響力。這些動機的最大作用，在於它們可以確保你持續進行訓練，幫助你接近所渴望的目標——對於鐵人三項來說這再好不過，因為它需要大的訓練量。

人會受到不同的事物以不同的方式激勵。了解你自己代表誠實面對自我，並清楚到底是什麼會激勵你、鼓勵你、干擾你，還有什麼會讓你停止訓練。你越有自覺，就越容易看出自己的弱點和強處，進而避免前者出現並鞭策後者成長。重要的是，要發掘最能督促自己的理由並永遠銘記在心，尤其是在面對艱難的時候。

充滿生命力

依照心理學來看，比賽和競爭對我們是有益的。在面對鐵人三項時，也許潛藏在我們心中的戰士會被激發出來，或是我們會產生「戰鬥或逃跑」反應。不管是哪一種，它都會讓我們覺得充滿生命力。無論這是不是你的動機，鐵人三項最後都可能成為你的所愛。

SMART 訓練法

縮寫字 SMART 是健身界認可的一種將目標化為實際的方法。它不只能夠確保你的目標是經過審慎思考與周詳斟酌，也保證它們既實際且可達成。SMART 代表的意思是：

S – Specific，明確性
M – Measurable，可衡量性
A – Achievable，可達成性
R – Realistic，實際性
T – Timed，時限性

明確性

明確性意指你的目標必須具體而非籠統。我並不是指「我想要讓自己能夠完成一場鐵人三項」或是「我想要用三項訓練來減重」。這些並不夠明確，你將會因而無法持續專注。

個人經驗

我曾幫一位動過踝關節手術的客戶做復健。她學會了中足著地跑法，並且喜歡穿著赤足跑鞋跑步。她後來決定參加一場10公里賽跑，並向我尋求訓練計畫。我們採用了我的跑步書籍裡的一項計畫，之後她就全心投入訓練，包括肌力與體能訓練。不料在賽前一個禮拜，她得到流行性感冒，導致她最後無法參賽。但重要的是，如果她沒有生病的話，她的體能是足夠應付這場比賽的。有時候就算你沒有真的達成目標，其中的努力過程也會成為很棒的學習經驗。

關鍵是確實指出你想完成哪一種鐵人三項比賽——衝刺距離、奧運距離或是鐵人距離。或者你希望減重多少公斤，又或是你想要穿得下哪種尺寸的衣服。這樣你就會有真實且明確的目標，一個可供瞄準的清楚靶心，只要你努力且專心致力就能達成，也會讓你感到自豪。

可衡量性

這和明確性十分相關。明確地知道你想跑幾公里、你想達成的時間或是你想減去多少體重，這些目標就變得可以衡量。譬如說，「到某個日期之前要變得更健美」就不可衡量，而「我想要讓自己能夠完成一場六月一日的本地衝刺距離三項賽」就是可衡量的。所以為自己設定可以衡量的目標並朝著它努力；就算未能真正達成你所設定的目標，你也會做得比一開始就沒設目標還要多。即使你在六月一日因為熱衰竭而在賽程中倒下，我敢打賭，你也已經能游得很好，並且能跑得、騎得比之前更遠。

可達成性

其實很簡單，設定一個可以被達成的目標。例如，如果你是鐵人三項的新手，而你的目標是完成一場鐵人距離三項賽，但比賽就在三個星期之後，我得說那對大部分人而言都是無法達成的。所以明智點，誠實面對自己，但同時也別把門檻設得太低，因為讓生活變得輕鬆與設定可達成的目標，兩者還是有很大的差別。

實際性

設定實際的目標也和設定可達成的目標關係密切。舉例來說，如果我突然決定我的目標是成為比布朗利兄弟[1]加起來還強的三項選手，我想所有人都會同意我是在開自己的玩笑。不只是它根本遙不可及，同時也不切實際。另一方面來說，我們之中能夠在鐵人距離比賽中以低於 9 小時時間完賽的人並不多，所以這就不會是個實際的目標，就像你也不可能因為揮動手臂就會飛一樣。所以保持實際，這會讓過程變得令人享受，尤其是最後達成目標的時候！

時限性

為目標設定時限極為重要，但時限也得保持實際。設定切實的時間表能確保你達成目標。第一是你會有努力的方向（沒有壓力會使你讓其他事情的優先序排在訓練之前），第二是你已經盡可能努力的訓練，雖然最後沒達成目標，但也不會傷心難過。盡可能實際的設定時間目標，這樣不管到最後需不需要更改時間，至少你都有些事情可以努力。

里程碑

如果你的目標真的很大，或者比較遙遠，那就可以在中間設定幾個比較小的里程碑（小目標）。舉例來說，你的目標是完成一場超級鐵人賽，但你這五年內最多只不過走路去超商而已。你的動機無疑就是超級鐵人賽（而你滿懷希望地給自己至少一年時間來準備），但眼前不管在時間還是在體能狀態上都還有一大段路要走，此時增設至少一個里程碑會比較明智。比如說，可以在六個月的時候比一場當地的奧運距離三項賽。這個小目標較容易達成，但仍需要實際的訓練。

目標和方向

永遠為自己設定目標和方向。這樣你的訓練才不會變得單調而沒有重點。如果你感到無聊了，就找個新的目標，和朋友或其他三項玩家聊聊。三項運動賽事有四種型式，所以總會有新的目標可讓你追求。而不管是泳者、騎士或跑者，你總是可以參加各式各樣的比賽，或是任何一個單項。

我會建議在參加奧運距離三項賽前，先給自己一些更小的里程碑。可以是特定長度的游泳／騎車／跑步，不管是指里程還是時間，像是游泳 1 英里、騎車 25 英里或是跑步 5 英里，也可以是游泳 30 分鐘、騎車 1 小時和跑步 40 分鐘。瞭解了嗎？這些小里程碑有助於評估何時才會達成你的最終目標（也許是超前原訂計畫，也許是進度落後），並依此調整你的訓練。而且你也永遠不會知道生命中會蹦出什麼不可預料的事，像是生小孩、工作外派，或是升遷之類的。所以訓練必須隨著生活的變化而調整。

動機

不是每個人都會因為同樣的事情而被激發出動力。有些人愛好競爭，只要聽說誰在參加哪裡的衝刺距離鐵人三項賽就想要去打敗他們；某些人則熱衷於挑戰或運動和訓練。所以了解你自己，並找出最能激勵你的東西。專注於其中，在任何你不能分心的時刻用它們當作激勵。如果你不太確定什麼才能激勵你，那跟著以下步驟或許有幫助：

• **目標取向**——

這是由想要達成或超越某個目標而產生的動機。它可以是特定距離的鐵人三項比賽、甩掉特定公斤的體重，或只是打敗某個總是在你們一起訓練時贏過你的朋友。不管目標是什麼，它就是你訓練的動機所在。

• **團體取向**——

人是社會性動物，所以難免會受團體動機影響。我們不喜歡感覺被冷落，也想要被「團體」接納為一份子。想成為團體的一份子，和實踐一個團體的渴望就是很好的動機。在鐵人三項、游泳、騎車或跑步俱樂部中，成員們互相滋養彼此的正面能量和動機。這不代表你的所有訓練都必須和團體一起完成，對很多成員而言，為了提升體能並在團體內更受推崇或尊重，訓練反而是刻意在團體之外進行的。在團體取向的動機裡，可以看到和朋友們一同訓練或是做為俱樂部一員的明顯好處。

• **群眾取向**——

這和渴望擁有對自身周遭人們的影響力有關。或許你希望自己的體能是家庭的好典範；或許你希望能夠活得更久，好看著他們慢慢變老。或者，你的新伴侶是個鐵三狂熱者，而你希望也能參與他們生命中的這一部分。更或許這和你的虛榮心有關，希望別人認可你所達成的目標或是你達成的身體狀態。雖然這樣的虛榮可能引起不屑，但仍不失為一種刺激自己變得更健壯的動機，同時也好過變得懶散而不健康。

- **習慣取向**——

　　這是由對於訓練／運動習慣的需求所產生的動機。有些人可能會認為這是一種成癮——對辛苦訓練時釋放的腦內啡、對燃燒肌肉的感覺、對燃燒卡路里和多餘脂肪、或者是對永無止盡的個人成長目標。「習慣」通常在成長期間養成，因為參與運動隊伍或是國高中小學、學院或大學的訓練文化，而讓訓練成為生活中的一部分。比較危險的是，當這種動機成為生活中「唯一」的專注點，也會造成一種極度被控制的生活方式和飲食習慣，有些人甚至會飲食失調。不過，一個良好訓練習慣的態度仍然是值得努力的事——只是要非常小心，別讓它成為你的一切。

- **挑戰取向**——

　　有些人喜愛挑戰。只是為了訓練而訓練的理由還不夠好——他們需要一場活動、一場競賽。這樣的人常常從一場當地的 10 公里跑步開始參加，接著是一場馬拉松、一場奧運距離三項賽，然後是一場超級鐵人三項賽，最後是一年五場鐵人賽。這些挑戰很棒，尤其是在他們將別人也帶進門，或是能為慈善募款。但切記，別讓它們主導你的一生。

被他人激勵

　　不管課表困難與否，很多人都發現，當他們與其他夥伴或個人教練一同訓練時，想要有好表現的動機會增加，儘管夥伴或教練不見得有給予實際鼓勵。這樣做所能達成的成就感遠比獨自努力的還要高。

　　雖然擁有自我激勵的能力十分重要，但總體而言，藉著本章所討論的幾種專注於目標的方法，他人鼓勵或引導你付出更多努力以達成你為自己設定的目標仍是好事。就拿奧運選手為例，雖然他們都十分自我要求且有紀律，但說到維持專注，每個人都有低潮或是表現差的日子，這時他們的隊友、教練或伴侶就能夠藉由激勵、鼓勵並啟發他們努力做到最好。再者，做為一個三項運動員，你無法看到自己游泳的狀況，所以你需要朋友、教練或訓練員提供你建議。這是一種互惠關係——他們幫助你，你也幫助他們。

善用他人

　　一旦認定了你的動機，確保自己不會忘記就很重要。所以請告訴他人你的計畫：告訴你的配偶、朋友或室友。如果你準備參加一場三項比賽，特別是一場超級鐵人比賽，那就尋求贊助，並讓人們知道——相信我，不想讓他們失望會成為你很大的動機。藉著告訴他人你將要完成一場奧運距離三項

賽，或是你將在夏天前藉著三項訓練減去兩公斤，你就開始增加對自己的壓力了，而這也會成為一種動機。再者，你的朋友也會問你進行的如何，提醒你堅持下去。最後，你也許會成為他們的啟發者，而且他們也會加入你追求健身的行列。所以，告訴其他人，不只是為了鼓舞你自己，同時也散播你的諾言。

習慣和成癮

健康的習慣

對許多人來說，包括我自己在內，訓練並不是件苦差事。它並不需要特別撥出時間來做，而是每日例行事項的一部分。我們一天若缺少了某些身體訓練（除非就是休息日），就會有種不舒服的感覺，這會因而提高確保接下來幾天的訓練計畫都能照常進行的必要性。事實上，讓訓練成為一種習慣會降低它的可怕度，反而是被期待的。如果你能夠藉由享受鐵人三項訓練、比賽或是社交來了解這點，那麼你將可以永遠保持一種健康的生活方式。

即使是最可怕的課表，像是間歇訓練或甚至是競賽日，你也能樂在其中的話，那代表你就已經是個訓練專家了。

不健康的成癮

如同先前所提，對某些人來說，訓練在生活中有絕高的優先，所有事都必須環繞著訓練計畫才能安排。這種極端讓訓練這件事開始控制這些人的生活，也就是說他們大概已經成癮了。

訓練成癮本身並不見得是多嚴重的問題，除非它影響了個人的健康、社交生活與人際關係。如果某個人的生活被一天兩到甚至三次訓練課表所箝制，而從來沒有休息日的話，那身體就會開始受到影響，體能也開始下降。此時的成癮不再只是習慣或動機，已經變成一個問題了。再次重複，了解自我，對你自己誠實——與朋友和專業人士討論你的訓練，這樣你將能保持在好的成癮狀態上，並因而更健康、健美。

缺乏動力

在訓練時，不管我們是專業運動員或是健身房常客，都可能遇到缺乏動力的時候。每個人都有狀況好與狀況差的日子。但我們這些沒有教練、隊友或是訓練夥伴的人，要如何重新激起對訓練的熱情？當低落來臨而我們得獨自面對時該怎麼辦？這並不是個容易克服的問題。關鍵在於你得更加專注。但麻煩的是，即使是最訓練有素的鐵人冠軍，有時也會疑神疑鬼，不管我們多專注於訓練之上，疑慮與缺乏動力仍然存在。

要真正了解如何克服動力缺乏，還有如何利用我之後會講述的幾種方法，就有必要了解一開始是什麼導致這些低落狀態。再重複一次，了解自己意味著你可以糾正自己。

鋼鐵女人

寶拉・紐比費雪（Paula Newby-Fraser）可以被視為是世上最偉大的運動員之一。我同意這得看你怎麼定義「偉大」，但如果你認為麥克・泰森（Mike Tyson）[2]、大衛・貝克漢（David Beckham）[3]、巫森・波特（Usain Bolt）[4]、夏恩・強森（Shawn Johnson）[5]是在他們的領域中令人驚奇的運動員，那寶拉絕對也是個你該知道的名字。在一九八六到一九九六年間，她贏得超級鐵人世界錦標賽冠軍八次（世界記錄）。她從一九九二年開始保有世錦賽8小時55分28秒的賽道紀錄，直到二〇〇九年被克蕾西・威靈頓（Chrissie Wellington）打破為止。寶拉在一九九五年的比賽時衰退，僅僅只能以單純、累死人的決心完賽，但翌年她就重新回到頒獎台。想想她在當年比賽所受到的重挫，也因此她一年之後就能重回頒獎台是十分驚人的。

疲勞

這是造成動力缺乏的主因。如果你已經認真訓練了好幾天，然後又早起準備用僵硬又疼痛的身體跑步，那你大概很難有什麼動力。如果身體非常僵硬且疼痛，它應該已經疲乏，你也可能瀕臨過度訓練。雖然看起來好像很難執行，但休息正是關鍵。疲勞經常是因為缺乏休息而發生，可能是因為快生病了，或僅僅只是訓練過度而已。如果密集的訓練課表中一直缺少休息時間，疲勞也將持續，你的目標將會離你越來越遠。

過度疲勞

有些人總試著堅持他們的訓練計畫，即便他們已經上了整天班，或者更糟的是，已經出門整晚一直到凌晨才回家，並帶著宿醉醒來。這並不利於身體和長期訓練目標。宿醉的問題是身體會充斥著毒素，需要經過休息來進行調養；在它處於極度渴望養分和休息的狀態下強迫它運作，並不會增進體能，只會給予心臟壓力，並使身體進行分解代謝（即身體分解自身肌肉），最終不只會造成損傷，更別提在你訓練時會將毒素輸送到全身各部位（是的，我把酒精稱做毒物）。

缺乏睡眠與此十分類似，這代表你在運動時常常覺得乏力，而且無法表現你最好的狀態。比平常清醒更久也代表身體需要更多

6 到 8 小時的睡眠

每晚6到8小時的睡眠很重要，否則會產生荷爾蒙級聯效應，那會使你囤積脂肪，覺得飢餓而且不會感到飽足。此外，睡眠是我們修復和改善自己的好方法。不睡覺代表身體無法準備好再一次的認真工作，也會因此無法獲得該日訓練的成果。

燃料，但在運動時你卻是反其道而行，因而身體一樣會進行分解代謝，並使這些日子的訓練都走上回頭路。了解自我、傾聽你的身體並從而順應。

過度訓練

如果人們設定了不切實際的目標，卻認為它們可被實踐，那過度訓練就真的會是個問題。他們會持續更頻繁且更加強烈的訓練。對鐵人三項而言，我們知道一天是可以允許進行超過一項，甚至兩項訓練，因為運動時所涵蓋的身體部位並不相同。同時，我們也知道要進行所有項目的訓練很難。然而，如果你同時有工作與家庭需要兼顧，你有時就是做不到。有難度的訓練和恢復期都是必須的，更別提休息日了。但人們一開始會忽略休息日，最終導致過度訓練帶來的疲勞。當疲勞發生時，身體和內心都會要求休息，而其手段常常是製造損傷，或是生病。過度訓練的一個嚴重後果是免疫系統低落，代表身體最終會屈從於流感或是其他更糟的病。然後身體就會變得易於遭受損傷（如肌肉撕裂），或是過度使用的損傷（如髕骨肌腱炎）。

重複高強度訓練

若希望藉著不斷重複相同配速的訓練或間歇訓練而得到巨大的進步，身體就得不到適當的休息和恢復。此時心臟會承受壓力，且脈搏在休息時也會提高。實際上，重複高強度訓練會在那些經常使用到的肌群上（以鐵人三項而言，是心臟）引發過度訓練性的問題，久而久之就會導致受傷和病痛。變化你的訓練；變化你的密集訓練日、休息日和放鬆日。如果有什麼部分做的很棒，就排個一或兩天休息，再重複並精進它。別嘗試連續幾天都做一樣的事，否則你永遠不會進步。

病痛

病痛和受傷都會讓你缺乏動力。你非常努力達到現在的體能水準，但病痛或肌肉拉傷卻讓進度停滯。更糟的是，你的體能慢慢下降，並且逐漸遠離目標。所以你能怎麼辦？嘗試在病中訓練嗎？拜託，千萬別這麼做。帶病訓練並不明智，身體正忙著與入侵者對抗，而訓練只會讓身體處在更大的壓力下，對心臟並不好。請休息直到好轉為止；別試著太早回到正常的訓練，否則病痛可能也會一直伴隨你。在生病時就別擔心體能的流失，體能流失的過程遠比你想像中的久。不過，試著搞清楚你為什麼會生病。是身體因為過度訓練而走下坡，還是你在過勞的狀態下仍進行訓練呢？有時候，病痛和受傷也暗示著有些事情得做些改變。

受傷

受傷就有點不一樣，但還是取決於是什麼傷。舉例來說，腿後肌群的一條肌肉拉傷可能意味著無法做下肢的活動，但上半身仍然能夠做一些訓練。只要謹慎並放輕鬆就行。利用 PRICE 計畫（詳閱第 12 章）來照顧你受傷的部位，並確保你在一開始的幾次訓練能夠放輕鬆以免傷勢復發。再重複一次，輕微的受傷並不會讓你失去太多的健身成果，即使是在嚴重的受傷之後，你也能完全回復體能。永遠讓自己休息並好好的康復，再讓自己回到最佳體能狀態，而非太早回到正常訓練然後一再弄傷自己。

記住，REST，
Recovery Equals Successful Training
恢復等同於成功的訓練。

環境

這是我們很少在意的一件事，但氣候和環境的劇變會對動機和訓練有不利的影響。這是因為特定的環境會劇烈影響身體直到開始適應為止，也因此會明顯降低表現，在酷暑或寒冬裡更是如此。與其讓酷熱或寒冷使你消極，不如在高強度訓練之前先花幾天做些低強度的運動，最好是在氣候影響較小的早晨或晚上，這能夠幫助你適應氣候並保持高昂鬥志。

寒冷的月份

人們經常在又冷又下雨的冬天喪失動力。此時，在上班前後把你拉出戶外並不容易，特別是在黑暗、濕冷和刮風的情況下。當然，夏天的好天氣總是更讓人想走出戶外在太陽下訓練。在冬天裡，試著專注在你的目標並激勵自己，而非專注於當日的訓練。想想鐵人賽的終點線，還有衝線後的愉悅，或是在今天的訓練時間裡，你的身體為了保持溫暖所多燃燒的熱量。此外，在天候不佳的狀況下完成訓練，所產生的愉悅感絕對值得體驗。就像進行間歇或爬坡訓練時，努力完成訓練後所產生的愉悅感是無比驚奇的。

你也可以選擇去辦個健身房會員，在跑

拉傷的肌肉

如果你拉傷了，就應該立刻停止運動。盡速冰敷、休息、再冰敷，在受傷後48小時期間使用無類固醇的消炎藥。然後（以下半身的傷來說）試試輕量的閉鎖性運動，如：深蹲、弓步，或輕鬆的騎車，接著再按摩傷處。之後再慢慢試著回到正軌，你拉傷的程度決定你能多快回復正常的訓練。

步機上訓練、去附近的游泳池，或買台腳踏車訓練台在家裡訓練。

飲食

飲食、能量與卡路里非常的重要。把你的身體想像成一部汽車，如果油箱裡沒有油，汽車是去不了任何地方的，你的身體也是一樣，它沒有燃料時也會停止。如果你因為訓練提不起勁而掙扎的話，先確保你有好好進食且不欠缺能量。在精力狀態低的時候從事訓練，對身體和心臟都不好，還會導致受傷。某些環境裡，尤其是在高溫狀態下會抑制食慾，這時候就必須非常努力才能攝取足夠的能量。達成正確的能量攝取有很多種方法。記住，食物就是能量，除非你是特別為了減重而做鐵人三項訓練。

遇到高原期（停滯期）

某些時候，大部分的三項運動員都會碰上無法再有任何進步的時期。他們不是太早達到巔峰，就是碰上高原期。他們無法在一樣的速度下再增加間歇次數，也無法再突破 1,500 米游泳的時間，或者是在每週長跑時，用一樣的速度再多跑 1 英里。如果你已經達成目標，這就不是個問題，只要繼續保持這樣的水準就行了。然而，若你離目標還有段距離，你的動力就會急遽下降。若沒有特別的理由造成這個高原期的話（例如過度訓練、飲食或生病），最好的解決之道就是改變你的作息與課表。別傻傻的一味撞牆，而是將訓練課表混合調配，使你的身體感覺驚奇，並看看它是否如你所希望的適應。只要還是能導向成功，改變你前往特定目標的路徑並不只有一條。

心理因素

也許你現在已經發現了，總歸起來，我的哲學就在於了解你自己的重要性。要能自我批判，認清你是否進行過度的訓練或是早已失去動力，去發覺生活中是否有其他事情轉移了你的注意力，像是家庭問題、愛慕對象等，導致你缺乏專注力和幹勁。不管怎樣，重新評估你的生活，重新專注並持續保持。

考慮你的三項訓練真正的目標是什麼很重要，或許家庭或戀愛對象該放在體能之上，這樣比較明智。或許你一開始訓練是為了減重好幫你找到戀愛對象，但如果是一個新戀愛對象造成你缺乏動力，那這其實也不錯啊！

三項運動員心理學

當提到身體與運動的潛能，某些我們在小時候就參與過並持續到往後人生的運動，會開發及改變我們的心理與精神強度。可能是因為有些運動將克服的能力連結到我們的中樞部位，或者是它們創造了一種不同的工作倫理的認知。我在學校是一名越野跑者，同時也是田徑跑者。我相信在跑步訓練與比賽的那些時光，尤其是在隆冬之中，幫助我提升了心理力量，讓我可以用相對輕鬆的態度去面對困難與挑戰性的比賽。

我年輕時在足球上也花了不少時間，甚至到了相當高的等級，但我並不覺得自己發展出相同的「耐久力心理」。當然，它可以靠教練的幫助，並取決於你被逼得多緊。舉例來說，我的女朋友年輕時就是個溜冰選手，她相信對溜冰而言，這樣的心理素質同樣成立：每天早上 5 點之前和放學之後，以及週末兩天都要進行訓練，這意味著她從運動訓練中發展出相似的心理強韌性。她將

心靈強韌度

在陸戰隊新兵訓練的前九週，他們會在第一和第九週進行同樣的體能測驗，展現出進步的情況。大多數人都會進步。但事實上，這進步只有部分是真正的體能提升，另一部分是多數人學會了強迫自己。他們了解到當痛苦（或者自覺痛苦）時並不表示你得停止，你只需要控制它就好。任何好的三項運動員都需要培養這種態度來獲得成功。

之視為一種對於努力付出所得到的讚賞，沒有那樣的早開始與晚結束，她可能不會有所成就。因為從年輕時就知道這個道理，使她在之後的人生達成了健康和體能目標。以我個人而言，我相信我學到不只是工作倫理，還有如何激勵自己，如何抑制中樞調控機制，如何妥善處理與耐力運動相關的壓力與痛苦，還有不顧一切堅持到底的能力。

所以若你年輕時沒有從跑步、橄欖球、游泳、溜冰、體操、划船或其他許多我沒提到的運動中發展出「運動人的心理」，那現在試著了解並發展它，將它列入你的動力與既定的目標中。心靈強韌度能夠幫助你達成你所想望的成功。

進步的停滯

有時候，因為一些不明原因，儘管我們表面上其他所有事都做對了，還是無法有所提升或進步。這會使人感到非常挫折。然而，別氣餒，有些技巧可以幫助我們克服障礙。

想像

「想像」是全世界頂尖運動員都在用的方法。李小龍在嘗試掌握一項新功夫或精進一個現有技巧時也常使用它。想像就是在心裡演示一遍整套動作序列，並且「看到」你自己成功的完成它們。這可以應用在克服某個持續已久的失敗（像是學習游泳的滾翻蹬牆轉身），或是改善某項技術（像是游泳划手）。對於三項運動員來說，可以想著你以第一名之姿通過終點線，或者是用完美的技術在游泳。

自我學習

自我學習非常適合用來提升游泳技術，包括將你所呈現的技術錄影下來，觀看並分析。這樣做不只能重新審視你的技術與著重

個人經驗

在我成為皇家海軍陸戰隊體能教練之前，一位教練朋友看到我為了達到個人目標而掙扎著。我想讓自己能夠在一個小時內跑完特定距離，雖然我能夠在指定的速度與正確的節奏下跑步，卻常常在30～40分鐘之內就會過熱並且得慢下來。我持續嘗試跑步，幾乎每隔一天就一次。每次都嘗試增加1英里，期望能夠達成目標，一直不停地強迫我的身體，在頭上倒水以降低體溫，但就是無法達成。他建議我買個心跳表，並且只看我的心跳就好，不管速度與距離，然後照著預定的時間間隔與預定的心跳來跑。他說我可能會覺得緩慢而無聊，但這麼做會有幫助的。他說得沒錯，確實緩慢又無聊，但在兩個月的心律訓練之後，我變得精力充沛、強壯也更健康，而且能夠完成目標不只一次，而是很多次。這個新的角度真的對我有效，所以我建議不只是嘗試新的角度，也試試心跳表。

可改善之處，也可藉由觀看來加強技術。鏡像神經元（mirror neurons）存在於我們腦中，在我們觀看他人表演動作時，會激發正確的路徑，因此觀看自己時也會得到同樣的刺激，並讓分析得以進行。錄下你自己的跑步、騎車與游泳，甚至是脫掉防寒衣，還有T1 與 T2 的轉換，然後看看有那裡可以改善。這對於改正嚴重錯誤或是簡單的技術提升非常有幫助。

休息

這件事前面就已經提過了，但它是如此重要，因此我得再重複一次。如果你的身體需要休息，就聽它的吧。不要過度訓練，否則你就會受傷或生病。最重要的是，放聰明點。

新的角度

我們常常在一個目標已經無法達成時，還執著不放手，以致於忽略了其他選項。一個有變化的訓練計畫總是對身體和整體體能有益，這也使得鐵人三項訓練對於一個想要提升體能的新手而言是個好選擇。然而，當目標變得太特定，使得訓練只能專注在該目標上，整體的體能就會被忽略。如果已經試著休息而仍沒有其他可行的選項，那就暫停幾個禮拜或者一個月，試試別種訓練。例如，划船就可以維持心臟和心肺能力。

「中樞調控」理論

健身專家、醫生和運動員們一直相信，肌肉會疲勞是因為它們已經達到其物理上的極限，不論是因為缺乏能量或是被有害的副產物影響，如乳酸（詳見第 2 章），而我們從未對此質疑。

但是，有兩個科學家提姆·諾克斯（Tim Noakes）和亞倫·吉柏遜（Alan St Clair Gibson）最近質疑了這個看法，因為他們並不同意疲勞就像汽車沒有汽油一樣簡單。他們反而相信，疲勞是一種開始於大腦的情緒性反應〔一九二四年阿契柏·希爾（Archibald Hill）曾提出類似概念〕。他們假設一個在大腦中被稱為「中樞調控」的機制，會持續調節我們的肌肉，以免它們精疲力竭。基本上，高強度的運動會危害到體內平衡（一般站立／心跳／溫度等等）並因此造成心臟傷害；於是中樞調控機制會藉著減少對肌纖維的招募來限制運動強度，招募較少的肌纖維就會產生疲勞感。簡單來說，肌肉在運動時的動力輸出會持續地被大腦仔細計算調整，以確保心臟和身體的使用是在安全的範圍內。換句話說，大腦控制著我們的強度等級來使身體免於損傷。一般認為，大腦會因為先前的激烈運動而受影響，所以中樞調控機制可以經過一段時間的訓練而接受更高強度的運動。

儲備

就像任何的新理論，若沒有具體證據，「中樞調控理論」也只能停留在假設階段。但經過深思熟慮之後，這個理論的確有點道理。身體的確應該經常有所保留以應付緊急狀況，像是對付掠奪者或是一個想殺了你的敵人。以進化的角度而言，讓自己累到無法逃跑會是種錯誤，這也使得中樞調控理論比乍看之下更為合理。

疲勞的肌肉實際上並沒有耗盡必要的東西，即使過度運動，肌肉和肝臟中的肝醣量也從來不會耗盡。重複一次，身體會在我們把能量耗盡之前就阻止我們運動，以預防緊急狀況的發生。而且中樞調控理論也對於將乳酸的產生假定為疲勞的原因提出質疑。假使這是唯一原因的話，運動員在高海拔上運動時就不會快速疲勞；因為氧氣分壓較低，所以速度會降低，乳酸濃度也不高，而我們也應該可以跑得更遠。但實際上我們知道高海拔訓練仍然會產生疲勞。這點似乎可以藉由中樞調控理論的存在獲得解釋，測量血氧飽和度以保護心臟和身體並維持體內恆定。

最後，中樞調控理論也應用在某些醫學情況，例如慢性疲勞綜合症。因為有些個案即使在休息時也會感覺到疲勞，但這無法歸究於肌肉缺少肝醣，必須納進大腦的心理和動機因素。再說一次，中樞調控機制在這樣的例子中更顯其合理性。

推翻中樞調控理論

從科學角度來看，中樞調控與先前為人所相信的理論並非完全不同，那有點像是「雞與雞蛋」的說法。以前認為是肌肉在疲勞時告訴大腦，身體才因此停止動作。然而，看起來肌肉裡發生了什麼事其實不重要。實際上，中樞調控機制會持續地監測生理因素和信號，不論它們是否為疲勞的直接原因；相反的，這些監測結果會讓中樞調控決定何時要發出疲勞警訊的信號。

此時問題就變成，中樞調控機制如果真的存在，那世界頂尖耐力運動員是如何維持他們的速度呢？以前我們假定他們擁有某些基因，讓其肌肉不會像他人一般容易疲勞，或者是多年的訓練使他們能夠動得更久更強，不受乳酸堆積的影響。這個答案可能很簡單：我們所有人可能都有某種程度的能力來無視中樞調控機制，儘管高強度運動會產生不舒服感，而這當然是危險的，因為持續著同樣強度的運動，可以或可能會對身體和心臟造成損害。對於我們大部分人來說，最後就變成自然地放慢速度和強度。但頂尖運動員被認為可以完全無視中樞調控機制。如果這是可能的，那他們是如何做到的呢？

一個可能的答案是，他們天生就擁有令人驚訝的強韌心理和堅強的意志力，這非常符合我對某些運動員早年的心理發展的想法。這些頂尖運動員可以真的忽略他們的身體。但是這意味著中樞調控機制是個心理多過生理的機制，而這並不十分正確。不過，這有助於解釋為什麼大叫、音樂或是其他形式的分心事物，可以讓人繼續維持較長時間的較高強度訓練；這些會藉著使其分心來預防大腦散佈停止的訊息到全身。一個最好的例子是馬拉松跑者寶拉．雷德克里夫（Paula Radcliffe）[6]。看看她跑步的時候，每步都會伴隨著奇怪的頭頸部動作，有些肯亞人則會持續輕扣拇指和食指，這些動作可能都是他們用來佔據大腦，以壓制其中樞調控機制並處理痛苦的方法。

結論

為你的訓練設定目標。實際上，為你的生活設定目標，只要確保你能夠持續 SMART 訓練法。如果你為了達成目標而掙扎，那就設定一些小里程碑來幫助自己，或者看看面前的清單，還有藉著了解自己，試著克服你的問題並再次試著達成目標。目標可能不會符合所有人的口味，特別是那些對自己的生活感到滿足而快樂且沒有什麼實際慾望的人。我想每個人都可以改進他們生活的某些部分，即使這可能只對他們的伴侶、家庭或孩子有利。想要改善是人類的天性；我們都想變得更好。所以為自己設定一個目標或挑戰，好讓自己充滿活力。為自己設立一個時間表並使其成真。

譯註

1. 英國知名三項選手兄弟，哥哥阿里斯泰・布朗利（Alistair Edward Brownlee）曾在二〇一二倫敦奧運三項賽中獲得金牌，弟弟強納森・布朗利（Jonathan Brownlee）則在該場賽事中獲得銅牌。
2. 世界重量級拳擊多次冠軍。
3. 前英格蘭足球代表隊隊長，知名球星。
4. 牙買加短跑選手，100、200 與 400 公尺接力世界紀錄保持人。
5. 美國著名女子體操運動員，曾獲奧運多項獎牌。
6. 現任女子馬拉松世界紀錄保持人，一九七三年生於英國，在二〇〇三年「倫敦馬拉松」甚至跑出 02:15:25 的成績，至今無人能打破她創下的紀錄，堪稱跑步界的傳奇人物。

第2章

能量系統

身體需要能量去執行身體活動，不管是走路去購物、做家事，或者完成鐵人三項比賽。我們所做的任何事都需要能量，身體移動、成長、修復，甚至維持心跳。即使是坐著或是在床上睡覺，我們的肌肉在休息時還是會消耗能量。三項運動員應該要充分了解人體在各種狀態下的能量消耗。

想以從事鐵人三項來減重的人，不能只光做游泳、騎車、跑步等心肺運動，還要加入重量訓練來維持肌肉質量。增加肌肉質量將會提升休息時的能量消耗。因此，鐵人們必須知道要定時攝食提供身體能源，而不是靠分解身體本身來獲得能量。

不論你是想藉由訓練／比賽來讓體能更好、體重變輕，或者你是想要維持體能狀況處於巔峰狀態，了解能量系統非常重要！

能量在運動前、後都會被消耗。休息與運動中能量消耗的總量隨肌肉質量大小、性別和年紀而有所不同，但都有助於體重的減輕與體能的提升。我們的能量全部來自於所攝取的食物（除因攝食不足，被迫分解身體組織）。這些概念會在第 3 章有更詳盡的解釋。我們可以從均衡完整的飲食中滿足最主要的能量需求，如碳水化合物、脂肪和蛋白質。當這些營養素被攝食與分解後，會依不同方式儲存於體內以備不時之需。對於想從事鐵人三項來減肥或變得更強健的人來說，你越了解所謂的「食物智慧」，越可以利用食物種類與進食時機來讓訓練與比賽的質量更高。但對於經驗豐富的鐵人們而言，這方面的知識就要更專業，如每天進餐的次數，訓練前、中、後的營養補充。食物絕對重要！

能量

真的有必要去詳細了解身體如何運作、如何利用能量，以及如何利用它來從事 30 分鐘到 12 小時之間的跑步、騎車和游泳嗎？了解身體如何隨著自己的要求而運作及不同能量系統的功能，可以幫助你明白為何在某些情況下會疲勞，為何你在游泳出發時總是慢速，以及如何提升體能狀況。

ATP

無論能量從何處而來，我們所需的能量只能在變成高能磷化物（ATP，adenosine triphosphate，又稱三磷酸腺苷）的形式時才能被身體利用。雖然 ATP 體積不大，但肌肉只能儲存非常少量的 ATP，這代表身體必須持續製造它。如果肌肉使用 ATP 的速率高於製造的速率，我們將會感覺疲勞，必須減慢或停止肌肉活動。簡單地說，如果訓練／比賽的強度高過身體製造 ATP 的能力，你就必須減輕強度，讓 ATP 的製造與消耗速率達到平衡，或者完全停止運動讓身體可以備足所需的能量。

完整的訓練

完整訓練每一個單項，不可偏廢或是冒險。你不可以只游泳、騎車，而從來不跑步，所以想想該如何訓練能量系統的每個元素：這三種運動訓練都必須包含短距離衝刺、長距離間歇及長距離耐力訓練的課表。

三種能量系統

我們知道肌肉中有一定存量的 ATP，提供身體立即的能源。當身體合成更多 ATP 時，也會將 ATP 補回。但此過程並非立即的，所以經常會迫使我們減慢運動速度或是停止運動。為了身體使用時可以提供更多的能量，我們有三種不同的能量系統，提供 ATP 給肌肉以執行比賽、訓練與活動：

1. 磷酸肌酸系統（The PCr, creatine phosphate system）：提供 0 ～ 30 秒的高強度或爆發力運動的能量。此系統是身體最立即的能量供應來源，供給能量的速度比其他系統快。然而，它能提供能量的時間非常短。
2. 無氧醣解／乳酸系統（The anaerobic glycolysis/lactic acid system）：提供 1 ～ 2 分鐘高強度運動的能量。此系統也可快速供能，但無法長時間維持。肌肉會因乳酸濃度提高而疲勞，也會感到脹痛。

3. 有氧系統（The aerobic glycolysis system, 有氧醣解與脂肪氧化）：此系統可以長期供應能量（如果能量供給足夠），但必須在氧氣充足的情況下才能運作，且能量消耗量不能太高。

在鐵人三項中，這三種能量系統會一起運作以保持肌肉所需的能量。在訓練時也會使用這三種能量系統，例如在泳池中進行無氧訓練、間歇訓練的衝刺或者長距離的騎車或跑步。鐵人們一定要充分了解。

能量系統的相互影響

你或許會以為在鐵人三項比賽時，多半應該是依賴有氧系統來供應能量。其實不然。如果你在騎車階段過程中，決定在下個坡道前加速超越幾個人呢？你原來是在使用有氧系統跑步，但剛剛衝刺了 20 秒，現在正呼吸急促。你的身體有偷偷用了無氧醣解系統嗎？或甚至有用到磷酸肌酸系統呢？要記住，身體並不會完全獨立地使用某種能量系統；這三個能量系統在訓練與比賽中，彼此相互都有關聯。每一個能量系統被使用的總量取決於當時的運動強度，以及該運動強度持續多久時間。

簡單介紹三個能量系統

磷酸肌酸系統

ATP → 能量 ＋ ADP ＋ 磷酸

ADP ＋ 磷酸肌酸 → ATP ＋ 肌酸

（ADP = adenosine diphospate，二磷酸腺苷）

這個系統在肌肉中儲存了少量，但可快速供給的能量，可供身體快速爆發力反應，特別適合出發衝刺或衝線的情況。可惜的是，肌肉中儲存的 ATP 僅能提供 8 ～ 10 秒的高強度運動。當 ATP 存量耗盡，磷酸

衝刺間歇訓練

在盡力衝刺之後，大多數的人都需要休息好幾分鐘，讓身體補充磷酸肌酸的儲存量，否則無法再繼續高強度的衝刺。因此，短距離衝刺間歇訓練要確保磷酸肌酸系統的儲存量能快速回復，每次衝刺練習都能夠超過比賽中衝刺的速度。

肌酸就會加入運作。

磷酸肌酸同樣的也是儲存於肌肉。它是個高能量來源，可在分解後提供工作中的肌肉所需能量。一般肌肉內儲存的磷酸肌酸可多提供約 20 秒的高能量活動。

乳酸（無氧醣解）系統

ATP → 能量 ＋ ADP

ADP ＋ 葡萄糖（氧不足）→ 乳酸 ＋ ATP

當需求超過磷酸肌酸系統所能供應的 ATP 時，乳酸系統可供應短期的能量。高強度運動持續超過 10 ～ 15 秒後，我們的呼吸會變得急速且深沉，這是因為我們的肌肉需要更多氧氣。由於氧氣進入血流，再運送到肌肉需要時間，所有 ATP 與磷酸肌酸的儲存量至此都會被耗盡。此時若肌肉內氧氣不足，乳酸系統就會提供能量。

乳酸系統使用葡萄糖做為能量來源。葡萄糖是分解肝醣所產生而來，肝醣儲存於肌肉與肝臟。在氧不足的情況下，肝醣被分解用來產生能量，過程中所產生的代謝產物就是乳酸。這個代謝產物會讓肌肉開始產生疲勞感，甚至還會讓我們減慢速度或停止運動。

乳酸系統無法長時間維持，維持的時間長短是依據不同個人、性別、年齡，還有體能水準。但是「乳酸閾值」（lactic threshold）是可被訓練的。乳酸閾值的提高，代表個人可以做更高強度的運動或可在這個強度持續運動更久的時間。頂尖運動員的乳酸閾值遠遠勝過一般人。

當最大體力需要超過 10 秒鐘，而磷酸肌酸系統又已被耗盡，此時乳酸系統就格外重要。對於三項運動員，想要在最後幾公里衝刺，或用力爬坡超越對手保持領先等情況，絕對要靠乳酸系統。

有氧系統

ATP → 能量 ＋ ADP

ADP ＋ 葡萄糖 → ATP ＋ 二氧化碳 ＋ 水

有氧系統製造能量的速度遠慢於其他系統，但我們日常活動所需的能源主要都是來自它。它的缺點是在激烈運動時供應能量的速度較慢，因此需要其他系統的支援。有氧系統的能量供給幾乎無上限，但不同人、體型大小、活動時間長短、有無能量補給也會影響。以一般鐵人三項距離來看（超級鐵人距離另當別論），能量並不會被耗盡。有氧系統對長時間的訓練、競賽是不可或缺的。

簡單地說，這個系統是氧化（利用氧氣）醣類與脂肪來產生能量，也不會有代謝產物會阻礙能量代謝的進行（乳酸系統則否）。當供應肌肉的氧氣充足時，有氧系統可以持續進行能量代謝。當肌肉內的氧氣不

氧不足

一旦磷酸肌酸或者乳酸系統被使用，即代表已產生氧不足的現象，也就是氧氣消耗量大於攝取量。當運動停止後，身體會攝取更多的氧氣來補足先前的缺額，也就是所謂的「氧債」。補足氧氣至身體原本的氧氣儲存量，能幫助我們移除乳酸，恢復肌肉中ATP與磷酸肌酸的儲存。

身為三項運動員，你要能訓練身體在高強度時利用有氧醣解系統，在比賽中產生氧債，但可同時恢復。想像在一個長爬坡衝刺時超越遠方的競爭者，之後接著是平路地形，此時已氣喘吁吁，身體已經產生氧債，你要能減慢速度到有氧系統所能負荷的強度，但仍然夠快，以防止那些被你超越的競爭者對你做出相同的事情。

足時，能量的代謝就會偏向無氧代謝的路徑，並產生氧債。

有氧系統的代謝能力可藉由中強度的運動來顯著提升，訓練後的心臟變得更強壯，能夠提供肌肉更多的氧氣，持續進行有氧代謝。

結論

本章讓你知道能量系統的運作與特性，也會讓你知道自己的實力與弱點。三項運動員在比賽中使用能量系統的差異性很小，但有了這個小知識，至少可以幫助你了解為何在比賽或訓練時你會掙扎或者減慢速度。最重要的是了解食物和營養的需求，若不適時補充能量就無法完成訓練和比賽。永遠在訓練前後攝食。即便你做的是長距離的轉換訓練，也可以在過程中飲食，這樣才能確認你的身體有足夠熱量去燃燒，並能攝入足夠的食物來補充所消耗的能量。

你的身體知道

不管跑步、騎車或游泳，在比賽或訓練的過程中，身體會在有氧醣解作用與無氧醣解作用之間漂移。我們自己雖然不會察覺，但身體會依可提供的能量與所受過的訓練讓我們進行運動。

第3章

營養與水分補充

雖然本章標題稱食物為「營養」，但稱它為「燃料」更貼切，因為它更是鐵人三項運動員必須關注的重點——不論是訓練或是比賽，你都需要有足夠的燃料來完成。本章的目的是解釋各種飲食中的營養素，並且說明最適合鐵人三項訓練與比賽的飲食。

雖然多元的飲食不一定很均衡，但真正均衡的飲食就應該包含下列全部的營養素：

- 碳水化合物
- 蛋白質
- 脂肪
- 纖維
- 水果與蔬菜
- 乳製品
- 液體
- 維生素與礦物質

幸運的是，我們不必每一餐都將所有的營養素吃下去，但最好還是盡可能每天攝取足夠數量的主要營養素，如蛋白質、碳水化合物與脂肪，並搭配各類型的蔬菜與水果。此外，攝取足夠的水分來幫助消化也非常重要。

作為一位鐵人三項運動員，你不該追隨一般流行的節食菜單，因為日常的訓練即可幫助你達到體重管理的目標。話雖如此，鐵人三項會大量燃燒熱量，但也不該是你隨便亂吃的藉口。

均衡的飲食

蛋白質

身體的所有肌肉組織皆由蛋白質所構成，從讓我們可以微笑的臉部肌肉，到使血液循環的心臟都是。為了保持健康、生長與修復，身體需要蛋白質。

蛋白質本身是由不同的氨基酸所構成；氨基酸各自組成具有不同功能的胜肽，再形成蛋白質。但人類無法合成所有身體所需的的氨基酸來形成蛋白質，所以要從其他食物中攝取，像肉類、魚、蛋等。三項運動員需要比一般人更多的蛋白質，因為他們必須修復在運動中受損的肌肉、維持身體的免疫系統，以及分泌荷爾蒙、酵素或血球細胞等。

令人驚訝的是，在某些耐力運動項目中，蛋白質會成為燃料的來源。所以對於三項運動員來說，蛋白質還有額外的功能。蛋白質也會刺激昇醣素的分泌，使身體更有效率地使用脂肪作為燃料。

其實一般人並不需要每餐都攝取蛋白質，但還是建議三項運動員盡量每餐都攝取。若無法做到，那麼至少在每日的一到兩餐中都要攝取蛋白質。蛋白質不像碳水化合物與脂肪一樣可以被身體儲存；它只能按身體所需而被應用，但是身體所需的量是固定的，所以規律攝取蛋白質相當重要。在飲食中攝取稍多的蛋白質，要比你攝取不足來得好。歷年來的研究認為，三項運動員最好每天攝取每公斤體重乘以 1.2 ～ 1.4 公克的蛋白質。

有幾個現象可以顯示你體內的蛋白質攝取量不足，例如感冒與喉嚨痛（免疫系統功能低下）、煩躁、指甲生長緩慢、毛髮稀疏

素食者

儘管飲食中不含肉類或魚肉，素食者仍然可以成為耐力運動員／三項運動員。我曾有兩年茹素，但運動表現依舊不錯。然而，蛋白質的攝取的確可能是一個問題；動物性蛋白要優於植物性蛋白，因為它不僅含有所有的必要氨基酸，還可以供應維生素與礦物質，例如鐵與鋅，並且更容易消化。所以對於素食者來說，為了確保身體可以獲得所有的必要氨基酸，攝取蛋白質的增補劑是很重要的。

或掉落、渴望甜食、疲勞、訓練後體力無法恢復，以及對訓練刺激的反應微弱。如果你有這些徵兆，那麼應該試著增加蛋白質攝取量。不必擔心會攝取過多的蛋白質，因為事實上僅有極少數人會攝取過多的量，而攝取過多的部分會被排出體內或被轉換成肝醣儲存。在蛋白質代謝過程中必須飲用足夠的水分，來幫助排除所產生的氨。

盡量避免攝取富含脂肪的蛋白質，例如起司、全脂牛奶、漢堡、熱狗等，因為這些食物皆含有會引起健康問題的飽和脂肪，即使是經常從事運動的人也是如此。

個人經驗

我以前都只是斷斷續續地攝取蛋白質增補劑，但現在對運動營養有更多認識後，我對它完全改觀。每當我發現自己在飲食中無法攝取足夠的蛋白質，特別是在激烈訓練後，身體已開始分解自身的組織作為燃料，這時我就會求助於蛋白質增補劑。過去我曾嘗試在訓練中補充或不補充蛋白質增補劑，並從中發現有使用的益處，所以現在我都會建議選手，不管是男女老少，都可以使用蛋白質增補劑。

蛋白質的建議來源

- 牛肉（瘦肉）
- 火雞肉
- 雞肉
- 鮪魚
- 白魚
- 鮭魚
- 蛋
- 盒裝蛋白
- 瘦豬肉
- 農夫起司（cottage cheese）
- 希臘優格（脫脂是我的最愛）
- 蛋白粉，如：乳清蛋白、酪蛋白、大豆等

蛋白質增補劑

蛋白質增補劑對於三項運動員來說很重要，特別是你需要努力在飲食中攝取到足夠的蛋白質，不論你是因為吃素、工作時間不正常，或是身體不適合攝取雞蛋。蛋白質增補劑可以幫助運動員在訓練前後獲得足夠的補充（甚至是訓練中所需之氨基酸），使其降低自身肌肉組織的分解，並提供身體在訓練後修復肌肉所需之蛋白質。而經驗豐富的超級鐵人三項運動員在長時間的訓練當中與結束後，也必須攝取蛋白質增補劑。

如果可以從健康的飲食中自然攝取到蛋白質，那麼不一定需要蛋白質增補劑。然而，我個人比較鼓勵選手將蛋白質增補劑搭配均衡的飲食（而不是取代），因為增補劑可以快速吸收，意味著我們可以更快感受到在訓練前後攝取增補劑的好處。增補與

否取決於對象是新進奧運選手、資深三項運動員，還是熱愛運動的上班族，要用常識判斷。

女性常擔憂攝取健身增補劑會使她們看起來像阿諾，但這不可能發生。因為如果攝取蛋白質增補劑，並甩動 4 公斤的啞鈴就可以讓妳看起來像阿諾，那麼那些長期在健身房運動而希望獲得完美海灘體態的年輕人，可能會很想知道妳的秘方！運動營養品牌（如 Maxifuel 和 SIS）提供專屬於耐力運動員的蛋白質增補劑，所以可以參考並試試看。如果你隔天肌肉的疼痛感稍微降低，或是在 1,500 公尺游泳時，上半身肌肉似乎更有力，那麼這樣的增補值得一試。

碳水化合物

在能量來源方面，人類與其他動物是完全一樣的。我們都以碳水化合物作為主要的能量來源，無論攝取的是單糖或是澱粉。不過即便碳水化合物如此重要，一些賣力訓練的三項運動員吃很多，但有些卻一點都不攝取。

的確，對三項運動員來說，不論你經驗如何，要有好的表現，碳水化合物絕對不可

若哪天你想要試著有好的運動表現但卻不攝取碳水化合物，那麼你那天的動作可能呆滯緩慢，身體反應遲鈍而導致表現低落，甚至受傷。

或缺。若哪天你想要有好的運動表現但卻不攝取碳水化合物，那麼你那天的動作可能呆滯緩慢，身體反應遲鈍而導致表現低落，甚至受傷。此外，令人驚訝的是，在缺乏碳水化合物的狀態下運動，身體可能會分解更多肌肉組織來作為能量來源，而不是分解體內過多的脂肪，這是由於人體開啟了「飢餓模式」所致。分解肌肉組織與攝取碳水化合物相比較，前者通常不會是任何人所樂見。

耐力運動員吃下過多的碳水化合物十分常見。每天攝取五或六餐，包含麵包、穀類食品、烤馬鈴薯、穀麥棒、果汁、烤麵包、麵食和米飯，偶爾加入些沙拉和水果。這些都是碳水化合物的良好來源，但必須要有優質的脂肪和蛋白質來做搭配，這在之前和底

下的文章我們都會提到。此外，你將會促使你的身體儲存脂肪。簡單解釋一下：當你攝取高碳水化合物的餐飲後，身體會釋放胰島素來調節血糖的水準。胰島素一般會在血液中停留約兩小時，如果此時又有另一個高碳水化合物被攝入，胰島素會對碳水化合物、蛋白質與脂肪產生作用，例如在餐後會將碳水化合物與蛋白質儲存成脂肪，並且避免以體脂肪作為身體燃料來源（因為身體內有非常多的碳水化合物，不需要使用脂肪）。所以，如果你想藉由鐵人三項來減重，就得好好想一下你的飲食內容。如果你的運動成績相當優秀，你會希望身體能夠妥善利用脂肪作為燃料來源，因為當你在長時間的競賽時，你必須更有效率的使用脂肪。所以太常攝取高碳水化合物飲食對你沒有幫助。

許多耐力運動員攝取大量的碳水化合物，常有的問題就是他們通常只注重攝取到高升糖指數的「健康」碳水化合物，卻缺乏脂肪與蛋白質來延緩吸收。這意味著他們的血糖水準會維持在高點，使得血液胰島素濃度偏高，會不斷地感到飢餓——因此也導致攝取更多的食物。結果是，三項運動員（中等水準者）往往會有過多體脂肪的問題。不幸的是，胰島素不僅會提升體脂肪與飢餓感，更與高血壓、心臟病和糖尿病有關。所以解決的辦法是，如果你餓了就攝取蛋白質而不是碳水化合物，因為碳水化合物只會一再重複惡性循環。

話雖如此，碳水化合物仍然相當重要，而且必須是每一餐中的主要成分，特別是針對三項運動員。在運動的前中後，身體若缺乏碳水化合物，疲勞與運動表現下降將伴隨而至。這就是為何在清晨訓練前（早餐）的第一件事就是即時補充碳水化合物的存量，更重要的是在訓練後要儘快攝取碳水化合物（最好在一小時內）。在訓練後的一小時內補充碳水化合物，可使身體更有效率地恢復肌肉與肝臟中的肝醣儲存量，作為下一次訓練時段與競賽時的燃料來源，而這可能會是輸贏的關鍵。再次重申，在訓練末期，蛋白質與高升糖指數的食物是相當重要的，這些食物可以促進身體恢復，有利於準備下次的競賽或者是身體組織的修復與生長。

升糖指數

升糖指數（glycaemic index, GI）是近幾年比較新的概念，大多數人稱它為「升糖指數飲食」。但是它與一般「知名的」飲食計畫（例如阿特金斯飲食計畫或檸檬水排毒）不一樣。升糖指數飲食最初設計是希望幫助糖尿病患者，根據血糖升高的速度作為食物分類的方式，可以將碳水化合物分為紅色、黃色或綠色：

紅色＝**快速上升**
黃色＝**中等速度上升**
綠色＝**緩慢上升**

有些食物的外包裝印有這些顏色標示。

高與低升糖指數

碳水化合物可以被分類為高或低升糖指數（見下文）。基本上這是讓我們知道碳水化合物進入血液中的速度，而因此影響血液中胰島素的水準。高升糖指數的食物對於胰島素的影響非常快，低升糖指數的食物則相當慢，這也代表我們不會很快地再渴望攝取糖分。

如果沒有，你也可以在網路或升糖指數手冊中查詢到相關資訊。然而，僅僅知道食物升糖指數高低還不夠，你必須知道一起攝取的還有哪些其他食物會使升糖指數改變。例如，一個含糖量高的食物在製造過程中加入脂肪，就會顯著降低它原本的升糖指數。這代表在高升糖指數碳水化合物飲食中加入蛋白質、脂肪與纖維素，將會降低它原本在單獨攝取時對血糖造成的影響，使它的作用和低升糖指數食物無異。

任何主餐都應該攝取含有優質蛋白的低升糖指數碳水化合物；如上述所說，這樣的飲食可以改變該碳水化合物原本的升糖指數。例如，全麥麵食，糙米，全麥麵包，地瓜，燕麥粥和藜麥。

高升糖指數食物的最佳影響

我們不應該完全剔除高升糖指數的食物。相反的，這樣的食物在某些特定時間極有用處。先前提過，在訓練之後有一個「黃金時機」，可以讓你補充肌肉的肝醣存量。這樣的攝取越快越好，且對於下次訓練時肌肉恢復的效益越大。所以盡速再補充是很重要的，這必須要攝取可以快速釋放葡萄糖的碳水化合物，因此，高升糖指數食物是再補充肌肉肝醣存量的最佳選擇。

當能量需求提升，葡萄糖快速被消耗時，在運動前攝取高升糖指數食物也很有利。然而，在運動數小時前務必攝取均衡的飲食，包含蛋白質、脂肪與低到中升糖指數的碳水化合物；因為一旦高升糖指數食物被快速消耗掉後，身體內還是需要有足夠的能量來供應整個訓練所需。

脂肪

人們對於脂肪普遍的認知都是不好且應該避免的，雖然現在已經知道這種觀念是一種誤解，但許多從事健身的人仍會盡力避免攝取各類的脂肪，以防對身體造成損害。事實上，我們的飲食中還是必須含有一些脂肪來保持健康。但那並不代表我們可以在每餐中都吃洋芋片、奶油與黃油。我們必須攝取優質的脂肪，而不是可能會阻塞動脈的脂肪。此外，宣稱去脂的食物往往含有極高的糖分，可能比脂肪更容易對胰島素的分泌產生不利的影響。

脂肪有分好與壞。好的脂肪是單元不飽和脂肪酸，例如，橄欖油／菜籽油、堅果、堅果黃油與酪梨等。單元不飽和脂肪酸可以減少低密度脂蛋白在動脈壁的堆積與阻塞，同時也可以幫助提升健康的高密度脂蛋白

低脂高醣

許多三項運動員發現，若他們將飲食由低脂高醣轉變為高脂低醣（當然是要優質的脂肪），可以提升訓練強度並且較快恢復。

濃度。高密度脂蛋白能夠將膽固醇從動脈壁攜帶至肝臟進行處理。

壞的脂肪為飽和脂肪，會阻塞心臟，一般存在於黃油、紅肉與全脂奶製品中。非常劣質的脂肪是人造的「反式脂肪酸」，這是由氫氣與油脂反應所產生的，因此也稱為「氫化脂肪」。在許多包裝食品當中都可以發現反式脂肪酸，包含人造黃油（馬其林）、餅乾、蛋糕、冰品、甜甜圈與洋芋片等。反式脂肪的壞處更甚於飽和脂肪，它會破壞血管與神經系統，而且含有相當高的熱量。

所以飲食中應該富含單元不飽和脂肪酸，少量的飽和脂肪酸且最好沒有反式脂肪酸。

了解這三種脂肪酸的差異後，你可以知道完全排除脂肪的攝取對人體的影響，特別是對於耐力運動員。下面表列的食物中含有優質的脂肪，不僅是均衡飲食中熱量來源的一部分（脂肪每克產生9卡熱量，蛋白質或碳水化合物每克產生4卡熱量），也負責荷爾蒙的分泌（睪固酮與雌激素）、調節月經週期、吸收與運送維生素、神經／腦細胞的生長，更包含維持光澤的毛髮與良好的膚質。

關鍵在於限制油炸與加工食品的攝取，例如洋芋片與漢堡。這類食物含有飽和脂肪酸，所以少攝取為妙。實際上，它們也不是完全糟糕，但是只能偶而為之，不可每週攝取多次。這樣的陳述可能與先前提到蛋白質的重要性有所違背，因為漢堡是蛋白質的良好來源。然而，儘管漢堡富含蛋白質，但也含有大量的劣質脂肪，所以應該攝取含有較少脂肪的蛋白質來替代。簡單的作法就是在飲食中限制肥肉、加工肉類，與肉類餡餅的攝取。

研究已證實好的脂肪與體重增加或心臟問題並無關聯。好的脂肪存在於油脂含量高的魚類（鮪魚、鮭魚、沙丁魚與鯖魚）、堅果、種子、橄欖。這些食物對身體各種功能非常重要，特別是維持健康的皮膚、關節的功能（對所有運動員相當重要），因此對於各方面的健康都很有幫助。這種脂肪可以在每一餐中規律的攝取以搭配蛋白質。

脂肪的選擇

- 杏仁
- 腰果
- 核桃
- 橄欖

- ◆夏威夷果　◆種子
- ◆酪梨　　　◆椰子油
- ◆鮪魚、鮭魚、沙丁魚與鯖魚所含的油
- ◆天然堅果黃油

（不含糖分，沒有或少量添加鹽分）

水果與蔬菜

沒有人能忽視水果與蔬菜對於均衡飲食的重要。媒體不斷地提醒我們一天要吃五蔬果。蔬果可以改善皮膚，幫助消化系統並延長壽命。蔬果可在每一餐中大量攝取，也是很好的餐後甜點。但不幸的是，儘管蔬果的重要性一直被強調，但是蔬果攝取不足仍然是飲食中主要的問題。我們依舊喜愛攝取麵包、米飯、麵食，甚至是巧克力、洋芋片與餅乾等不好的零食。即使是表現優異的三項選手，也承認他們沒有每天攝取足夠建議量的水果與蔬菜。

首先，水果與蔬菜是抗氧化劑良好的來源。這是什麼意思呢？簡單來說，抗氧化劑有助於對抗自由基（氧化物）。自由基會在一般身體運作中產生，例如，激烈的運動（鐵人三項的訓練）或由食物攝入。自由基可能會引起癌症或過早老化，所以只要能打擊這些自由基便能得到健康。而最簡單的方法就是攝取水果與蔬菜。

大多數的人都知道，水果與蔬菜是維生素與礦物質的主要提供者，但不清楚它們確切的功能為何。其實它們的功能廣泛，從讓血液攜氧至防範感冒。我們必須攝取蔬果的原因太多（下頁的表格說明了維生素確切的功能）。此外，它們是纖維質的主要來源，纖維質可以維持消化系統的順暢。這對於運動員來說相當重要。若你在開始運動前未能排便其實不好，而假如你在訓練當中才想要排便那更糟糕。但這經常發生，因為血液被分配到控制四肢的肌肉，而遠離控制腸蠕動的肌肉。

總而言之，富含水果與蔬菜的飲食可以幫助改善我們的訓練及競賽表現，降低生病與受傷的機率，促進傷口癒合，改善長期健康與預防便秘。想要達到這個目標，你只需每天吃下五份蔬果就行了。

說了那麼多，現在讓我們來思考水果攝取與先前所提的碳水化合物攝取。令人困惑，對吧？首先，水果是較高升糖指數的食物，所以盡量與脂肪或蛋白質一起攝取。其次，在訓練前後攝取水果可以幫助訓練後肝醣的再補充，或訓練前能量的供給。最後，不要為了達到一天的建議攝取量，而在訓練中攝取五份水果，試著將水果與蔬菜分配在每餐當中，例如搭配早餐吃點莓果，午餐時吃些花椰菜，將蘋果與奶酪當作小點心，訓練結束後再吃條香蕉，並在晚餐吃盤綜合蔬菜。

維生素與礦物質

維生素與礦物質是有機體（動物）內無法自行合成的必須化合物（不包括必須氨基酸）。

在人體內，必須維生素與礦物質主要是由健康均衡的飲食所提供，特別是每天所應該攝取的五種水果與蔬菜。

廠商都宣稱維生素增補劑可以預防感冒與流感，改善皮膚健康並緩解關節疼痛。雖然這是事實，但是水果與蔬菜也有相同的功效。然而，維生素增補劑並不會很昂貴，如果因為某些因素使你無法攝取足夠的蔬果，那麼攝取增補劑也是不錯的選擇。綜合維生素可以供應身體正常運作所需的各種維生素，包含免疫系統的功能。但是每天攝取的劑量不要超過建議標準，因為攝取太多劑量會擾亂體內的恆定，並導致生病或脫水。

必須維生素的學名與來源

維生素 A	視黃醇	魚肝油
維生素 B1	硫胺素	米糠
維生素 B2	核黃素	蛋
維生素 B3	菸鹼酸	肝
維生素 B5	泛酸	肝
維生素 B6	吡哆醇	米糠
維生素 B7	生物素	肝
維生素 B9	葉酸	肝
維生素 B12	氰鈷胺	肝
維生素 C	抗壞血酸	柑橘類水果
維生素 D	促鈣醇	魚肝油
維生素 E	生育酚	小麥胚芽油、肝
維生素 K	葉綠醌	苜蓿

纖維質

我們都知道纖維質有助於消化，並保持腸胃健康，避免便秘。攝取纖維質同時也能幫助減少罹患某些癌症的機會，這個好處足以使我們有充分的理由攝取它。除了水果和蔬菜，纖維質可以從全麥穀物，例如麥麩片、燕麥粥與麥片或是從全麥麵包、糙米與全麥麵食中獲得。重點是吃全麥（棕色）的麵包、米飯或麵食，而避免攝取「白色」的米飯或麵食，這些受過高度加工的「高升糖指數」食物對身體並不好。

糖分

均衡飲食不僅代表攝取足夠的各種營養素，也意味著避免攝取過多特定的食品。糖分就像是飽和脂肪，是另一種典型的例子。以前的人只能從水果與漿果中獲得糖分，但是現今卻已非如此，各種生產的食品幾乎都含有糖。我們日常生活中不但攝取了過多的糖，且它們並非是來自於天然的「好」糖分——大部分都是精製加工品。

如先前所提，被標示為「去脂」的食品通常含有大量的糖分，例如去脂優格可能就含有非常高比例的糖。所以購物時一定要注意食品標籤，了解食品中含量比例較高的成分是哪些。糖通常是加工食品中比例第二或第三高的，與鹽分的比例不相上下。

雖然糖分不是全然有好處，但它們在訓練或競賽之前與過程中是很好的能量來源。尤其如果你是一位長期訓練的選手，你可能需要在競賽的前中後攝取含有糖分的能量補給。不過糖分畢竟只是空熱量——僅有能量卻沒有營養；在你的日常生活中還有更好的食物可以獲得能量，也能提供營養素與礦物質，水果就是很好的例子。

鹽分

就像糖分一樣，鹽分似乎添加在我們所有的飲食當中，特別是加工食品。其實我們的祖先並沒有在他們的食物中添加大量的鹽，他們都是自然地從飲食中獲得鹽分。適當的鹽分當然是身體功能維持正常恆定之所需，但是我們大多數人並不須從飲食中攝取這麼多的鹽分。不過鐵人三項運動的確會讓我們流很多汗並導致鹽分流失，所以身體

鹽分不是電解質

除非一天的訓練引起大量的汗水流失或是肌肉痙攣，否則不必在食物中額外添加鹽分，且應該要避免這樣作。攝取電解質飲料或錠劑會比較好，我認識幾個選手在游泳時發生痙攣（尤其是有一個在60分鐘的游泳前，堅持要完成60-90分鐘的腳踏車行程），他們都發現電解質增補劑的效果良好。

需要比一般人多攝取一點鹽分；然而，這並非是你攝取垃圾食物（例如洋芋片與加工食品）的藉口。

乳製品

乳製品的攝取到目前仍有爭議。儘管我們已經攝取動物產生的乳製品多年，但也漸漸發現許多成年人其實有乳糖不耐症，而牛奶、奶油與乳酪對這些人並無好處，反而產生麻煩，輕者脹氣，嚴重的話會過敏鼻塞。如果你對此有任何疑問，可以去請教你的醫生並作測試。如果沒法看醫生，那就幾星期不要攝取乳製品，再看看情況是否好轉。

我們都是喝奶長大的。餵母奶的優點很多，值得我在此一一列出來；但一旦離開嬰兒期後，我們似乎不必要一直喝奶，尤其是從另一種動物所分泌出來的奶。的確，成長中的孩童喝牛奶是有某些好處，並且可以建議他們每天攝取二至三份來獲得足夠的鈣質，這對於骨骼健康相當重要。然而，人類並不具備分解乳製品所需要的所有酵素，所以很多人都具有乳糖不耐症，但有大部分的人都不知道這一點。

不過，乳製品對於從事激烈訓練的人仍然有些益處，因為它提供鈣質修復並改善骨骼，有助於預防骨骼的問題，特別是壓力性骨折。然而，必須注意的是鈣質也可以從其他食物中攝取，例如魚、蛋與豆漿（可以用來取代牛奶並提供更多鈣質）。這些替代食品的優點與牛奶類似。此外，部分瓶裝水業者也開始將鈣質加入他們的產品當中。

是否攝取乳製品是個人的決定。攝取乳製品並沒有錯，但就像攝取其他營養素一樣，不應該過量，並盡可能選擇健康的種類（避免全脂乳製品，避免不好的脂肪酸）。總而言之，除非你有乳糖不耐症或乳製品對你有壞處，只要它不影響你的目標，那麼攝取一些其實是對你有利的。

增補劑

增補劑的商機相當龐大。競技、體適能與健康產業都開始接受各家增補劑業者的贊助，例如MaxiNutrition、PhD、Reflex、USN、SIS、Lucozade、Powerade，甚至是雀巢的PowerBar。你若是希望挑戰體能極限的三項運動員，我建議可以利用增補劑提供身體所有的必須能量需求與恢復時能量之所需。因此我是運動營養增補劑的支持者。研究已經證實，使用增補劑並且攝取正確巨量營養素的運動員，他們的運動表現優於未服用的運動員。就我個人的訓練經驗來看也是如此。

蛋白質

一般人（約 95% 的人口）每公斤體重每天需要 0.8 公克的蛋白質。例如一位體重 80 公斤的男性每天需要 64 公克的蛋白質（80×0.8 ＝ 64）；一位體重 50 公斤的女性每天需要 40 公克的蛋白質（50×0.8 ＝ 40）。如果雞胸肉或鮪魚含有約 20 ～ 24 克的蛋白質，那麼男性需要攝取三份而女性需要攝取兩份，但這是針對需要久坐的人。對於活躍的三項運動員來說，因為他們的訓練具有高強度，所以需要更多的蛋白質，研究建議每公斤體重每天需攝取 1.2 公克。這些蛋白質可以來自食物中的魚肉、雞肉、雞蛋或蛋白質增補劑。

若不能自己做飯來攝取更多的魚肉、雞蛋與雞肉（許多人發現這很困難），簡單的解決方式就是使用蛋白質增補劑。這類的增補劑通常含有其他營養素、維生素與礦物質，所以增補劑對於任何人的飲食都是一個不錯的添加物——特別是三項運動員——它可以促進高強度訓練的恢復。

碳水化合物

增補劑中另一個具有極大商機的是碳水化合物。不管是可以補充糖分與水分的高能量運動飲料，如 Maxinutrition 的 Viper 或 SIS 的 GO 的能量粉，或是能量膠等產品，大部分都是透過運動前、中、後的補充來提高訓練或競賽的表現。它們的確非必要，

個人經驗

我曾在威爾斯參加一項等同於超級馬拉松的賽事，連續好幾天，每天要背著沈重的背包跑上跑下5～18個小時，因此我必須確保自己能攝取足夠的增補劑，讓身體有能量完成賽事，並且使我可以維持一定的體重以背負沈重的背包。在每日賽事前後，除了豐富的早餐與晚餐，以及袋裝的午餐之外，我還有：

1. 賽前攝取蛋白質與碳水化合物的綜合飲料。
2. 足夠每小時使用的碳水化合物增補劑（攜帶在一個盒子中）。
3. 能量膠（幾個含咖啡因的以備不時之需）。
4. 裝有碳水化合物與蛋白質混合的混和食物，供賽後使用。

我在賽前就測試過這些攝取方式，發現效果很好，特別是能確保我在隔天的賽程中保持最佳狀態。

你可能會認為這樣的準備有些過頭了。這點我可以理解，但是這類賽事的強度意味著我每個小時都必須燃燒非常多的熱量，身體很容易快速的分解肌肉與蛋白質來滿足能量需求。藉由攝取碳水化合物與蛋白質飲料，我希望可以降低這樣的負面影響。因為身體可以使用胺基酸作為燃料（特別是麩醯胺酸），所以現在我還會攝取BCAAs（支鏈胺基酸），也鼓勵選手們這樣做，以避免身體分解肌肉來提供能量。對於任何運動員來說，蛋白質增補劑與碳水化合物增補劑一樣重要，特別是在長跑前後可以幫助降低運動產生的分解作用，並且在運動訓練後協助修復肌肉。

我們也可以從先前所提過的食物中獲得相同的益處。但我還是想鼓勵每一位三項運動員，無論是第一次參賽或是要參加第十五場鐵人賽，攝取這些補充品。它們不僅能在運動前提升身體的能力，在競賽後立即攝取也可以提供簡單且科學性的能量再儲存。大部分的運動後補充飲料，例如，Recovermax 或 ReGo 也都含有蛋白質，可幫助修復因為激烈運動所產生的疼痛。

補充水分

對人類而言，水分比食物還要重要。我們的體重有三分之二是水分所構成。幾乎每個身體反應都需要水分，從循環到呼吸與食物轉換成能量的過程。即使不做運動，我們的身體每天還是需要約 2 ～ 3 公升的水，大約有一半到三分之二是由飲品獲得，其餘則由食物提供。

脫水是運動員的敵人，代表水分流失（流汗、呼吸、尿液）多於補充。流失體重 2.5% 的水分可能會降低 25% 的工作效率，這比起僅流失體重 1% 水分的人要嚴重得多。因此水分對於人類的重要性僅次於氧氣而排名第二。我們身體的運作每天平均會流失超過 2 公升的水。加入中強度的游泳、自行車與跑步訓練，水分流失可能會增加到 8 公升！想想看你是否攝取了足夠的水分？

雖然只要呼吸、排泄都會讓我們流失水分，但是脫水主要是因為運動中的流汗。運動中大約有 75% 的能量被轉換成熱能而流失（這就是為何運動會使我們感覺到熱）。流汗是為了使體溫保持在正常 37 ～ 38℃的範圍，液體流失後必須即時補充，否則血液將變得濃稠，降低心臟的效率而增加心跳率，使你的運動速度下降直到被迫停止。所以你可以了解水分的重要性，特別是對於耐力運動員，不僅在運動中要藉由飲水來補充水分，在賽前也要充分飲水。

在運動中一定程度的脫水是可以預期且正常的。在游泳或跑步中，要想攝取到足夠的水分以保持體內含水量正常幾乎不可能。騎自行車則不然，因此自行車的把手上裝置有新型水壺，使自行車選手喝水時不需要改變姿勢。只要我們能馬上對口渴產生回應——特別是當我們完成運動後，都會有強烈想要喝水的慾望——那麼我們的身體就可以快速回到正常的恆定狀態。

每次都要在訓練或競賽開始前攝取水分，最好是在開始前兩小時先攝取 500 cc 的水。在賽前先上廁所，然後再攝取 250 cc的水。這樣可以確保你的身體有足夠的水分，而不會在開賽時就脫水，進而降低運動表現。在賽後的 30 分鐘內喝下 500 cc的水，並且持續攝取水分直到你的尿液不再呈現深褐色，或直到你的頭痛與噁心症狀減輕。

請記住，在炎熱的天氣訓練或競賽時，你會流更多的汗直到適應為止，但是一旦適應，你所需的水分會比剛開始的幾天還少很多。

過度飲水

過度飲水的確有可能發生。我曾經在夏天的 30 英里行軍時親眼目睹這樣的例子。當時那個人相當擔心會脫水，所以喝了非常多的水，稀釋了體內的電解質濃度，導致他在第 24 英里處倒下。

其實這就是大家所知的低血鈉症，意指血液中大量的水降低了血液中的鈉濃度。低血鈉症一般是無害的，會引起腹脹或噁心的感覺，但嚴重的話，它可能會導致腦癲癇並致死。

實際上女性發生低血鈉症的機率高於男性。通常是因為她們的肌肉量較男性少，汗也流得較少，所以需要攝取的水分也較少。女生的平均水分攝取應該比男性少三分之一。

對於三項運動員或任何一個訓練時間超過三小時的人，建議應該避免攝取大量的水，而是只有當口渴時才喝水。含鈉的電解質運動飲料是最好的選擇，因為它可以幫助補充水分與流失的鹽分。儘管如此，一般來說，三項運動員最需擔憂的問題是脫水而不是過度飲水。

在訓練或競賽中，保留水分最簡單的方法是整天都充分飲水。脫水對於海軍陸戰隊新兵是相當普遍的問題，所以我們命令他們

止痛藥可能致命！

服用止痛藥，例如阿司匹靈（aspirin）與布洛芬（ibuprofen）會增加低血鈉症的風險，所以在大熱天進行訓練或競賽時，應該謹慎思考是否要服用這些藥物。

隨時帶著水瓶並整天分次飲用。這是維持身體運作的好方法，但不是完全實用。尿液顏色是辨識是否身體需要更多水的良好指標。淡黃色與清澈代表體內水分充足，而暗黃色或橙色意指身體正處於嚴重脫水，應該立即停止運動，到陰涼處停止流汗，並喝水直到尿液變淡黃色。

在比賽的飲水站

無論是騎自行車或跑步，絕對不要因為不想排隊而略過飲水站。如果路的兩旁都有飲水站，你可以去對面的。如果你感到炎熱且想要將水淋在你的頭或肩膀上來降溫，務必在淋之前先確認那是不是水。我可不建議將運動飲料淋在自己頭上……

該喝什麼

最簡單的答案就是喝水，它確實最重要。然而，就我個人而言，在進行了長時間高強度訓練後，我發現我需要水與運動飲料來補充水分與恢復精力。如果你的訓練時間不到一個小時，那麼純水（或是 BCAAs）是最好的選擇。然而，如果時間超過一個小時，連續的訓練會使你缺乏能量，那麼含有糖分或是麥芽糖糊精（一種緩慢釋放的碳水化合物）的飲料可能更合適。

低滲透壓、等滲透壓與高滲透壓飲料

在訓練或運動中，有幾種不同類型的飲料可以攝取，從稀釋的果汁到專業運動飲料。不論它們的組成為何，這些飲料大致可以分為三種類型：

◆ 低滲透壓（hypotonic）

這些飲料比人體含有更多的水與較少的碳水化合物。當飲料的濃度低於體液時，它們被宣稱可以比純水更快被身體吸收，可藉此避免或減輕脫水的現象。最好的例子就是濃縮果汁（雖然不是無糖），加水用 1 比 8 的方式稀釋，或是一份鮮果汁加入三倍的水稀釋。

◆ 等滲透壓（isotonic）

這些飲料中含有水與其他營養素的比例與人體相似，通常約含有 6 ～ 8% 的碳水化合物。當飲料的濃度與體液相同時，它被吸收的速率就會跟水一樣。此外，這些飲料是補充水分與能量間最佳的平衡。最好的例子就是葡萄適運動飲料（Lucozade Sport）、鮮果汁與水各半混合稀釋、一份濃縮果汁（不是無糖）加水用 1 比 4 的比例稀釋。

◆ **高滲透壓（hypertonic）**

這些飲料比人體含有更少的水與較多的碳水化合物。其濃度高於體液所以吸收較慢，意指能量將經過較長的時間才能被釋放出來。因此它被宣稱可以提供能量，並且在整個訓練期補充流失的能量。

所有能量飲料都具有良好的能量提供形式並且可以補充水分。然而，使用任何一種飲料都還是必須要小心。確認手邊也有純水可以飲用，避免攝取能量飲料而引起脫水或其他更糟的反應。在特定的比賽前必須測試能量飲料與你身體的相容性，在比賽時產生負面反應可能會引起嚴重的後果。

結論

食物與水分都是燃料；如果你也這樣認為，那麼你就不會出大錯。你不會駕駛汽車卻不加油，所以在訓練前，一定要檢查（攝取）水箱並且加滿油箱（攝食）。有些燃料比其他的要好，所以避開垃圾食物（壞的脂肪），也不要總是吃些相同的食物（碳水化合物）。了解蛋白質的重要性，無論你是否是三項運動員，當你飢餓時就要補充燃料，而選擇攝取蛋白質要比碳水化合物好得多。

第4章

訓練

對非專業的三項選手來說，最困難的事莫過於是訂定適當的訓練課表。對於初次參加衝刺距離的三項選手而言，他們的訓練課表可能就是在工作時間之外進行簡單的游泳與跑步訓練，然後在週末時進行長距離的自行車訓練。這種方式並不會讓你有創紀錄的成績，但是如果你好好照著本章的介紹，規劃為期兩個月的訓練課表，那麼你將不須在賽事完成後使用拐杖。

只有在你想要追求更好的成績，或是要去挑戰比奧運距離還要長的賽事，甚至是鐵人三項時，你才會需要考慮更多。不管是哪一種賽事，你都必須大幅度增加你的訓練時間。規劃出一個好課表並照著訓練，同時兼顧你的工作、維持睡眠品質、吃的營養並照顧好家庭。這看似艱困，但並非不可能。

考慮的重點

- **弱點**：先想想自己是否有比較弱的項目？如果有，需不需要一對一的教學訓練？是不是需要花更多時間在這個項目上面？如果需要的話，這些事項就是你在安排課表時必須注意的重點。例如，你需要一個游泳教練來增進游泳技巧，但教練只有晚上 7 點有空，你就得想辦法排出時間，並讓自行車與跑步的訓練不會干擾到游泳訓練的時間。
- **一天多項**：常會有人問，是否可以在一天內訓練三種項目？以比賽的實際情況來判斷，我們當然會在一天內完成三項！但是，在完成你的游泳訓練之後，你是否可以發揮出最好的跑步實力？這答案是否定的。在騎完 10 公里的自行車之後，你的游泳訓練是否仍舊能夠有一樣好的表現？這答案也可能是否定的。

然而，如果你沒有別的選擇，只能將三項排在同一天，那就這樣做吧！千萬切記，在大多數的情況下，過度訓練對身體造成的傷害比起訓練不足更嚴重。

- **要做「多少」的訓練**：這問題真不好回答。要做「多少」的訓練取決於許多因素。例如，現在的體能狀況、現在對於鐵人三項的技巧以及在訓練過程中身體所能承受的量等等。本書後面的內容會介紹一些不同距離的訓練課表。這些訓練課表都將是以你現在的實力為前提而設計，因此一定程度的體能與能力的提升是可以預期的。

規劃訓練課表

在現實世界中，我們通常一週工作五天，從上午 9 點到下午 5 點，因此要規劃訓練課表並不是一件太難的事。切記，這些訓練是每天會做的事情之一，但不是生活的重點。你可以期待，也可以害怕它，但是千萬要記得，你仍然要保留時間陪伴家人與朋友。就像是一份好的工作，鐵人三項是你人生的一部分，而不是你人生的全部。要留給自己一些可以運用的時間，而不是沉迷在其中。不管你信或不信，這種安排會讓你成為一個更好的運動員。

做出犧牲

「我沒有時間」是我在替別人規劃訓練課表，或是在告訴他們接下來七天內該做哪些訓練時，最常聽到的一句話。但是創造出時間是很簡單的，只要你有決心犧牲一些看電視、與鄰居踢足球、逛街購物、夜遊的時間，這一切都取決你有多想要完成目標。有人說過：「如果這是一件簡單的事，那麼大家都會去做。但是當大家都在做的時候，那麼你就不會想再做了。」

利用空閒時段

上班族有許多時間空檔可以安排訓練，像是上班前、午餐時刻、下班後、晚上以及周末，都是可以用來訓練的時段。當然，這些時段的運用都需要一些額外的安排，甚至是每天要早起 30 分鐘來做準備。但是如果你真的想要達到某個目標，那麼你就會去執行。如果做不到，代表你沒有足夠的決心與犧牲的心態，鐵人三項將不會適合你。

就像我在海軍所學到的教誨：「人類常常在想法上先行放棄，而不是在身體達到極限時。」因此，你是可以在幾個月內忍受這些事情的。所以一個讓你變得有點忙碌和早起的八週訓練課表，對於想要拿到完賽獎牌的你來說，並不是什麼大問題。

在工作前和工作後

這段時間通常都被用來通勤，所以你應該都是坐在車上、公車上、捷運上或是火車上，甚至如果你幸運一點的話是用走的。所以，何不利用這段通勤時間來訓練呢？當然，我並不是要你沿著河游到公司上班，但是騎個幾公里的自行車或是跑個 30 分鐘到公司上班，接著下班時再騎回家或是跑回家，都是很棒的訓練方式。這方法不需要花費太多的精力去設計，只要確保有乾淨的衣服和有盥洗的地方即可。

事前的準備正是關鍵，攜帶換洗衣物和運動用品去上班，以及讓自己充滿活力是這種訓練方式的重點。帶著公事包跑步去公司明顯行不通，把西裝塞進帆布背包會讓你無顏去面見上司。因此最好的方法是在週末就把一週所需替換的服裝準備好放在公司；或是在星期一早晨以通勤的方式將衣服帶到公司放好，週五下班時再以通勤的方式將它們都帶回家。

如果你工作的地方沒有淋浴設備，那麼你有以下兩種選擇：一、利用公司洗手間裡面的洗手台進行站姿洗滌（這不是一個最好的解決方式，但是我有客戶是這麼做的）。二、加入一個離公司很近的健身房，而且最好有游泳池，這樣你就可以在去上班前使用裡面的設施。

午餐時段

午餐時段（健身房最熱門的時段之一）一直都被上班族分成兩種使用方式。有一半的上班族坐在辦公桌前用餐，如果天氣好的話會到公園裡享受好天氣。另一半的上班族會跑到健身房裡運動，然後在回到辦公室之前淋浴並簡單吃點東西。對於一個每天都試著擠出時間來訓練的鐵人三項選手來說，午餐時段可以說是一個絕佳的機會，尤其是當公司附近有游泳池或是健身房的話。

我發現自己會因為午餐時刻做了一些運動，下午工作時就會感到特別清醒且有生產力。不論是重量訓練、跑步或是游泳，都會讓我特別有活力。搞不好在這個時間點進行一些三項訓練，會讓你在工作上有更好的表現。

週末

週末最妙之處，就在於有許多的時間可以運用，而不必擔心工作與睡眠時間的分配等各種困擾。週末非常適合超過一小時的長時段訓練（long session），這是你在工作日的時候很難完成的。

當然，時間的利用有多種方式。有些人不喜歡利用通勤時間來訓練，因為他們會覺得無法專心在訓練上，而且認為只是小跑一下或是騎個短短的路程稱不上是訓練。這一類的人比較喜歡正常的通勤方式，利用這時間處理一點工作上的小事、想一下待會兒會議的內容，或是在車上看鐵人三項運動雜誌邊吃早餐。

同樣的，也有人不喜歡利用午餐時段進行訓練，因為時間的長度不足以讓他們暖身、訓練、伸展、放鬆、盥洗與用餐，接著再回到辦公室上班。同樣的，如果你跟我一樣，在進行訓練之後會有 30 ～ 60 分鐘的時間不停的流汗，那麼你也不會想立刻就穿上西裝回辦公室吧。

還有人喜歡把白天的工作做完之後，再進行訓練。工作完成之後，思緒也就清晰許多，訓練也就更使人感到愉悅，也更能夠投入其中。這類的人無法將工作與訓練結合，因為他們已經習慣將工作與訓練分開處理。

然而，利用通勤跟午餐時間進行訓練有一個好處，就是在這些時段下，我們的訓練項目通常比較輕鬆。在鐵人三項訓練之中，搭配不同強度的訓練更能看出是否進步，所以也許這種利用方式比想像中的有效。

例程化

安排訓練課表，最重要的莫過於「了解自己」。如果可以利用通勤的時間訓練，很好，就照著做。如果行不通，那麼就不要這麼做，而是好好地利用晚上時段與週末。同樣的，如果你在晚上或是週末時常常需要陪家人，那麼就要利用通勤與午餐時間。你需要做的事，就是去決定什麼樣的安排對你最好，並且讓它例程化。人是講求習慣的動物，所以讓訓練「習慣化」會讓你更容易地去堅持完成訓練計畫。

然而，如果你是一個工作繁忙又常需要出差的人，而且不像多數人一樣有固定的通勤路線，那麼你可能會發現很難建立一個好的例程化訓練。這時就需要好的自制能力與訓練規畫。試著去預定有游泳池，或是附近有游泳池的飯店，利用上班前或是下班後進行游泳與跑步訓練，早晚各選一個你最方便的項目訓練。這個訓練方法會讓你的游泳與跑步都維持在一定水準，而這也代表你只需要帶泳衣、泳鏡、跑鞋與運動服，這些裝備都可以在房間的淋浴間內清洗。你當然不可能帶著自行車出差，所以你會需要使用飛輪，或者是等你回到家後再騎上自己的車上路訓練。

下面會有每週訓練計畫的表格範例，每個週末，或是在訓練週期的開始，你就必須先利用表格把往後幾週期的訓練訂定出來。這表格可以讓你規劃早晚的訓練項目、訓練項目的時間長度、強度與心跳率、以及轉換訓練[1]。同時表格也會有一欄空白處，可以讓你記錄訓練的場地在哪個俱樂部、哪個田徑場或者是通勤的時段等等資訊。

一週訓練計畫

本表以「運用空閒時間」為基礎設計

星期	時間	訓練內容
星期一	上午通勤	帶換洗衣物去公司
	午餐	游泳
	下午通勤	跑步回家
星期二	上午通勤	騎車去上班
	午餐	游泳
	下午通勤	騎車回家
星期三	上午通勤	上班前游泳（跑步至泳池？）
	午餐	休息
	下午通勤	跑步回家
星期四	上午通勤	騎車去上班
	午餐	游泳
	下午通勤	騎車回家
星期五	上午通勤	跑步去上班
	午餐	休息（有機會早點下班）
	下午通勤	把換洗衣物帶回家
星期六	上午	休息
	下午	長距離自行車訓練
星期日	上午	休息
	下午	長距離跑步或是游泳

當你的三項距離越來越長，利用通勤時間也許是唯一規劃訓練方式的方法。以衝刺距離或是奧運距離的三項來說，你只須跑5公里和10公里，因此長時間的慢跑沒有必要超過45分鐘。然而，當你試著挑戰半程或全程鐵人三項時，你在每項都需要達成更長的里程數。越長的里程數代表了越長的時間，也代表了你要找更多的時間來訓練。如果你想在不影響家庭以及社交生活的情況下完成訓練，那麼就只能從發呆時間（dead time）中撥空出來了。

一週訓練計畫

	訓練項目	時間／距離	強度／心跳率	轉換訓練	備註
星期一					
星期二					
星期三					
星期四					
星期五					
星期六					
星期日					

訓練時的注意事項

雖然麥可・菲爾普斯（Michael Phelps）[2]和寶拉・雷德克里夫兩人的體能是如此優異，但是麥可不太可能會成為一個成功的馬拉松跑者，而寶拉也一定會說游泳不是她的項目。這其中當然有基因的關係存在，但更大一部分是因為他們都只接受在專精領域的訓練。這也是陸戰隊常說的「適才適用」。一位奧運選手、一位職業足球員和世界上最強壯的男人，在他們自己的領域都是最厲害的，但在其他領域卻未必如此。

七項體能的要素

想要有全方位的體能，就必須要具備以下七種體能要素：柔軟度（flexibility）、耐力（endurance）、速耐力（stamina）、技術（skill）、力量（strength）、速度（speed）和爆發力（power）。沒錯，體能好的人並不見得這七項都行，但是為了要防止受傷，並在比賽之中成為佼佼者，我們還是需要將這七要素訓練至某種程度。對於不同的運動來說，某個要素也許遠比其他的重要，需要特別加強訓練，但如果因此忽略掉其他看起來不太重要的要素，便很可能讓你容易受傷，而且缺乏整體性的體能。

不管你是為了健康、身體健壯或是減重而訓練，鐵人三項都是很棒的選擇，因為它能夠讓你接觸到廣泛的訓練模式，或是所謂的「綜合訓練」（cross-training）。既然如此，何不更進一步呢？為自己設計包含七項要素的訓練計畫，以確保你的體能狀況。

柔軟度

柔軟度可以確保你的關節與肌肉、肌腱和韌帶之間可以做出最大的動作。

每一個訓練項目都應該要包含複合式的暖身運動（詳見第 9 章），其中包含了活動度和動態伸展。運動後的伸展也非常重要。每一個訓練項目都應該以複合式的緩和運動和靜態的伸展當作結尾，以促進復原能力，並且長出更強壯且健康的肌肉。然而，伸展運動並非一定得在運動結束後做。在一個強度很高的訓練項目之後，接著做一個單獨的伸展項目，對身體極有幫助。晚上看電視時，非常適合坐在地上進行伸展訓練。不過，在那之前千萬記得要先放鬆全身肌肉。

值得注意的重點

- 關節的類型決定了關節的活動度，例如鉸鏈關節（膝與肘）或球窩關節（肩與髖部）。
- 柔軟度不佳容易造成肌肉與肌腱受傷。這可能會影響到脊椎的角度，從而影響到身體的姿態，同時也可能造成某些游泳、騎車或是跑步的技巧無法有效地執行，進而使得負責運動的肌肉、韌帶與肌腱受傷。
- 保持良好的柔軟度真的很重要，不然隨著年齡老化，身體的柔軟度只會每下愈況。
- 但是，柔軟度過好，同樣也會給關節帶來一些問題，譬如穩定性不佳，從而造成肌肉、肌腱與韌帶受傷。

柔軟度訓練對於減少受傷以及幫助身體恢復尤其重要，因此必須加入每一個訓練項目之中，即使這樣可能會壓縮到訓練的時間。

耐力

耐力是指身體執行中低強度的長時間運動時，所能抵抗疲勞的能力。

這項體能對三項選手來說應該是最重要的一項。擁有好的耐力就代表你可以長時間游泳、騎車與跑步。訓練耐力最簡單的方法，就是要搭配比較慢或是中等配速的訓練項目。這是一個緩慢的過程，由增加時間或距離慢慢進步。例如，第一次進行 10 分鐘的游泳訓練，下一次 15 分鐘，再來換 20 分鐘，以此類推下去。這種漸進式的安排，對於訓練計畫來說非常重要。我們在第 11 章中也會再詳細解說。

訓練耐力最好的方法就是使用心跳錶，這在本章稍後的內容中會介紹。因為在長距離的游泳、騎車與跑步時，心臟輸送氧氣的效率是你在耐力表現上的限制因子。心臟是由肌肉構成的，就跟其他的肌肉組織一樣，可以透過訓練來增強與成長。對於任何想要增進體能的人，我建議是好好訓練你的心臟，因為心臟是最重要的肌肉。只要訓練的

練習會讓你變更好？

讀者們應該都很熟悉「熟能生巧」（practice makes perfect）這句成語。然而，我卻要再三強調：練習不會造就完美！練習可以達到的是「固化」。「固化」是指，如果有我們不停地重複去做某一動作，那麼它會成為肌肉記憶的一部分，變成你身體表現的成果之一。問題是，如果一直不停的練習的技巧或動作是錯誤的，那麼它也會成為我們身體的一部分。所以，假設當你想要提升自己游泳的划手或是跑步的技巧時，最好想著「完美的練習創造完美的固化」，不停的重複練習一個正確的、完美的動作。重要的是，趁你的身體還有精力能夠吸收並且修正技巧時趕快練習，因為身體總是能夠在疲勞時記住不好的動作。以我自身教學的例子來說，要學生把從前養成的錯誤習慣與動作修正成正確的，比教一個沒有基礎從零開始學生還難。因此，如果你有疑惑的話，最好能夠請專家來指導。

好，你就能活得更長久、更健康，同時有辦法完成正在進行的三項訓練（詳見第 71 頁「特定性訓練」）。

技術

技術是指不論在何時、何處都能夠運用特殊的技巧來成功完成動作。

一位三項運動員需要學習非常多的技巧，尤其是對初入門的人來說。除了怎麼游泳、騎自行車、跑步之外，還有轉換、脫去防寒衣、在泳池內迴轉、在開放水域對浮具進行定位、如何修補以及更換輪胎等等。當然，好的三項運動員在比賽前都會有比賽計畫，如何去執行計畫也是一種技術。

速耐力

速耐力是指身體持續地進行高強度訓練時，所能抵抗疲勞的程度。

這類型的訓練對於參加衝刺跑或甚至某些奧運項目的選手非常重要。對於參加全程超級鐵人三項（full ironman）或是半程超級鐵人三項（half-ironman）的人來說，耐力方面的體能訓練比較重要。即便如此，如同第 2 章所述，在比賽中，我們的身體會不停轉換使用不同的能量系統，因此速耐力對於任何距離的三項選手來說仍都不可忽視。

訓練速耐力最佳的方式是，進行特定時間組數的反覆衝刺或間歇訓練。速耐力的訓練對於全方位的體能要素非常有幫助，同時對於減重的效果也很大。因為速耐力訓練的強度比較高，消耗的卡路里也會相對增加，同時提高代謝率。

對於三項選手來說，衝刺類型的訓練還有一個不錯的效果，就是「教」身體知道我們其實可以表現得比平常更快。如此，你的游泳、騎車、跑步時間將有機會減少幾秒到幾分鐘，對於比賽有非常大的助益。

肌力

肌力是指肌肉在對抗阻力時所產生的最大力量。

對於喜歡在路上跑步、騎車或是在泳池裡游泳的三項選手來說，肌力訓練常常被忽略。麥可．菲爾普斯如果沒有做肌力訓練的話，不可能打破世界紀錄。克里斯．鮑德曼（Chris Boardman）日常的肌力訓練會讓我們大部分的人哀號。如果連這些游泳與自行車選手都透過重量訓練來提升他們在專項運動方面的表現，那麼所有三項選手都應能輕易地看出肌力訓練的重要性。每一位運動員都需要有強壯的肌肉、肌腱與韌帶，全面性的肌力可確保你在比賽時能夠有力量與爆發性的表現。

肌力訓練還有一些阻力訓練能夠強健肌腱與韌帶並輔助肌肉，從而降低受傷的風險。這對三項選手來說格外重要，當比賽來到最後的跑步項目時，我們雙腳已經非常疲憊了。當我們跑步時，巨大的壓力將會被施加在雙腳上。此時如果平常沒有做肌力訓練來保護雙腳的話，那麼便很容易受傷。

速度

速度是指肌肉在特定情況下可以移動的多快的能力。

我們都常常認為速度指的就是衝刺的速度，但它其實還包含了球類運動中的反應速度，或三項選手能夠在多短的時間內尋找浮標定位然後繼續游泳。訓練速度千萬要在身體還很有力氣與精神的情況下進行；如果是在身體疲勞的情況下進行會容易導致受傷，而且身體會容易記憶到不正確的技巧。

速度訓練就像是速耐力訓練中的衝刺訓練，但是更強調短距離僅針對技巧性的部分練習，所以不會變成間歇訓練。也許對三項選手來說，這種訓練看起來不太重要，但是速度在比賽中卻扮演著很重要的角色。除了在終點前衝刺外，還有在下水時搶先跑到浮標的內側，或是當你以第三名進入轉換區後可以以第一名出轉換區。所以，速度在一場比賽中，可能就是贏與輸之間的差別。

爆發力

爆發力與肌力、速度之間有著功能性的關係。它是運動員表現的關鍵因素，在鐵人三項中對短距離的比賽特別重要。爆發力訓練對於耐力性的跑步很有幫助，提升爆發力可以將肌肉運動的效能和敏捷性發揮到最大，進而增加最大攝氧量。因此，鐵人三項選手應該都可以從爆發力訓練中受益，從而提升自己的最佳表現。

在進行爆發力訓練之前，你身體的肌肉必須先達到一定的強度才行，一定要有合適的體能條件和訓練規劃（prehab）[3]。先利

訓練的順序

並非所有的要素都得在同一個訓練時段中實施，它們可以混和在不同的訓練計畫之中。然而，不同種類的訓練方式可能會互相影響。因此如果要在一天之中進行多種訓練組合，最好照著以下的順序實施：

1. 暖身
2. 技術
3. 爆發力／速度
4. 力量
5. 速耐力
6. 耐力
7. 柔軟度

這個順序的排列想必是顯而易見，因為在進行完速耐力訓練之後，應該無法專注於進行技術練習。

用阻力訓練來增強肌肉、肌腱與韌帶的力量，然後再透過爆發力訓練來使整體的力量表現提升。爆發力訓練本身需要強壯的核心肌群，所以進行核心運動對三項選手來說也很重要。

最後，在進行爆發力訓練時，切忌不得躁進，如果動作做的不正確，很容易導致受傷，所以要循序漸進。並且切記除了爆發力訓練外，基因也會支配你的速度，這是必須認清的現實。

三項選手對於這七種體能要素有平均的需求，所以在設計訓練計畫時，切記要均衡發展各項，不要有所偏頗。很明顯的，游泳、騎車與跑步的耐力訓練非常重要，但是柔軟度、技術和速耐力鍛鍊也一樣重要。雖然，我們不必每一天都針對這七項要素進行訓練，或是非得平均地進行訓練，重要的是必須讓這七項要素均衡發展，如此才能免於受傷。對大多數初入門的三項選手而言，能將這七項要素的訓練排入課表之中是最理想的，就算你的終極目標只是想減重也是一樣。

心跳率訓練

心跳率可被用來當作運動強度的指標。每一個人因為自身的狀態以及體能的因素，而會有不同的運動心跳率（working heart rates, WHR）。傳統的心跳區間數值測量方法可能會有每分鐘加減 10 下的誤差（或更多）。因此，每一位三項選手都應該有一副自己的心跳錶。這種錶不一定要是最頂級的 GPS 款式，只要在進行不同訓練項目時，能夠即時提供當下的心跳狀態及數值即可，這樣你就能夠管理自己的運動計畫並照表訓練。

不同運動的心跳率訓練範圍

不管你相不相信，你的體能以及身體能力表現在鐵人三項中會有很大的差別，和你較會游泳或跑步與否並無關係。研究顯示，如果只用手臂運動，例如划手游泳（arm-only swimming），其最大耗氧量無法跟跑步一樣高，即使兩者都達到最大心跳率。因此，要使游泳的效率最大化，你必須訓練跑步，因為比起同樣心跳率的划手游泳，跑步會使用較多的肌肉量，也會對心血管系統造成更大的負荷。這代表什麼意思呢？這代表了就算你是一個跑步高手，但泳技不好，你還是必須繼續進行跑步訓練。而當你的泳技進步，在游泳方面的體能也會跟著精進，這種進步可能就是來自跑步訓練，而非來自於泳池。

騙人的心跳

以心跳當作運動強度的指標，往往會誤導一個人，因為心跳很容易受到天氣、氣候、心理狀態、水和狀態（hydration）、睡眠習慣等各種因素影響。

休息心跳率

監控休息心跳率是一個很好的觀測指標，可以知道先前訓練的恢復程度，因此可以預防過度訓練。

測量心跳數的方法

手動測量法

心跳數可以藉著觸摸手腕感覺出來，或者是脖子附近的頸動脈，至於時間則是用手錶測量。為了減少誤差，最好可以用以下三種方法來計算每分鐘的心跳數：一、10 秒內跳了幾下再乘以 6；二、15 秒內跳了幾下再乘以 4；三、30 秒內跳了幾下再乘以 2。為了算出平均值，最好重複測個二到三次，但若是體能水準很高的人，其心跳在運動過後或是在組間休息時的 30 ～ 60 秒之間會開始下降。

心跳錶（HRM）

一個值得信賴的心跳錶，是目前最好也是最方便的檢測方式。現在有許多不同的款式流行於市面，但只要有最基本的計算功能就夠用了。

估計運動心跳率的方程式

我們的最大心跳率會隨著年紀而減少，因此可以用下面這條有點粗糙但卻有效的公式來計算最大心跳率。依照公式，我們可以算出「估計最大心跳率」（estimated maximum heart rate, EMHR），接著，再乘以我們需要的比例就可以計算出運動心跳率。（這方法並非個人化的計算方式，所以並不是非常準確。）

男性：（220 －歲數）× % = WHR

女性：（226 －歲數）× % = WHR

卡夫曼心跳率計算法

這是比較準確的方法，它使用實測最大心跳率（measured maximum heart rate, MMHR），或是估計最大心跳率做為最大心跳率的數值。要用此公式首先需要實測最大心跳率，這可以從 1 英里的跑步成績測驗中得知。在進行這個測驗之前，必須先經過充分的暖身，跑步時最後的四分之一或半英里距離必須全力衝刺，然後記錄最後 10 秒與結束時的心跳。

接著要實測休息心跳率（measured resting heart rate, MRHR），通常是指早上一睡醒時的心跳，這時間的心跳必須連續紀錄三個早上，並計算平均值。（有些人起床後會尿急導致心跳較快，所以最好在上完廁所後回床上躺個幾分鐘再測量心跳。）

最後，必須要建立保留心跳率（heart rate reserve, HRR）。保留心跳率的計算方式為：實測最大心跳率減掉實測休息心跳率。另外，估計最大心跳率減掉實測休息心

跳率也可以得出保留心跳率。

一旦保留心跳率被計算出來之後，我們就有辦法計算出運動心跳率。運動心跳率的計算方式為：保留心跳率乘以想要達到的百分比，再加上實測休息心跳率。

舉例：一位四十歲才開始接觸鐵人三項的男性，想要在訓練過程中達到最大心跳率的60%。

估計最大心跳率（EMHR）	220－40	180下／每分鐘
實測休息心跳率（MRHR）		70下／每分鐘
保留心跳率（HRR）	180－70	110下／每分鐘
運動心跳率（WHR）	(110 x 0.6) ＝66＋70	136下／每分鐘

游泳以及自行車的心跳率區間調整

研究顯示，和跑步時的心跳率比較起來，進行其他運動（如游泳、騎自行車）的心跳率會低一些，因此如果要得出正確的心跳率，必須做出以下的調整：

騎自行車：每分鐘減去 10 下
游泳：每分鐘減去 10 ～ 15 下

這對三項運動員來說非常重要。如果你想要在不同的項目中都有好的表現跟訓練成果，就必須考慮到在不同項目中的心跳。

訓練的原則

想要使成績更好並不代表要不斷加強訓練，因為過度訓練容易導致我們的身體受傷，所以我們必須仔細地規劃適合自己身體狀態的訓練課表。

訓練的原則可以用 SPORTP 六個英文字首來解釋，這能幫助我們了解如何做好三項的訓練，並確保運動的表現可以進步以及避免過度訓練所造成的傷害。

S – Specificity，特定性
P – Progression，漸增負荷
O – Overload，超負荷
R – Reversibility，可逆性
T – Tedium，單調
P – Periodisation，週期化

特定性

特定性指的是訓練項目必須明確針對三項賽事。如果你是為了跑馬拉松而訓練，卻進行 100 公斤的握推動作來增強胸部與手臂的肌肉，那對你參加馬拉松可能沒有太大益處。你要做的訓練應該是加強耐力以及速耐力這兩個項目。就像先前所提的，針對腿部的速度跟肌力來做訓練絕對不會出錯。也就是說，你必須進行一些特定的訓練來增強身體在某一方面的能力。然而，游泳訓練也能幫助提升長距離跑步表現，因為這種非接觸性的運動可以降低受傷和過度訓練的機會，同時可藉由身體在組織缺氧的情況下運動，從而提升最大攝氧量。

一位三項選手必須針對游泳、騎車跟跑步進行特定性的訓練，所以你必須訓練：

- **相關的肌群**：騎車的腿部肌群、跑步所需的腿部與核心肌群、游泳所需的上半身與核心肌群。
- **相關的體能**：超級鐵人三項、半程超級鐵人三項、奧運距離鐵人三項以及衝刺距離鐵人三項，所需求的耐力、速耐力、速度與力量。
- **相關的技巧**：正確的游泳、騎車與跑步技巧與技術。

漸增負荷

漸增負荷就是循序漸進的意思。如果你是一位鐵人三項的入門者，那麼你就必須從頭開始一步一步的打基礎，朝著可以完成衝刺距離的賽事邁進。如果你已經是奧運距離的三項選手，而目標是完成超級鐵人三項，那麼你訓練中的漸增負荷就是要能夠解決多出來的里程數。

然而，在一般的運動中，漸增負荷表示逐漸地增加運動的質量。「漸增」是重點，並不是一下子就要你去挑戰馬拉松，尤其是如果你目前最長只能跑 10 公里時。如果訓練量一下子增加的太快，超過身體的負荷，那麼你就很有可能會受傷。慢慢、漸漸地增加訓練量是進步的最佳方法。先以一個較少量的里程數或是時間來當作整個訓練計畫的開頭，幾週後再拉長一些，例如每次訓練時多增加 1 公里或是多動 5 分鐘。這種慢慢增加的頻率、強度以及長度，是讓體能進步又不會受傷的不二法門。

就像是生活中的大小事一樣，取得平

增加負荷

為了讓體能變強並藉此使你的三項能力進步，你必須藉由增加訓練的難度，以達到超負荷訓練。然而要注意的是，如果你突然把訓練難度拉得太高，同時又沒有好好的休息與恢復，那麼超負荷將變成過度訓練。

衡點非常重要。如果沒有適當的休息以及恢復期，那麼當增加負荷的時候，你會無法有效率地進行訓練。這種情況容易促成壓力及煩躁的情緒，導致你萌生放棄這項訓練計畫或是停止參加鐵人三項的念頭。絕對不要過度訓練。

超負荷

不管是肌肉的力量或是心血管功能都必須藉由超負荷的訓練才會進步。我們必須增加難度，使身體達到超負荷的狀態，驅策身體進行訓練，否則不會有進步。

任何三項訓練項目，都應該要注意三者之間對身體的特殊需求，以確保身體力量以及體能的增進。如果每週的訓練強度都保持在一樣的程度，那麼你的體能就只能維持而無法加強。

超負荷訓練可以藉由 FITT 的訓練原則來達成：

- **訓練頻率（Frequency）**：增加每週的訓練天數或是每天的訓練項目來達成超負荷訓練的目的。
- **訓練強度（Intensity）**：取決於訓練的難度。如果你平常是做 10 組間歇訓練，可以試著增加到 12 組；或是將休息時間從 90 秒減少至 60 秒；這樣做即可增加訓練的強度。
- **訓練時間（Time）**：如果你每次都只進行 30 分鐘的游泳訓練，那麼 30 分鐘就是你游泳表現的極限。試著將時間增加到 40、50 或是 60 分鐘，增加訓練的持續時間使身體達到超負荷。
- **訓練類型（Type）**：不同的訓練方式可以帶來不同的挑戰。如果你已經習慣 20 分鐘的輕鬆跑，那麼試著改成間歇跑來訓練。這種間歇式的訓練會比你想像的還要難得多，可以讓身體達到超負荷的訓練效果。

訓練頻率

你進行鐵人三項訓練的頻率會受到以下因素影響：擁有的時間、整體目標，目標賽事的距離。一般來說，為了維持你的體能，每週至少需做五次 30 分鐘的運動。如果你是初學者，只想嘗試參加衝刺距離或是奧運距離並完賽，那麼你的三項訓練計畫就該以這個目標為設計標準。然而，如果你想要在任何運動項目之中成為中堅或是頂尖選手的話，你就需要更高的訓練頻率。頂尖或是

增加訓練頻率

記住，如果要增進體能與運動能力，就一定得提高訓練頻率。然而，在增加訓練頻率的時候，最好是以規律性方式而不是隨意。最後，切記不要過度訓練，採取循序漸進的方式來達到進步的目標。

職業三項選手每天訓練兩次，但這是因為其生活方式允許，以及他們對運動的奉獻才讓他們得以如此。但是切記，如同我在前面提到的，利用通勤或是午餐時刻來進行訓練，也可以讓你以全職工作者的身分達到一天多次訓練的目的。

訓練強度

訓練強度是指你在不同項目所訓練的難度，利用上述提過的心跳錶可以有效幫你掌握訓練強度。

第 2 章已經說明了有氧運動與無氧運動的差別。相較於無氧運動，有氧運動的強度較低，同時我們也可以借助心跳錶來檢視目前所使用的能量系統是哪一種。

雖然每個人身體反應的結果不太一樣，但是一般來說，有氧運動的心跳率大約介於最大心跳率的 60% ～ 80% 之間；無氧運動的心跳率則是介於 80% ～ 90% 之間。不過，當我們訓練時的心跳率達最大心跳率的 90% 左右時，訓練的時間就必須減少，以增加恢復的時間。

訓練時間

每一個訓練項目的時間長短，通常都會視所要達到的目標和訓練的強度而定。如果其他因素都保持不變，訓練項目的時間就必須逐漸增加，以確保訓練效果能達到超負荷狀態。例如，比起增加游泳的速率，還不如增加在水中練習的時間，從訓練項目一開始安排的 15 分鐘，逐漸增加成 20、25 到 30 分鐘。

記住，訓練項目的時間長短取決於訓練的內容。準備一場衝刺距離賽事所花費的時間，一定會比準備超級鐵人賽事所訓練的時間少，因為這兩種距離在耐力與完賽的能力上有不同的需求。為了貪求進步而一下子就把訓練難度提升的太高是大忌。如果你目前的弱點是力量不足或是技巧動作不正確，那麼短時間高強度的訓練項目會比長達 90 分鐘以上的訓練項目更適合你。因為長時間的訓練項目容易使你產生疲勞感，從而衍生更多不正確的動作。最好將長時間的耐力訓練項目安排在週末。

訓練類型

與專精於特殊項目或是運動的人比起來，這對於只想要達到健身效果的人來說更適合。單純追求健身及體能可選擇非常多種運動類型，而其中也一定會有難度高低之分，例如間歇、循環與輕鬆游泳之間的差別。

要參加鐵人三項的話，訓練類型的組合就變得非常重要，因為內容必須涵蓋游泳、騎車、跑步與轉換。但是，這些訓練項目又可以再細分為不同的類型。以游泳為例，我們可以進行長距離長時間的慢游、可以間歇游、也可以練習游泳技術。這些不同種類的訓練都能讓訓練項目變得很輕鬆或是很有挑戰性，這都取決於訓練項目的安排時間以及強度。最重要的，訓練內容至少得保持四個訓練原則中（頻率、強度、時間與類型）的三種，一次僅針對一個因素進行調整。

可逆性

講起來雖然令人氣餒，但是任何訓練所帶來的身體適應性（adaptation）都具有可逆性，即便心理方面的表現也許比起生理方面還持久些。但我們還是會說訓練具有可逆性，因為任何累積起來的成果都可以很輕易地消失不見。

如果訓練停止、減少，或是在訓練中沒有達到超負荷的效果，那麼體能可能就會開始流失。這就是為什麼受傷是一件多麼令人難以接受的事，因為很有可能得依受傷的程度而停止訓練直到傷勢復原，這麼一來便會導致體能流失。

也因此儘管是在賽季之後，我們也不能夠休息太長，否則很容易流失掉我們之前增進的體能。在有氧運動的體能方面，每個人體能流失的情況都不太一樣，流失的程度通常取決與和體能相對立的基因構造。體能越好的人流失的速度就越慢。但是一般來說，如果長達三個月不進行訓練的話，有氧運動的體能將會喪失一半以上。有人認為，已獲得的力量流失較慢，但是缺乏訓練的結果，將會很容易地從肌肉的萎縮看出來。

身為三項選手，你必須記得透過萬般努力訓練而來的體能千萬不可輕易放棄，必須隨時保持訓練的習慣，即便是在非賽事期間的休養期。相反地，如果你因為害怕體能流失，就拼命訓練而缺乏休息的話，很可能會導致過度訓練。最常見的後果之一就是受傷；那會讓你不得不休息養傷，以致於可能使體能真正完全流失掉。因此我建議每六到八週的訓練週期後，就要安排一週的休息。同理，在比賽前也應該減輕訓練量，尤其是在一系列的活動之前，我們稱做「減量訓練期」（tapering）。此外，在賽事之後休息個一到兩週，當作下一個賽季訓

個人經驗

我曾經因為過度訓練而受傷。那段時間我感到非常挫折，因為有長達數月的時間不能訓練跟比賽。因此我學會了不要把自己逼得太緊，給自己的身體一些時間去休息和復原。偶爾讓自己放鬆一下，對你來說有長遠的幫助，不管是一年內讓自己達到最佳巔峰，或是三十年之後你不會需要使用拐杖走路時，你就會感謝我。

練之前的緩衝期，並且傾聽自己身體的聲音。

單調

工作、通勤、看電視甚至是用餐，對你來說可能都冗長乏味，但訓練不應該如此。有很多人對訓練感到非常厭煩，尤其如果他們的課表很無趣，只是日復一日的重複相同的訓練內容。你很可能接著喪失熱情與動力，最後甚至放棄。但是與游泳、自行車及跑步的單項運動相比，三項訓練最美好的地方就在於它訓練項目的豐富程度，因為鐵人三項包含三種不同的運動。

但是還是有很多人的三項訓練課表看起非常乏味，總是重複著一週兩次的 10 公里跑步，每兩週一次間歇訓練，一週兩次的 1,600 公尺長泳等。很顯然地，他們忘記了超負荷訓練的重要性，你必須讓身體達到超負荷的訓練效果才會進步，因此每個禮拜都重複練習同樣內容對你毫無幫助。加入更多的間歇訓練、減短休息時間、增長距離、變化游泳的技術練習、參加泳訓班等都是值得嘗試的新東西。

週期化

不管你是誰或正在進行何種類型的訓練，你都不可能永遠讓自己的體能表現處在最高峰。如果你試著這樣做，你會筋疲力盡、為過度訓練而苦，也會因為過度使用而導致受傷、喪失表現水準，甚至對運動喪失興趣。為了避免這種情況發生，你必須要讓訓練週期化。這是什麼意思？首先，你曾聽過季外（off-season）這個詞嗎？你有沒有注意到拳擊選手在賽程間和比賽當天看起來非常不一樣；或是美式足球選手在經歷了三個月的休養之後就必須進行季前訓練（pre-season training）？他們已經週期化了訓練季，讓自己稍稍流失一些體能，接著重建體能，再使體能達到巔峰以迎接整個賽季，接著季後再休息讓身體恢復。如果你只打算一年完成一場三項賽事，這就不是你需

多樣性勝過單調

有些人主張，如果太注重訓練項目的多樣性，反而容易忽略了訓練的特定性，因此開始進行13公里跑步訓練，因為每週都跑10公里很無聊。我了解特定性的重要，那麼何不試看看前一兩週進行10公里跑步，然後再降至5公里計時跑，看看自己能跑多快？三週之後可以變成測驗6公里，再看你能跑多快，並試著每週都去突破自己的紀錄。接著再變成7公里、8公里，以此類推下去。我敢打賭，過了三、四個月以後，你的10公里跑步成績一定會進步很多。

要考慮的，只要確保你可以在比賽前完成訓練計畫，賽前一週設定為減量週，然後在賽事之後好好休息即可。但是如果你想要一年參加多場賽事，那麼就需要安排週期化訓練。

週期化的解釋

將三項訓練想成一個待組合拼圖，而完成的拼圖就是我們準備好迎接鐵人三項比賽時看起來的樣子。但是要完成一整個賽季，這些拼圖要塗上不同的顏色、打磨和定型，有時候一次拚一片，有時候一次拚兩到三片，當它們的位置都確定之後，才能夠組成一幅完整的圖像。這就是所有的訓練元素如何組成，並造就一個頂尖運動員的方式。

一個賽事前的訓練計畫可以為四、八、十或是十二週，這樣的計畫會比較方便你組合跟執行（詳細安排與例子請參照第 11 章），也方便你準備單一賽事，或是讓你在準備賽季的第一場比賽之後，可以繼續保持體能到下一場賽事。然而，更進一步的週期化訓練安排是以一年為期來規劃，從中安排休息時段、賽季的開始、賽季的結束還有其他需要訓練的項目，例如技巧、速耐力、耐力、柔軟度等。雖然這已是選手級的考量了，卻是每一位三項選手都必須知道的事情。

不管是一般的訓練課表或是週期性的訓練課表，訓練的項目之中都應該包含難度高低的差別。這樣才可以讓身體恢復、計劃更具挑戰性的訓練項目，以及進行整體目標的規劃。如果你把這些事情與訓練的原則，還有超負荷訓練放在一起聯想，那麼一切就都是合理的，因為我們無法一直處於超負荷的狀態，身體需要的是漸進式的訓練。

季節性的週期化

以英國為例，三項賽季通常是從五月到

九月之間，因此必須針對賽季進行訓練的安排。由於賽季結束於九月，所以整個年度的訓練安排會是如以下所示：

◆ **季後訓練（post-season）**

十月到十一月，約四到六週——

- 徹底休息一到兩週，也許可以趁這時候渡個假。
- 降低運動的強度進行動態恢復（active rest），也許可以嘗試一些平常不太進行的運動。
- 做一些舊傷的復健或預防，有關技術方面的訓練可以從低強度開始做起。

◆ **季外訓練（off season）**

十一月到隔年二／三月，約二十週以上——

- 耐力訓練是主要目標，進行長時間低強度的訓練項目，增強心肺功能並恢復流失的體能。
- 技術的訓練必須高頻率的出現在課表之中，要好好的修正一些不正確的動作。
- 間歇性的訓練在此時期比較不重要，必須專注於耐力的培養上，因此在長時間的訓練時，我們的心跳率不能太高。訓練的休息時間不需太長，因為訓練過程中的氧債（oxygen debt）不會出現太多。
- 肌力跟體能訓練很重要。游泳訓練以及在健身房中針對三種項目的個別訓練是此時期的重點。
- 針對有關定位、轉身、轉換等技巧，還有各種新運動服裝與用品，進行訓練與測試。

◆ **季前訓練（pre-season）**

二／三月到四／五月，約八到十二週——

- 準備一個好的計畫來迎接賽季的第一場賽事。
- 耐力訓練必須保持並且增加。
- 必須保持肌力跟體能（conditioning）訓練，但是也許可以分配一些時間進行無氧訓練（anaerobic training）。
- 加入無氧間歇訓練來增強速耐力的能力，重點是短距離但高強度的衝刺，而且休息時間需拉長。
- 耐力的訓練須以比賽的距離為基準，並且在執行訓練項目時應試著以比賽的配速來進行訓練。

◆ **賽事季節（race season）**

五／六月到八／九月，約十二到十八週——

- 製作一個賽事行事曆。根據最實際的情況來選擇你要參加的賽事，在訓練課表加入減量（taper）以及恢復（recovery）。不要試著去參加多餘的賽事，除非這賽事是你訓練計畫中的項目。避免受傷，並照著你的行事曆跟計畫進行訓練。
- 由於你在此時期專注於比賽，很容易造成一些體能方面的流失；若參加賽事過多，身體被迫不停的減量與恢復，體能不但流失，身體也會過度疲勞。與其所有二十場賽事全參加，但只有第一、二場有好成績時，還不如謹慎選擇八場賽事來好好準備。記住：要重質不重量！
- 耐力運動是這個時期維持體能的關鍵，不要進行太多間歇訓練，因為它們需要更多的恢復時間。
- 隨時保持嚴謹的體能與技巧訓練自制力，尤其在比賽期間，我們的弱點會開始浮現時。

適當的計畫可以預防不好的表現。善加規劃你的訓練、賽季和時間，那麼你一定會在比賽之中有所收穫。

關於週期化的結語

週期化訓練並不一定適合所有的人；包含職業運動員在內的某些人，並不喜歡將他們的訓練如此切割。因此我必須再次強調：「了解自己的需求」。平常多嘗試一些跟體驗不同的訓練或運動、聽別人的建議、閱讀書籍與雜誌、看文獻、瀏覽網路資料，從中汲取對你有益的資訊與訓練方式。不要害怕嘗試不同的訓練方法，而是要去了解哪些方法對你有效，哪些方法對你有害，然後徹底發揮出訓練的功效。

第二次會更輕鬆

研究顯示，一旦我們的身體經歷過了某種程度的體能經驗之後，第二次在操作時會比第一次輕鬆許多。

過度訓練

過度訓練是每一位三項選手都必須面對的問題之一。當無法達到預期的時間、結果或是表現時，我們常常會逼迫自己提高難度跟做更多的訓練。不管是職業選手、老手或是初學者都一樣，即使是像我這種專業的體能訓練師，也必須好好的處理此問題。我承認自己是一個運動狂，也曾有過過度訓練的經驗，並為此付出代價。因此我必須跟大家再度強調預防過度訓練所應該注意的事項。

什麼是過度訓練

根據維基百科的解釋，過度訓練是指當一個人的運動量跟強度超越了自身的恢復能力時，會發生與有關身體、行為和心理上的狀況。簡單的說，就是身體所接受的訓練超過可以容忍的程度。過度訓練所造成的影響不只是停止進步，更可能導致喪失體力與體能。

休息

對付過度訓練最有效的武器莫過於休息。以下四點的縮寫 REST，能夠更方便你記憶要領：

- 恢復（**R**ecovery）
- 確保（**E**nsures）
- 成功的（**S**uccessful）
- 訓練（**T**raining）

過度訓練的症狀

以下情況都是過度訓練的徵兆：

- 表現下降
- 無法進步
- 難以增加輕鬆課表
- 缺乏熱情
- 恢復時間增長
- 肌肉線條消退與體重下降
- 運動心跳率與休息心跳率高於正常值
- 血壓較高
- 免疫力系降低（引起感冒、流感或是過敏反應）
- 噁心想吐
- 沒有胃口
- 生理或心理問題（嗜睡、易倦怠、怠惰、害怕失敗、訂定不實際的高標準）
- 睡眠習慣變不正常
- 缺乏性慾

要防止過度訓練，一定要時時傾聽身體的聲音。如果你覺得過於疲勞或是容易勞累，那麼就有可能是過度訓練，這時你就要花個一兩天徹底的休息並攝取適當的營養。俗話說：「休息，是為了走更長遠的路」，如果你能把休息當作讓自己進步的一種手段，那麼你就會有效且適切地運用它。健美運動員們會說，最艱苦的訓練發生在健身房內，但是進步會在休息時發生；如果他們不停的重複訓練，身體將不會有所成長。同樣的概念也適用於三項運動員身上。你的訓練會逼迫身體去進步、去增加體能，而當你休息時，身體會針對訓練去修正與適應。就算你最後只進行了一些比較輕鬆的訓練項目，而不是比較高難度的耐力或是間歇訓練項目，你的身體也會對它做出回應。有時候輕鬆的訓練項目才是身體需要的。

讓身體從訓練的疲勞中恢復過來是如此重要，繼續操練身體不僅會使它退化，也無法讓一些小傷小痛——或是延遲性肌肉痠痛（delayed onset muscle soreness, 簡稱 DOMS）復原，這樣可能會因此導致受傷。對三項選手來說，沒有讓身體確實地從疲勞中恢復過來，容易導致比賽的時間變長，會使自己感到挫折繼而產生需要更多訓練的想法。這樣的惡性循環，將可能引發持續性的疲勞與過度訓練，造成暫時性甚或是長期性的傷勢。

如果你常常想在休息日進行訓練，那麼就在前一天進行強度非常高的訓練，這會讓你產生既然已經做了足夠的訓練，今天就要好好休息的想法，而這正是你需要的，休息一下吧！

推移界限

當你體能狀態越好時，你所能夠進行訓練的強度也就越高。同時你需要的恢復時間也會下降，因此訓練可以安排的更頻繁或是更長一點，而不需要太多的休息時間。但是，這並不是造成過度訓練的藉口。每個人對於訓練的適應力都不同。有可能你的訓練夥伴在今天需要休息，但你的身體還可多承受一天訓練，所以可以明天再休息。切記，每個人都有其極限。

當身體已經沒有多餘的能量時，沒有人可以強迫它去適應與進步。許多人一起集訓時就可能有此危險。假如別人的體能較好，或進步較快時，他們或許可以進行強度與頻率較高的訓練項目，而你卻不行，這種情況下常常就會導致過度訓練。雖然這樣有違你的自尊心與競爭心態，但在身體極需休息的情況下，你還是必須拒絕訓練夥伴或是游泳教練的邀約。千萬記得，你必須獨自承擔過度訓練的後果。

只要是體能良好且身體健康的人，都有機會遇到過度訓練的狀況，所以有時還是需要親朋好友提醒一下，不要掉入陷阱之中。將你的訓練項目寫在日曆上，計算一下每個月休息日的天數，並自我評估是否足夠，尤其是在賽季開始時。記住，不論參加三項比賽或訓練都應該抱持著享受的心態，沒有人是靠著怨恨日常訓練來贏得比賽或是打破個人的最佳成績。用負面的態度訓練很可能會導致身體受傷，陷入極度渴求休息的狼狽處境。

巔峰期與減量期

在結束這一章節之前，我想談一下巔峰期（peaking）與減量期（tapering），這兩個在週期化的訓練中占有重要的一席之地，同時也是訓練的原則。理解這兩個概念，也會讓你更容易編排自己的訓練課表。

達到巔峰很不容易，你必須在訓練、營養攝取還有其他的環節都處於正確的情況下，才能在特定的賽事時有最佳的體能與最好的表現。沒人可以一整年都一直維持絕佳體能，你必須要有好的季外訓練、休息、訓練才能創造體能的巔峰。

巔峰期的象徵：

- 身體的爆發力增加
- 感覺乳酸製造的比平常少
- 紅血球濃度提升
- 更佳的燃料儲存

接近比賽時的減量

當比賽的日子越來越近，若你的體能仍然無法達到預定的標準，那麼你可以做的事情就只有努力訓練。體能越差就越不需要減量，因為身體並不會產生預期的疲勞感。但是如果你的體能非常好，每次訓練都是高強度的話，那麼此時你的身體將會感覺到疲勞，所以需要更多減量。由於體能的好壞很難衡量，因此大多數的三項選手都傾向認為自己的體能狀況還不夠好。但不論如何，減量過多還是比減量不足來得好。

你會「自我感覺良好」，從而增加自信心與動力，在專注力提升的情況下不容易犯小錯誤。簡而言之，就是你的身體狀態相當接近「超級英雄」的等級。

但是要在比賽前達到巔峰，你必須要利用減量期來引導。如果減量期執行正確的話，你的巔峰體能狀態就會與絕佳技巧及身體狀況完全結合，呈現出精力充沛且不會疲勞的形式。要達到這種狀態並不簡單；你很難每一次都能達到這種完美境界，但是在更能夠享受賽事的前提下，這是很值得嘗試的事情。

在一整個賽季中，理論上是有機會達到多個巔峰期的，但必須要有結構性的訓練計畫，由非常多特定強度的特定訓練項目所組成，才有辦法幫你在重要賽事中達到巔峰期。依據比賽距離的不同，達到巔峰期的訓練規劃時間也有七到二十一天的不同，距離越長就需要越多時間調整。但是在探討更多的巔峰期之前，我們要先來談談減量期。

減量期的注意事項

要決定你的減量期要多長是一項非常科學化的計算，且並非一體適用，而是要靠以下幾點：

- 賽季的重點（如果是重點賽事，也許需要更多的休息時間）
- 比賽的距離（賽事距離越長，需要休息越久）
- 體能程度（假如非常健康，也需要多一點的休息）
- 傷勢（如果受傷，要安排久一點的休息）
- 年齡（年紀越大要休息越久）

如何減量

◆ **超級鐵人三項／半程超級鐵人三項**

在賽事前的三個星期開始減量，並且每週的訓練量以三個項目分開來計算，平均每週減少 20% 的練習量。

◆ **半程超級鐵人三項／奧運距離**

賽事前兩個星期開始，每週減少 30%。

◆ **奧運距離／衝刺距離**

賽事前一個星期，整週減少 50%。

千萬記得，保持原來的訓練頻率，例如同樣數量的訓練項目與強度，只須減短持續的時間。這代表你不必打亂原本的日常化訓練而覺得體能狀況不佳，你只是沒那麼努力的訓練而已。

強度與休息是關鍵

透過訓練的刺激可以讓體能更加進步，而且還可提升專注力，所以有強度的訓練仍然很重要。在減量期時，每週以比賽時的配速進行一到兩次的訓練，不論是游泳、騎自行車還是跑步都需要進行這種短於比賽距離，但又可以習慣比賽狀態的訓練，或者是以比賽的強度來針對你的弱項加強訓練。

讓自己放輕鬆。在跑步以及自行車的訓練上保持在恢復強度的心跳率；游泳項目只針對技巧上來進行加強。所有訓練項目的強度只有輕鬆的運動以及比賽配速的訓練。但仍然要保持訓練的專注度，不要隨便。

在比賽的前兩天開始，你必須完全的休息，而不是從比賽前一天才開始。不然，你可能會在比賽當天變得很懶散。所以從比賽前兩天開始就要徹底的休息，然後在比賽前一天針對每一個項目，用比賽的配速進行幾分鐘的活動，來確認身體的狀況以及提升專注力。

結論

一個訓練計畫會根據你的目標以及需求而有不同的內容。如果沒有目標，那麼你的訓練計畫就沒有意義，你會很容易略過一些訓練項目不做練習，接著喪失興趣，然後放棄訓練而喪失體能。如果有個值得付出和可以達到的目標，那麼你便會專注於其中，並渴望獲得進步。這種想法會驅使你完成訓練計畫，幫助你達成目標。這樣不僅能幫助你進行適當並規律的訓練，也會幫你避免自擾而發生過度訓練的情況。本書第 11 章所介紹的訓練計畫既簡單又方便使用，沒有複雜的公式或是訓練項目，就連鐵人三項的入門者都可以藉由這些計畫來完成衝刺距離或奧運距離的比賽，甚至是挑戰半程超級鐵人三項或是超級鐵人三項。但你並不一定得完成所有的項目，你所需做的就是好好規劃時間，了解自己的需求，來達成自己所設定的目標即可。

譯註

1. 轉換訓練（brick）：通常是指騎跑、跑騎、游騎的訓練
   將兩種項目的訓練混和在一起，可以更有效的刺激身體，以及達到訓練的效果。例如：（游 500 公尺＋騎 10 公里）重複三次，這樣的訓練效果會比單純游完 1,500 公尺後再騎 30 公里來得有效果，因為你需要交叉使用到不同的肌肉與訓練方式六次。
2. 美國游泳運動員，在二〇〇四年的雅典奧運上一人得到六面金牌，二〇〇八年北京奧運，他以八面金牌的紀錄成為在同一屆奧林匹克運動會中獲得最多金牌的運動員。二〇一二年倫敦奧運會，成為奧運會歷史上獲得金牌數（18 枚）及總獎牌數（18 金 2 銀 2 銅，共 22 枚）最多的運動員。
3. Prehab是依據運動員的能力所規劃的訓練計畫，致力於預防傷害。該計畫的發展必須是漸進的，並定期重新評估，以符合運動員的需求。

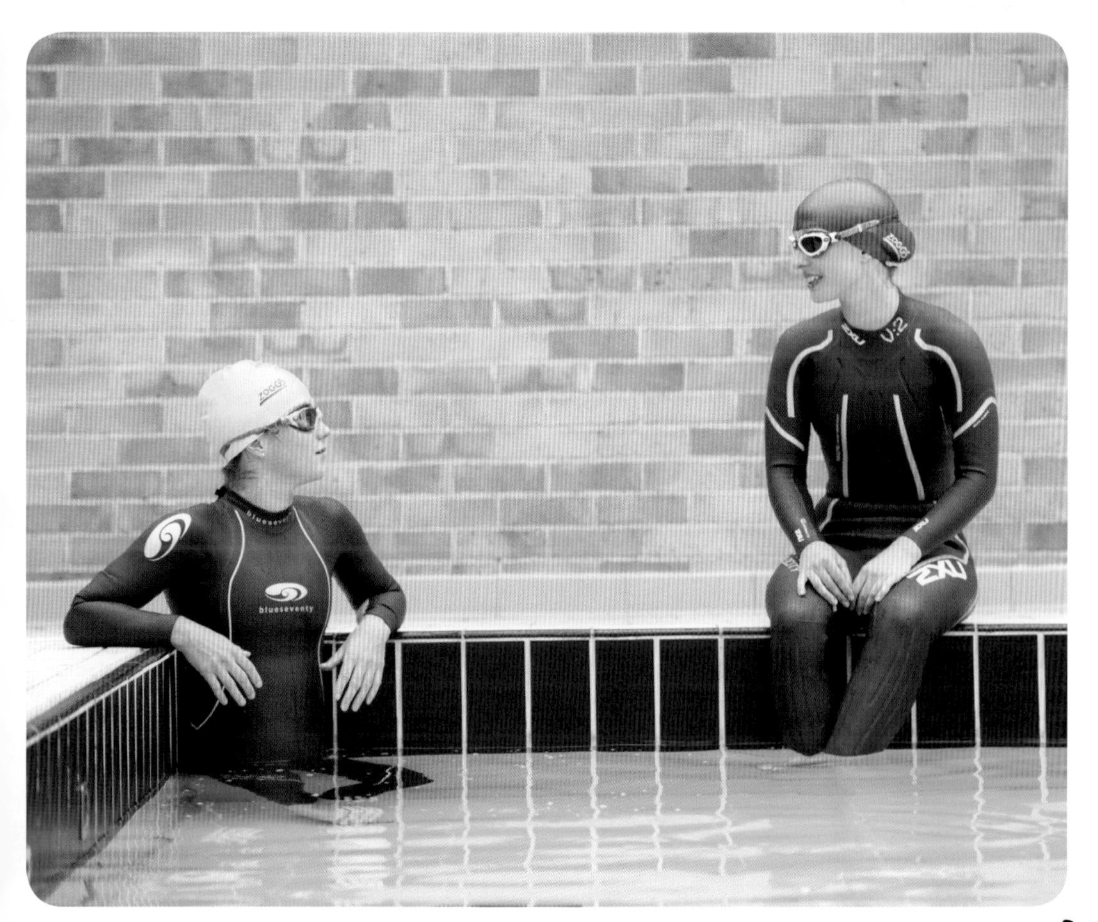

第5章

游泳

對於非專業泳者來說，游泳或許是鐵人三項訓練中最困難的。大部分的人會跑步、騎車，但游泳就完全是另一回事了。許多人不會游標準的捷式，甚至不知道該怎麼游。本章節將從基礎教起，但在某些情況下，還是需要有教練在旁指導。

大部分的公立泳池都知道人們會在工作之餘使用泳池，因此很早便開始營業（大約早上 6 點），有些會持續營業至晚上 10 點左右。此外，當游泳池在中午忙於接待家庭及小孩時，通常會分隔出一至三條水道，提供給泳客做為訓練使用。

在哪兒游泳

前一章也介紹如何規劃每天的訓練課表。在第 11 章，你會看到一些訓練計畫的範例，將鐵人三項訓練全部放在一起，形成實際可行的跑步、游泳及自行車訓練課程。那麼你要在哪裡進行游泳訓練呢？

附近泳池

附近泳池在你上班前、下班後或午餐時間都很方便使用。不僅更衣簡單，若游泳池為室內溫水泳池，在冬天時是比湖或水庫還要好的選擇。如果你在游泳池裡比賽，轉身動作必須練得精熟（見第 105 ～ 110 頁），因為它能省下數分鐘的時間。

湖和水庫

由於沒有水流及潮汐的干擾，湖和水庫非常適合想要嘗試在開放水域游泳的業餘泳者。基本上這個環境是受控制的，尤其是當所有方向都能清楚看到陸地時。它的缺點是水溫偏低，因此良好的防寒泳衣是必需品（見第 86 ～ 87 頁）。

港區

現在很多港區都會規劃一些游泳課程，特別是當鐵人三項競賽會從這裡開始時。如果你通常是在游泳池練習，港區很適合用來進行對競賽前的專項訓練（見前章），也適合單純體驗在開放水域游泳的感覺。

河流

由於河流的危險特性，一般來說應該避免去河裡游泳。通常只有在參加團體課時才會在河裡游泳，因為它的深度、寬度和水流都不定。水質污染、漂流木及河運交通等問題也同樣具有危險性。

但不得不說，在順流或甚至逆向湍急的水流游泳是種絕佳的訓練課程。

海

在英國，海邊是最受歡迎的訓練或競賽地點，因為大部分人都居住在距離海岸不超

過數個小時路程的地方。要隨時注意氣象預報並瞭解海岸狀況，否則潮汐及水流將造成危險，甚至最好的泳者也無法避免。你必須熟知如何避開湍急的水流，及哪裡可能是成群結伴游泳的安全地點。

避開水流的一個簡略概念——不要逆流游泳，這只會使你筋疲力盡。相反的，隨著水流方向，以 90 度角游，同時試著脫離水流路線。一旦你避開了水流，就能夠游回岸邊了。

游泳裝備

泳衣或泳褲

泳衣是游泳時最常穿著的裝備。不論是訓練課程或是競賽，泳衣都必須合身、耐穿及舒適。泳衣是少數值得選購良好品牌的裝備。我個人偏好 Speedo 或是 Adidas 的游泳裝備，但 Zoggs 和 Arena 的風評也不錯。

- 不要買過小的尺碼，認為它會隨時間鬆弛而合身。過小的泳衣會沿著你的背部往上捲，使你非常不舒服，特別是當比賽中外面還穿著防寒衣時。
- 避免購買「比賽服」——這是給 50 公尺衝刺的泳者所穿，用於鐵人三項訓練是不夠耐穿的。
- 定期清洗泳衣褲。當游泳裝備開始鬆弛時，就將它們丟掉或穿在另一件泳衣（褲）之外（如同某些職業泳者為了訓練而這樣穿）。這樣的穿法會增加阻力，讓你在比賽當天穿著新的合身服飾時，會更具流線感，並感覺更快速、更貼身。
- 當穿著新的游泳裝備游泳時，放一些凡士林或礦物油在你的袋子裡，塗抹於較粗糙處或會磨擦的表皮，以防止疼痛點起水泡或破皮。

阻力泳褲（Drag trunks）

三項賽服（Tri suits）

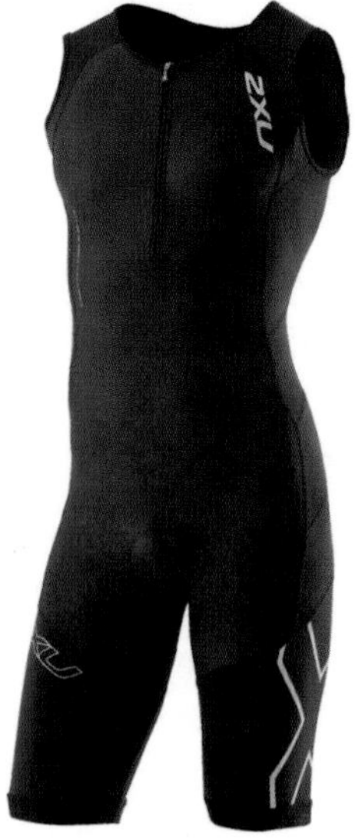

（上圖）穿在正常泳衣外，這件泳褲會增加「阻力」使得游泳更為困難，可用來模擬在開放水域游泳的情境。
（右圖）為了特殊用途而設計，所以不會讓你因為只穿著一件泳衣跑步或騎自行車而感到尷尬。你可以在訓練時穿著泳衣，但在比賽及從事週期性練習或競賽期訓練時，請穿著三項賽服。

防寒衣

先別提溫暖、浮力和流線型，對防寒衣來說，最重要的特性是合身。此外，基於安全理由，許多鐵人三項競賽規定一定要穿防寒衣（特別是在英國）。三項防寒衣最多可達 5 公釐厚，每件大約需新台幣 5,000 至 1 萬元左右。

所有的防寒衣都必須夠緊身，以確保能提供足夠的絕緣和避免阻力，但也不能太緊而阻礙動作，特別是在肩膀周圍。過緊的防寒衣還會限制住你的呼吸，因此儘管體重稍有變化，你還是要確認買的防寒衣仍舊合身。很多頂尖的運動員會特別訂做防寒衣，而當你從事越多鐵人三項運動時，或許也可考慮。然而，對大部分的人來說，只要盡量找一件合身防寒衣就好了。多試幾種品牌及尺寸，因為每個牌子的材質或尺碼都不盡相同。

如果你希望利用網購方式來節省費用，請先到實體店面試穿實品並確定合適的尺寸，再上網尋找優惠的價格。

它雖然合身，但你可以穿著它游泳嗎？

穿著防寒衣游泳的感受與正常情況下游泳不同。一件良好的防寒衣必須緊實合身，特別在身體核心附近提供你足夠的支撐度及浮力，同時在關節處〈尤其肩膀〉需具備靈活性，可做出良好完整的划手動作。

雖然會感覺怪異，但實際上穿著防寒衣能使大部分的人游得更好，特別是當游泳教練告訴你，你的划手動作不錯，但必須專注在核心或踢水動作時。防寒衣使浮力增加，讓我們在水中處在較高的位置，可以讓我們在核心控制和踢水時更有效率。穿著防寒衣的游泳時間往往會比沒有穿時快了 10% 以上。

防寒衣正確的穿法

1. 在穿上半身之前，先把腳套進褲管並穿到胯下。把防寒衣下半部視為一件跑步緊身褲，並將它完全穿上，胯下必須緊實合身，並查看褲沿落在腿部的位置。
2. 穿好上半身後，深呼吸及用肩膀轉動手臂，做些大動作。手臂應可自由地活動，呼氣及吐氣也應該要很順暢。
3. 確保防寒衣沒有任何多餘皺摺。尤其在脊椎底部和手臂下。

穿著防寒衣時的划手動作

整體來說，穿著防寒衣時的划手動作和一般游泳時有一點點不同。可能有以下這些微小的差異：

1. 比一般游泳姿勢還能多點延伸及身體上的轉動。且因服裝增加的浮力還能有助於維持滑行。
2. 如果防寒衣特別緊身，利用比較大的手臂回復動作可減少肩膀周圍動作的困難性。

潤滑劑

理想狀況下你應該使用從衝浪店或鐵人三項商店購買的防寒衣潤滑劑，擦拭在袖口或頸部，以預防磨破皮膚並可更快把衣服脫下。避免塗抹凡士林或任何礦脂，它可能加速防寒衣的損壞。

泳鏡

泳鏡的樣式及尺寸五花八門，還有不同的附件，使用不同的調整方式，更不用說有因應不同水域及天氣的鏡片。但真正的

問題是，不良的泳鏡會影響你的游泳！單單是滲水問題就會使你必須忍受長達 30 分鐘的不良視線，或讓你每 5 分鐘就想設法處理它。

泳鏡鏡片

鏡片由聚碳酸酯製成，不僅提供良好的清晰度，且具有和防彈水準相當的防撞擊功能，能避免在轉換區轉換或跑步放在背包時讓泳鏡受到損壞。

假如你是戴眼鏡或隱形眼鏡，泳鏡可以依照你的度數需求製作。有些品牌提供可替換鏡片，範圍為 -8 至 +8（例如 Speedo 和 Zoggs）。不幸地，當你的兩眼度數不同時就會比較麻煩。這時，若你不想按照較差視力的度數去配兩隻眼睛的鏡片，你唯一的選擇就是購買兩組不同度數的鏡片，配合可替換鏡片的泳鏡。

如果你的度數範圍不在 -8 至 +8 之間，或是有散光，光學專家還是能為你配製出一副完美的泳鏡，只是費用較高。不過考慮到眼睛及運動對你來說有多麼重要，它應該值得。

鏡片顏色

在開放水域，變色鏡片有極大的優勢。

不同顏色的鏡片為泳者提供不同好處。頂級可替換鏡片的泳鏡能依特定天候的狀況提供各式各樣的鏡片。最普遍可用的種類包括：

- 偏光鏡片：過濾某一波長的光，能使水反射的強光減到最小。
- 灰色、鏡面鏡片：減少總體光波傳送的量，並維持所有的顏色。
- 藍色鏡片：作為對比鏡片使用；當白光從水面反射回來時，藍色鏡片會減少白色強光。
- 黃色、褐色、琥珀鏡片：用於陰天時，作為提高對比度、清晰度和立體知覺以及減少強光。變色鏡片的變化隨光線條件而改變。

防霧的解決之道

第一個防止霧氣的步驟就是照顧好你的裝備。不要只是將你的泳鏡與防寒衣或運動器材都丟在一起保管，如果它們配有小袋子或盒子，請將它們放好。大部分的泳鏡都有防刮處理，且大多有一層防霧膜，但是觸摸或摩擦泳鏡會使這些功能受損，所以盡可能少接觸鏡片內側。你可以在好的游泳用品店及鐵人三項商店購買防霧清潔劑，如此便可以延長使用時限而不必經常汰換泳鏡。

坊間流傳太多種防止霧氣的方法，包括吐口水或是將泳鏡浸泡在要游泳的水裡等。如果你發現任何對你有效的方式，就去做吧！

泳鏡防水框

大部分的泳鏡具備了彈性軟框，將鏡片緊貼於臉。但是，有種我們稱為「瑞典風格」的泳鏡沒有軟框，而是靠著皮膚和臉來形成密封的狀態。這對某些人有用，對某些人則不適用。個人經驗而言，我發現瑞典泳鏡在短程游泳時沒問題，但時間一久就會逐漸感到不舒服；相反的，彈性軟框能使臉部放鬆。

軟框的種類依價錢高低而有所不同。價格最低的是用泡棉，但泡棉會隨著時間流逝而逐漸解體，不是非常耐用。

瑞典泳鏡和泡棉泳鏡普遍會造成皮膚不適，因此最受歡迎的類型是 TPR 材質或矽質膠框。兩者都不會刺激皮膚且彈性極佳，也就是說，不同於上述其他兩種泳鏡，此兩者適用於所有的臉型。

試戴泳鏡

要找到合適的泳鏡，先輕輕將軟框處按壓在眼窩；如果尺寸適宜，你應該會感受到輕微的真空狀態，泳鏡此時甚至能維持在你的臉上幾秒鐘。

如果泳鏡戴起來感覺合適，那就不需要將頭帶拉太緊，這是游泳者及鐵人三項運動員普遍會犯的錯誤。

> **配戴泳鏡跳水**
>
> 如果你發現每當你跳水時泳鏡就會掉落，將下巴縮近胸口，這樣可以讓泳鏡不易鬆脫。

泳帽

在鐵人三項中，泳帽有三種功用：

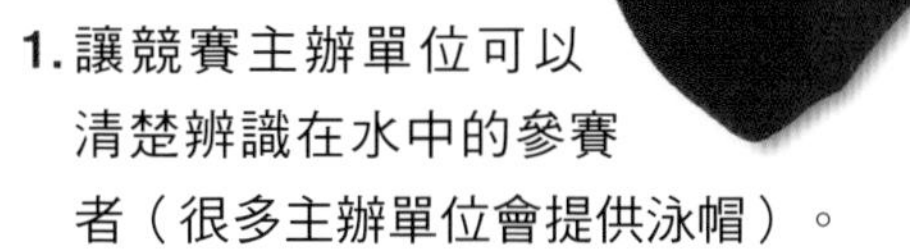

1. 讓競賽主辦單位可以清楚辨識在水中的參賽者（很多主辦單位會提供泳帽）。
2. 泳帽可以減少長髮泳者的水阻，並且節省時間。
3. 由於將近 40% 的體溫會從頭部流失，一頂或甚至兩頂泳帽可以增強隔離作用，即使在將近零下的溫度游泳，也能使你保持溫暖。

泳帽也提供了一些保護，隔絕陽光、不讓擺動的手臂及心率錶擊中頭部，否則可能會導致擦傷。

由於泳帽價格普遍不高，若你覺得有需要，或許可以購買一般泳帽用於游泳池課程，另外購買防寒款式泳帽用於開放水域游泳。

即使你認為沒有必要購買防寒泳帽，不管是在開放水域或游泳池，訓練時還是要配戴泳帽。除了保護功能外，你也可習慣戴泳帽游泳的感覺，以及它對泳鏡的影響等等。

使用完畢後，輕輕洗滌你的泳帽，將它從裡到外翻轉清洗並且噴灑爽身粉，會比你下次戴上潮濕的泳帽感覺要好太多。

鬆緊帶

使用一條簡單的物理治療型橡膠鬆緊帶將雙腿綁在一起，可助你集中精神於手臂的划水動作。

水瓶

不管是在游泳訓練或競賽時，太多人都未能及時補充水分。我建議所有的泳者／三項運動員準備兩瓶水放在游泳池終點或是背包內。一瓶裝水，另一瓶則裝運動飲料或電解質飲品。

浮球

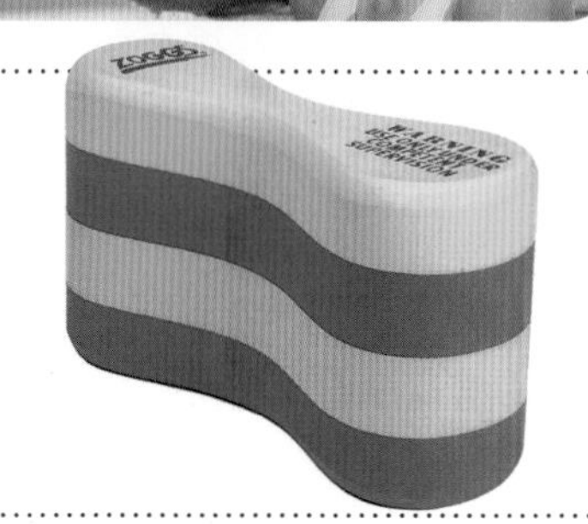

浮球是腿部「停止動作」的最佳工具，能讓你專注於手臂和上半身的動作。將游泳池的浮具放在兩腿之間在膝蓋上方的位置，讓腿部保持浮力。如此一來，不需再踢水身體便能呈現流線型姿勢。

蛙鞋

蛙鞋適合踢水較弱或是踢水姿勢不正確的泳者使用，它能讓泳者學習如何正確的踢水，就游泳姿勢的正確性和發展性來說非常有效。蛙鞋也能訓練泳者如何游得更快速。

划手板

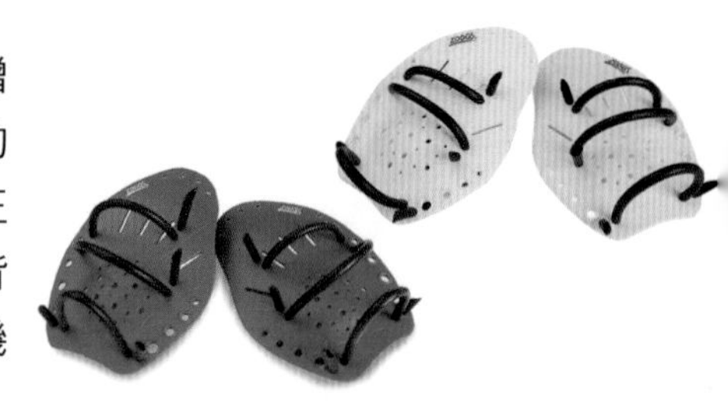

不必花費額外的時間在健身房，划手板對於增加肩膀和闊背肌群（游泳時主要使用的肌肉群）的效益很顯著。不過，請先確認划手板的尺寸是否正確。太小的划手板成效不大，太大則會使肩膀和背部肌群負擔太重而受傷。第 100 ～ 101 頁顯示幾種划手板的游泳技術訓練。

浮板

浮板是個簡易漂浮物，當訓練正面或側身踢水時可以將浮板持於前方，也可以在訓練仰姿踢水時把浮板抱在胸前。

游泳划手（捷式）

在許多鐵人三項賽事中，採用蛙式、狗爬式，甚至是仰式的泳姿都沒有錯。然而，就競賽速度和游泳後所需騎車、跑步的能力來說，捷式（或稱自由式）在競賽中是被公認為效率最高的游泳姿勢。

因此我只針對捷式來做討論。

當我在教捷式時，我通常將動作分解成幾個部分，讓新手泳者更容易學習，我也更容易觀察泳者哪裡做錯了。我喜歡用開車來做比喻：當所有動作結合在一起時，如轉方向盤、打擋、踩油門、踩煞車、看後視鏡、打指示燈等，初學者會覺得很難。但當每一個獨立的動作被分開執行時，就會顯得很簡單。游泳也一樣：個別的步驟分開練習和學習，組合在一起時就會是強而有力、快速又優雅的動作。

游泳動作的要素

許多人開始鐵人三項訓練時，都記得從小就被教導過——在水中要盡全力、快速、猛烈地踢水，並且像齒輪般的轉動手臂。或許你小時候曾經這樣做而贏過 25 公尺衝刺比賽，但是卻不能持續 1 英里以上。就像跑步一樣，使用有氧能量系統的速度可以維持長距離，這和無氧能量系統的 100 公尺

錄下個人動作

不同於重量訓練或跑步，能在鏡子前檢視自己的技巧表現，你需要有人幫忙才能檢查自己游泳的姿勢。找一位朋友拿手機替你錄下游泳姿勢。你會對自己實際的動作與原本想像中動作的差異而感到驚訝。（請先詢問在俱樂部／健身中心是否允許拍攝，特別當周圍都是女人和小孩時。）

聘請游泳教練

如果你認真看待自己的鐵人三項訓練，那麼可以聘請一位教練來指導你30分鐘或1小時的游泳課程。這不僅可讓你注意到自己的缺點，也可讓你專注於該加強的地方，而非只是一味訓練耐力然後面臨高原期，這是很多人會犯的錯誤。

衝刺的速度大不相同。這兩種類型的跑步技巧同樣適用於游泳。

為了幫助你學習，很多游泳教練會使用所謂的 BLABT 來教導學生，也就是：身體（body）、腿（legs）、手臂（arms）、呼吸（breathing）和時間點（timing）。任何一位想成為出色泳者的人都必須精通以上這些要素。就個人而言，我不會永遠依照這個順序教導，而是依照每個學生的弱項、強項的特性去做改變。

身體

1. 身體必須與水面平行，且越平直越好。如果腿部或下半身太沉，將會產生阻力並讓速度變慢。
2. 身體應該縱向地轉動，輕微的左右旋轉，運用你的背部肌群來啟動延展、前伸的動作，並且往前漂浮滑行，而不是用手臂。
3. 身體到臀部保持微微向下傾斜，以維持在水中的踢腿動作。
   - 腹部平坦，核心緊縮以支撐下背部。
   - 頭部的姿勢及踢腿動作是維持身體平直的主要關鍵。
   - 頭部必須與身體保持一直線，讓眼睛可以往前及往下看。水平面應該位於眉毛和髮線之間。
4. 臉部必須直接朝下，但眼睛朝前 45 度角。
   - 保持頭部和脊椎不動，並盡可能的放鬆。在水中利用臀部和肩膀的轉動來產生動力。只有在呼吸時頭部才會跟著轉動。
5. 當手臂推水完畢離開水面後，你的肩膀也應該要露出水面；而其他部位則在水面下開始推進。
   - 臀部轉動的幅度不能與肩膀一樣多。

腿部（踢水）

1. 兩條腿必須靠攏，腳踝要放鬆。
2. 在水面下保持小幅度動作。
3. 從臀部開始踢水並擺動整條腿。
   - ◆盡可能使腿保持伸直，只有在腿部結束往上踢水到開始往下踢水時，膝蓋才微彎。
   - ◆腳伸得越直，踢水越有效率且有力。
   - ◆每次划手循環中踢水次數越多，花費的力氣就越多。因此就像手臂划手動作做兩拍式踢水（kick, kick），才能確保較少的踢水。
   - ◆腿部交替踢水；一隻腿向下踢水時，另一隻腿則向上移動。
   - ◆踢水的作用是穩定及平衡身體，而不是往前推進。
   - ◆每次一隻手臂做划水動作時，要做兩拍式踢水。因此就像同時間在拉扯油門：「手臂划水／踢水、踢水」。
   - ◆腳不能真的離開水面，而是應該踢至和身體一樣深度的位置。

手臂——入水

1. 手肘朝向天花板，前臂放鬆下垂，手掌準備進入水中。
2. 當手掌和水面保持平行，或手心轉向外時，手掌便往前伸進水中。

手臂——入水

3. 入水的順序為手指，接著是手腕，然後是手肘，讓手臂做拉長的延伸。
4. 入水處在頭部的中心線和肩膀之間，不要超過頭部中心線，因為會造成水阻而使游泳速度變慢。
5. 入水時手掌位於游泳者前方 30 ～ 60 公分處。
6. 在水面下往前延伸，且身體開始朝划水方向傾斜，並轉動肩膀做最遠的滑行。
7. 在你轉換到抓水之前，手臂入水後必須有短暫的完全延伸。

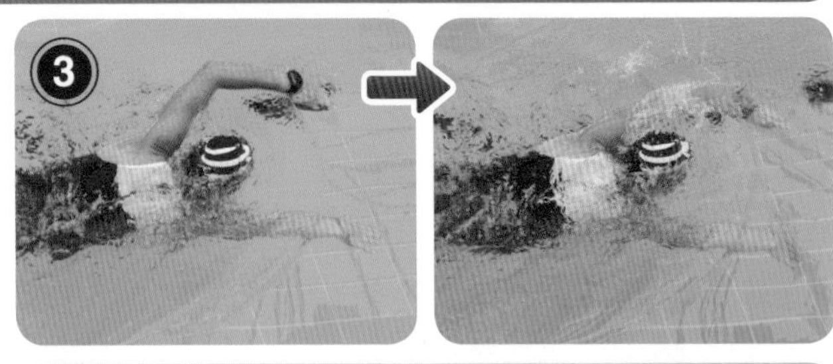

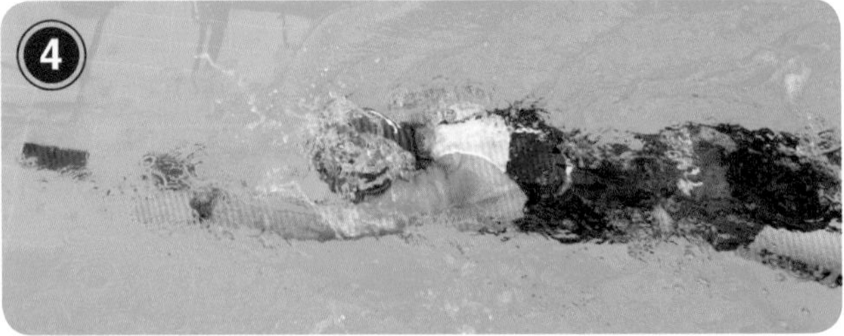

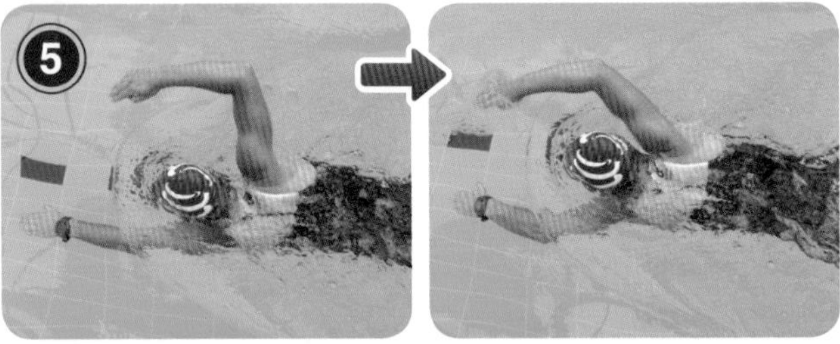

划水

有些人說要不停踢水，但我發現在換氣時，踢水這個動作會使雙腿向外展開。因此最好在划水時踢水，然後呼吸時放鬆並保持流線型姿勢，避免任何向外展開動作後而產生阻力。

手臂——抓水

1. 抓水或划水動作是個從外展姿勢到肋骨與臀部中段位置的 S 型動作（對右手而言是反向 S 型）。
2. 這 S 型動作的概念是盡可能抓越多的水，使身體向前推進。
3. 一開始划水的動作是先往下再往後。
4. 把手肘微微彎曲向外延伸，接著朝後推向身體中線，再往後推至大腿。
5. 在划水過程中，為了保持流線和加速度，手臂需靠攏身體。

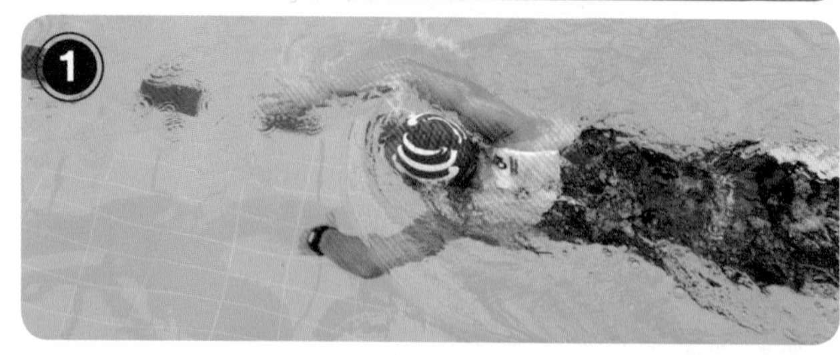

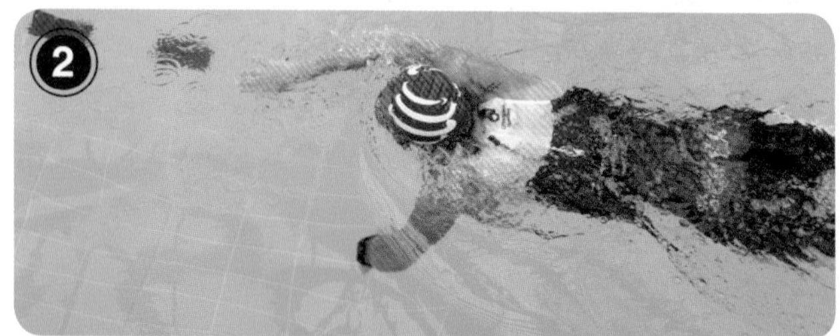

怡然自得

一位優秀的泳者在游泳時看起來很自在，像是沒有在用力一樣。所有在水面上的動作呈現放鬆自如的樣子（例如手臂回復），然而在水面下，所有動作則是費力且累人的。

手臂——推水

1. 在抓水使身體向前推進後，現在手臂靠攏在身體旁邊，而手肘是微彎的。
   - ◆藉由完成所有的手臂動作，使你的動作效率達到最大化。並且在手臂未完全伸直之前，不要讓它離開水面。
   - ◆在手臂離開水面之前，這是划手中速度最快且最有力的時候。
   - ◆雖然強壯的胸肌和闊背肌群驅動抓水和 S 型曲線動作（因旋轉至側邊，讓這些肌肉群能被最大化使用），其實完成推水動作最後一個階段的是肱三頭肌。沒有經驗的游泳者會遺漏最後這個部分，並縮短推水動作。千萬別犯這個錯，做一些訓練並確認你游泳動作正確。

手臂——回復

1. 回復是移動手臂朝往游泳方向，讓手再次入水以做下一次的動作。
2. 這部分需要良好的肩膀柔軟度。柔軟度不佳會導致手臂外展而使你遠離目標。
3. 許多較差的游泳者會用直臂來做手臂的回復動作，這是不必要的：前臂和手掌必須完全放鬆而從手肘處垂下。在回復階段，手臂放鬆非常重要，因為當你的手掌比手肘還高時（直臂），就會產生阻力並且失去平衡。
4. 回臂時手朝前擺動，位置剛好就在水平面上。我用兩種方法來教學。一為手指頭掠水：從「推水」至「入水」的整個回臂過程中，手指頭確實的掠過水面；另一個方法是大拇指從臀部碰觸到腋下，推水後大姆指確實從髖骨位置朝上移動到腋下。
5. 回復的一部分是將滑行動作推進到最大化，藉由扭轉軀幹將肩膀朝向空中。當手臂入水時延伸至對向手臂。

換氣

開始做手臂回復動作時，將頭轉向回臂手的那一側，用嘴巴換氣。當手掌再次入水時，結束回復動作並將頭轉回水中。

1. 轉頭動作必須盡可能的小及流暢。
   - ◆頭和脊椎必須和正常游泳動作之肩膀旋轉一起動作。
   - ◆為了確保頭不會抬舉起來，一側的臉必須一直保持在水中。
   - ◆不要將頭抬舉出水面。此舉會造成腿部往下沉並產生阻力。
   - ◆在一個深呼吸後，隨著肩膀的旋轉，及時地將臉部轉回水中。
   - ◆當頭返回中線位置時，在水中吐氣，同時換氣邊的那隻手入水。這動作可以是緩和或有爆發性的。對於三項運動員，我會教緩和的換氣方法以保持動作的放鬆。
2. 三項運動員傾向於雙邊換氣，因此每三次手臂回復動作會換邊換氣。有一些三項運動員偏好只用某一邊換氣，每兩次或四次划手後換一次氣。這取決於游泳適能及能力，當然，還有個人喜好。

換氣時不要將頭抬離水面太高。應該盡可能流暢和縮小動作。試著每三次划手後換氣，兩邊輪流換氣——這對身體的對稱性比較好。盡可能自然且正常的呼吸。

雙邊換氣

任何想在開放水域比賽的三項運動員都必須能夠雙邊換氣。如果你總是在你的右邊呼吸，而海浪剛好從那個方向過來，你會發現很難做完整的換氣。雙邊呼吸使你能夠在任何一邊看到浮標、地標和其他游泳者的位置。因此，即使你通常只用單邊換氣，仍然請學習雙邊換氣。

時間點

正因為游泳是如此特別的基礎技術性運動，所以時間點就代表一切。不只針對捷式，所有的游泳姿勢都一樣。如果在錯誤的時間點踢水，當你轉動到側邊做換氣時，腿部會造成多餘的水阻。如同開車一樣，所有分散的要素會在一開始讓你的心理超載。因此下述的技巧將幫助你把這些要素分解，個別精通後，再將它們互相配合起來。最後加上良好（或完美）的時間點，你能讓游泳成為鐵人三項比賽裡不再令人畏懼的強項。

改善測試

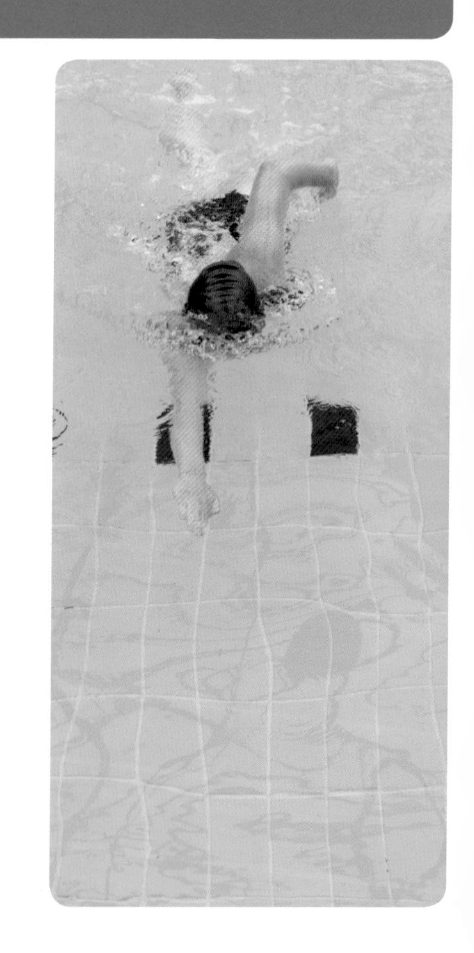

在第一次的游泳課程，我總是要求學員游一、兩段長度，讓我可以評估他們的泳姿。我也讓他們計算自己划了幾次動作。通常在 20 ～ 25 公尺泳池划手次數的範圍是 18 ～ 30 下。然而，我會期望他們在經過訓練後，划次能降至 12 下，這能顯現他們每一次動作所產生的力量和滑行距離都有精進，也能減少更多阻力。你自己可以每幾週就測試一次動作次數，以確認你進步了多少。

成功的滑行

每次划手動作行進的距離越長，所需要的划手次數就越少。旋轉身體到側邊以降低正面的水阻能使你的滑行距離達到最長。要確保你的動作強大到能夠滑行，並藉著良好的抓水和推水動作，以最少划手動作次數游到每段相同距離為目標。雙手輪替練習法（Catch-up）或是四分之三的雙手輪替練習（見下述技術介紹）會產生一個長距離的划手動作，也表示需要的划手動作次數更少了。最後，不要依賴你的雙腿——良好的游泳動作主要是在於手臂！

游泳的技術練習

當我教導游泳初學者或需要徹底改變某人的動作時，一般會使用游泳輔助工具——浮板、浮球、蛙鞋等。我尤其會用這些道具再訓練游泳動作的某個步驟，藉由捨棄動作的某一步驟讓泳者能夠專心在我想訓練的部分。最常使用的游泳輔助工具是浮球，一個可以放在大腿之間的泡棉漂浮物，讓雙腿不需要像平常一樣踢水（或完全不需要）就可以浮起來；穿於腳上的蛙鞋；讓手握住的浮板；還有划手板，可以套在手掌訓練划手動作。

游泳輔助工具是增加力量的好方法，並且讓你超越所選擇鐵人三項比賽游泳距離的速度。輔助工具為游泳距離和當地游泳池長度增加了多樣化，也可以使你的動作姿勢進步（如果使用正確）。但是太過依賴或只單獨、拙劣地使用輔助工具，會阻礙你的游泳動作。因此請好好的研究這些工具，或是請教練指導其正確的使用方法。

雙手輪替划手

雙手輪替划手練習法是我個人最喜愛的技巧訓練。不管學員程度如何，它都有助於使划手姿勢更完美：雙手輪替練習法讓游泳動作變慢，姿勢看起來流暢，且滑行距離最遠，並且讓身體在水中延伸拉長。它也會防止泳者的手臂動作像齒輪般機械化，讓它們能獨立動作。

用緩慢的動作游泳，並在抓水動作時盡可能抓越多的水。一隻手臂維持延伸的姿勢，而一隻手臂動作。直到可以開始划水動作前，正在動作的手臂必須是「緊隨」或「銜接上」維持延伸的手臂。如果你發覺這個動作很難做到，先使用浮板練習：當一隻手在作划手動作時，另一隻手拿浮板，然後交換。

浮球放在大腿之間的雙手輪替划手

◆能將所有注意力集中在上半身，而且增加的不穩定性能加強訓練核心肌群。

使用浮板的雙手輪替划手

◆如果你覺得沒有額外的浮力就無法表現得好，浮板可以增加你的信心。浮板能使動作速度變慢，並使每隻手臂完全獨立活動，讓你可以感受到力量或動作之間的差異性。

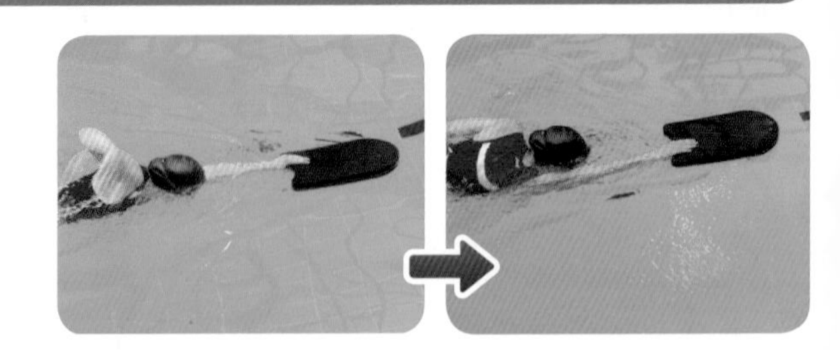

穿蛙鞋的雙手輪替划手

◆以靈活的腳踝增進完全直腿式踢水，來增強划手動作。在練習時用較快的速度游泳是有益的。

使用划手板的雙手輪替划手

◆強調划手的力量，且是由闊背肌群發力。

單臂游泳

通常在雙手輪替划手之後才進行此項訓練。此訓練只使用一隻手臂游泳，另外一隻手臂則保持延展姿勢。單臂游泳能減慢划手動作，並個別訓練雙臂，對於問題動作的修正和增加爆發力與滑行動作很有效。

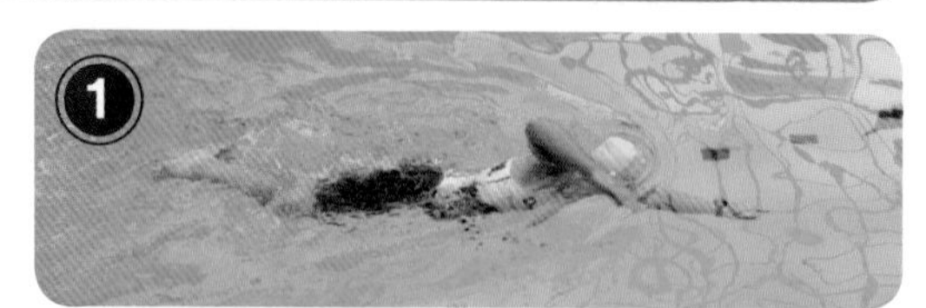

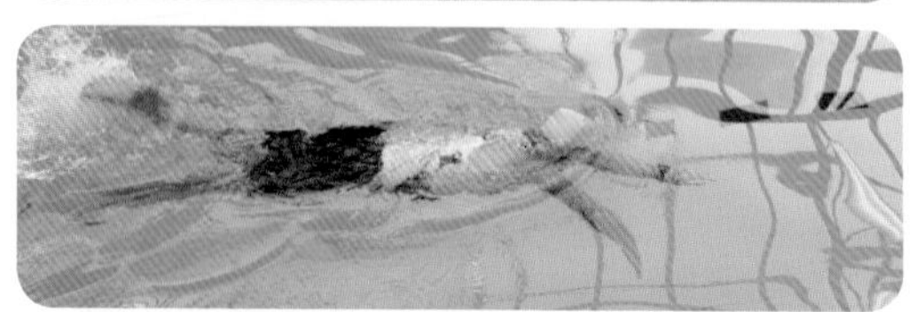

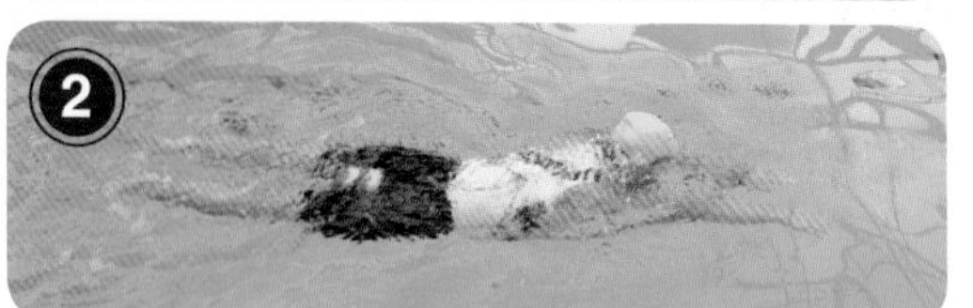

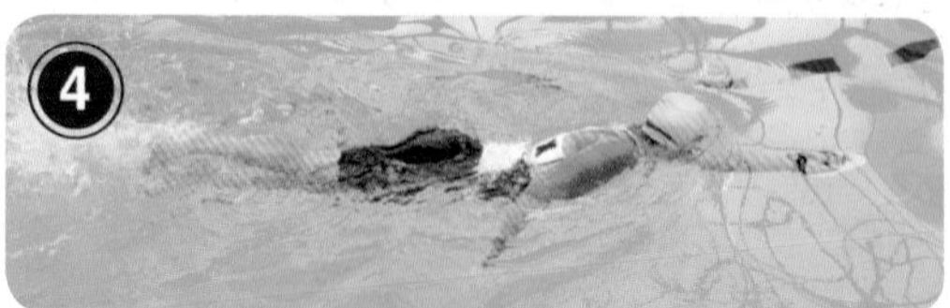

變化

◆ **使用浮球**

增加不穩定性使核心肌群的訓輛強度增加。讓動作完全獨立，以確實觀察手臂如何運作。

◆ **使用浮板由伸展的手臂握住**

如果需要的話，浮板會提升信心和浮力。

◆ **使用划手板**

增強划手的力量並由闊背肌群發力。

不踢水游泳

游泳者僅使用上半身游泳，彷彿腰部以下完全動不了。腿部在水中維持下垂／拖曳的狀態。對上半身來說是很艱辛的訓練，會迫使泳者必須做強而有力的划手動作。在浮球的訓練課程之前操作這項練習會是很好的選擇。

變化

◆ **使用划手板**

增強划手的能力並由闊背肌群發力。

手指頭掠水

用手指頭（在指關節以下）劃掠過水面來游泳。在做手臂回復動作時，這會迫使手肘抬得較高，防止任何手臂的劃圈動作（這會使手臂回復動作變得混亂；造成游泳者在水中的不平衡）。

變化

◆ **使用浮球**

可以讓划手動作完全的獨立出來，就不需要再為腿部動作而分心。

側邊游泳

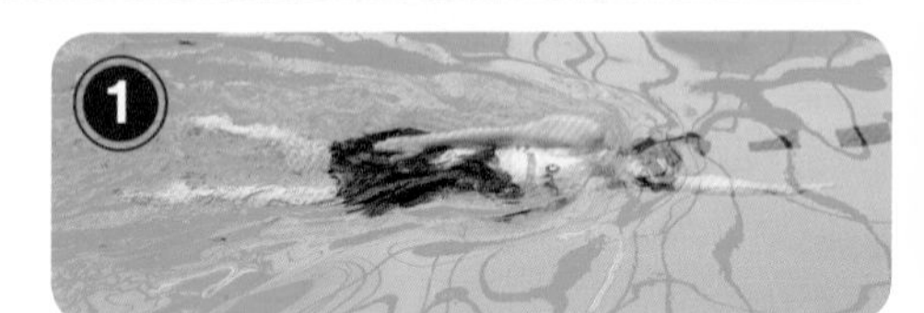

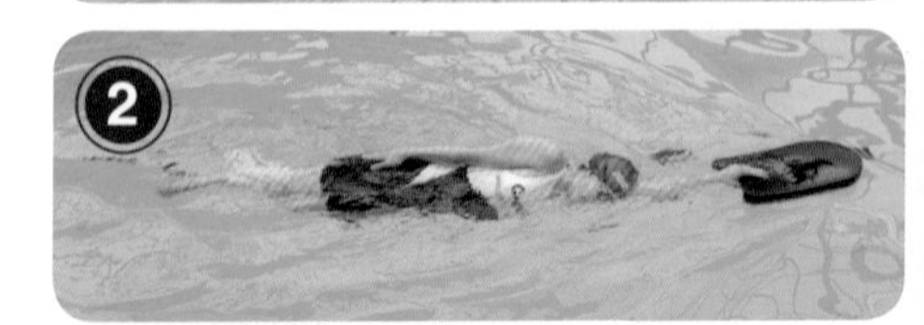

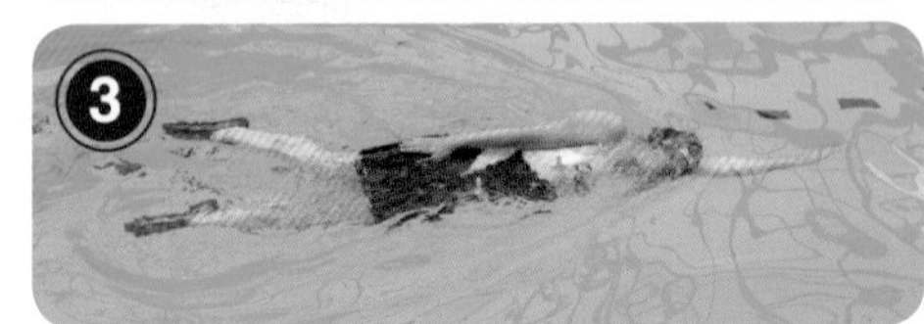

側邊游泳加強身體在水中的平衡和旋轉。側邊游泳對非雙邊換氣的游泳者有益處，能訓練雙邊換氣。另外側邊游泳是測試踢水時雙腿是否平直或從膝蓋開始踢水，以及增進水中平衡感的一個好方法。練習時一隻手臂保持向前延展，另一隻手臂則平放身體側邊或臀部上。

變化

◆ **使用浮板由延伸的手臂握住**

提升浮力和信心。

◆ **使用蛙鞋**

以靈活的腳踝增進直腿式踢水的動作發展。

握拳游泳

這項技術練習會迫使你使用前臂在水中推進身體，因為它增進前臂對水的「水感」，讓前臂成為抓水動作的一部分。握拳游泳是一個很好的教學方法，教導你在不使用手掌的情況下，如何游地更有效率。最重要的秘訣是將緊握的拳頭瞄準游泳池底，如此一來，前臂便可像划手板一樣協助你前進。

變化

◆ **使用腿部浮具**

使你完全專注於技術練習上，而不用擔心腿部動作。

手指張開游泳

很好的緩和運動或暖身運動，常被專業的三項運動員作為在湖中游泳的暖身運動，因為不會太疲勞就能促進血液流動。

變化

◆ **使用腿部浮具**

使你完全專注於上半身的動作。

捷式踢水

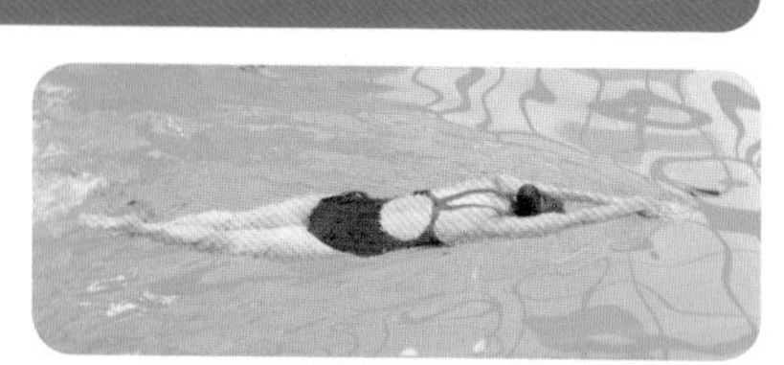

專注踢水動作源自於臀部，而非膝關節。每 5～10 秒呼吸一次，以減少頭部抬起來的次數。

變化

◆ **使用浮板由延伸的手臂握住**

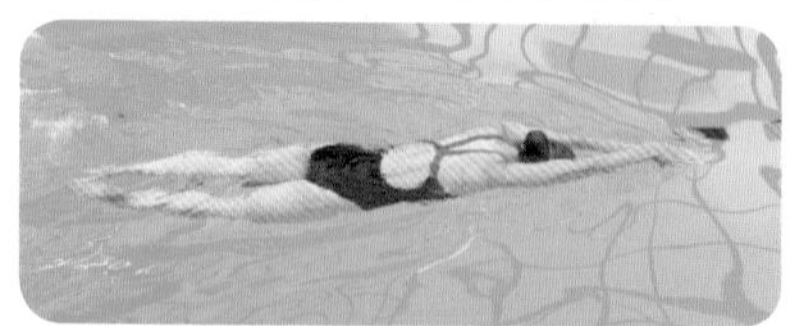

因為浮板會提升泳者的浮力和信心，這是最一般的練習方式，特別是對正在學踢水的人。其實，就算沒有浮板還是可以做這個練習。

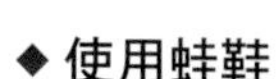

◆ **使用蛙鞋**

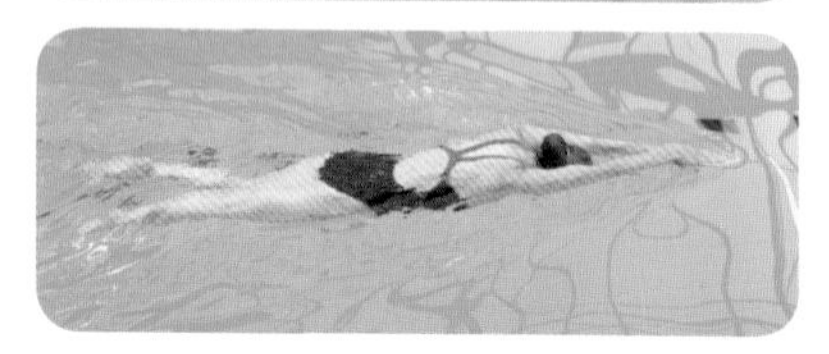

利用靈活的腳踝充分發展直腿式踢水動作。蛙鞋讓游泳練習的速度較快，對游泳者是有利的。

仰式踢水

仰式踢水是我最喜歡的踢水技術練習，因為人們可以隨時進行呼吸。比起捷式踢水，仰式踢水使臀部打水動作更完美。

變化

◆ **使用浮板由延伸的手臂握住**

利用靈活的腳踝充分發展直腿式踢水動作。

◆ **使用蛙鞋**

如前述。

強力划水

在泳池中往前走到離池畔 1 公尺遠處，不經蹬牆動作，直接開始游泳。從一個不動的狀態開始划水，培養游泳所需的特殊力量。為避免肌肉拉傷，必須確實的做好暖身運動。

變化

◆ **使用划手板**

增強划水的力量，並由闊背肌群來發力。

輕敲／輕敲入水

在手臂完全入水之前，手臂回復動作的手指碰觸肩膀上方，緊接著是頭部。此技術練習對划手動作的減緩和糾正不佳的高肘手臂回復動作很有幫助。

變化

◆ **使用浮球**

增加身體核心的不穩定性，讓注意力集中於上半身的動作。

拇指頭碰觸腋下

與輕敲／輕敲入水和手指末端掠水相似，拇指碰觸腋下的設計是為了減慢划手速度和使游泳者專注於高肘的手臂回復動作，特別是避免直臂的回復動作。

變化

◆ **使用腿部浮具**

由於不穩定性，可以加強訓練身體核心，同時也可以完全地專注在上半身的動作練習。

綜合搭配

你最需要思考的是游泳動作有哪部分還不足？哪一種技術練習對你最有幫助？有些課程只需在每個技術訓練中游二至八趟，然而，有的課程則注重在那些會增進你個人化動作的技術訓練。偶爾結合不同的技術訓練會有幫助：嘗試在兩手之間傳遞浮板來練習雙手輪替及手指末端掠水的動作。這樣的結合會減輕無聊感以及為動作的發展增加另外的變化。

游泳池轉身游泳

無論你相信與否，當你在游泳池比賽時，比賽的勝負之差可能就在每次轉身的表現。一個良好、強而有力和流暢的轉身可以讓 1.5 公里的游泳時間縮短幾分鐘。

有兩種被公認為典型的泳池轉身方式。這兩種方式不僅都會為你節省時間，更可以增進你的技術。這兩種方法為觸壁轉身及滾翻轉身。

在我們探究這些方法之前，請記住，在很多地方（英國是最主要的例子），以游泳池為主的比賽比起開放水域比賽多更多。因此你的轉身能力和有效的蹬牆應該會是首要的任務，特別是考慮到轉身所能造成的差異性。

完美的蹬牆

在以游泳池為主的鐵人三項比賽前幾周，如果有人來找我改善他的泳技，且他的游泳姿勢沒有什麼問題的話，我通常會加強他的蹬牆動作。因為這是一個在游泳時能縮短時間的最好方法，而不用花費大半時間在其他方面的練習。

觸壁轉身

對很多人來說，觸壁轉身並不如一個良好的滾翻轉身來的快速且有效率，但觸壁轉身並不需花太多時間練習就可以達完美的功效。游泳時的出發與每一次轉身時，蹬牆應該要迅速、強而有力且優雅。這將會使水中的滑行距離達到最遠，運用雙腿並確保每段游泳距離的划手次數最少化以減輕疲勞。良好的轉身所產生的動力可以維持動作的節奏性並幫助你加快速度。

1. 觸壁

在你接近游泳池的池壁時，做最後一次划水動作後，保持另一手／手臂向前延伸，以便接觸游泳池的池壁。轉身／擺動在你下面的腳以便雙腳抵觸池壁，一隻腳在另一隻腳的上方，大約在水面下 0.6 公尺。另一隻手臂延伸來維持平衡，但兩邊肩膀要盡可能地靠近水面。我稱此為「蜘蛛人姿勢」。腿部膝蓋彎曲約 90 度，準備用力蹬牆游向另一端。

2. 呼吸

與之前同樣的姿勢，確定頭部在水面上並且做一個深呼吸。接觸池壁的手輕盈地拉動上身，讓頭部能夠抬出水面上。當你結束吸氣時，觸壁的手鬆開放進水中，就像東西落下水中一樣。

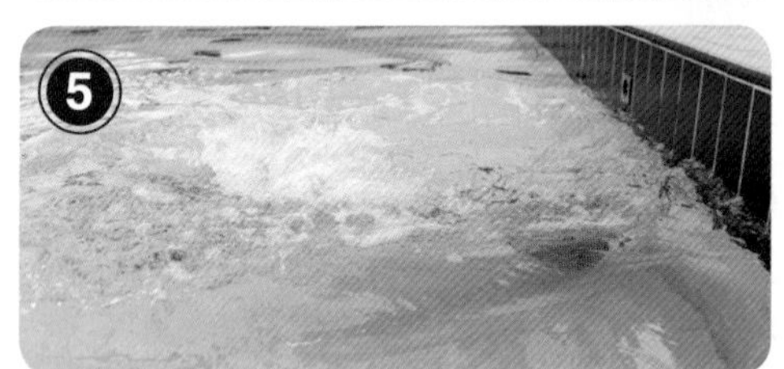

3. 落下

讓身體自然地落入水中：放鬆並維持在側邊，頭部稍微地向後看。觸壁的手現在開始往前移動，與在身體前面的另一手臂會合。

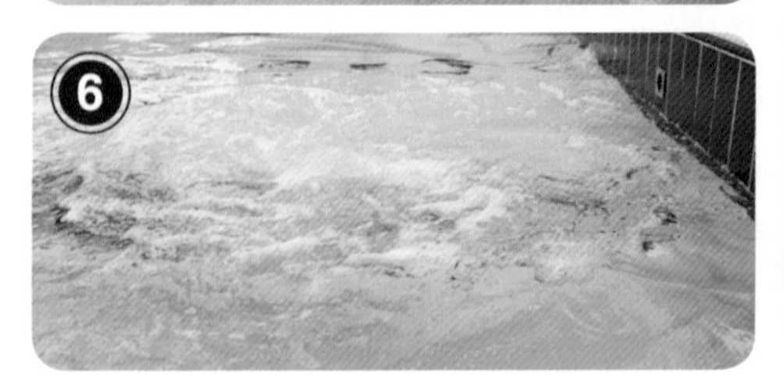

4. 潛入水中

接觸池壁的手在你頭部的上方入水，並與另一隻手臂會合。為了確保一個直線的姿勢及減少阻力，整個身體必須沉落到腳部蹬牆位置的高度上。在頭、臀部、膝關節和腳全部尚未成一直線之前，不要有任何的蹬牆動作。這個姿勢必須讓身體像個捲圈彈簧、雙手交疊在一起，就好像是要潛水一樣。

5. 蹬牆

運用腿部最大塊的肌群，使身體在水中往前推動前進。平均地運用雙腳蹬牆是非常重要的；不要單一使用慣用腳是很重要的一點，否則會導致一個向上或向下的驅動力來取代直線的動作。避免浮出水面也很重要，因為擾亂水面會導致過多的阻力且降低了你的速度。身體保持側面並與頭、臀部、膝關節和腳踝呈一直線。

6. 伸展

一個完整的伸展對某些人（體操運動員、舞者等）來說很簡單，但對其他人（自由車選手是最主要的例子）來說卻不同。如果你也是其中一員的話，那麼在健身房有鏡子的前方墊子上躺下來，在游泳池外練習「伸展的」姿勢，直到確定你已將此動作學好。身體必須完全且充分的伸展，手臂筆直、手呈現「潛水」姿勢、把頭部縮在手臂裡、腿部打直、腳尖朝下，以及很重要的是，核心必須保持收縮以避免臀部往下落。在這個位置時整個身體面依然是直立起來的狀態，不須做划手或踢腳的動作。只要放鬆並讓滑行持續運作。

7. 水面下的滑行

在這一階段，務必保持放鬆且不要太早做任何動作。有些教練會鼓勵你在心裡默念（如一隻老虎、兩隻老虎，或是 1234、2234 等）。最重要的是在開始踢水前確實地等待，以便可以滑行到最遠距離，並因大腿強而有力的推蹬讓身體能在水面下加速推進。在踢水前的這段期間慢慢將身體轉往前方。在滑行結束時，你的頭部必須筆直地注視泳池底部。藉由在水面下的練習和自我控制，大部分的人可以在 2 秒內推進至少 5 公尺的目標距離。根據游泳池的大小，一次轉身可能會達到四分之一的泳池長度。

8. 保持滑行

頂尖教練會告訴你，水面下速度的表現始於一個完美的蹬牆，而蹬牆可以使大部分的三項運動員在游泳時增加雙倍的速度，這是另一個運用蹬牆功用和潛力到最大值的強大理由。當注視游泳池底部時，保持完全伸展姿勢，然後慢慢地調整身體角度到浮至水面。此外，身體放鬆且不要急著做第一個划手動作。在做真正的划手動作之前，此時有些人喜歡做「海豚式踢水」來增長滑行距離。這是個人喜好問題，並且牽涉到你的滑行及海豚式踢水動作有多好。新手運動員應該先把蹬牆做好，然而經驗豐富的泳者可以多多嘗試海豚式踢腿。

9. 划手

在滑行結束之前，除了確實滑行到最大距離之外，也開始踢水並做划手動作游出水面，並在正常的一次划手時換氣。持續正常的游泳，並確保下一個轉身做的跟第一次一樣好。嘗試海豚式踢水。

滾翻轉身

如果你有時間將滾翻轉身做到完美，它將會是最快速的轉身方法。然而要將滾翻轉身做到完美並不容易，它需要花費時間和體力來做重複練習。不佳的滾翻轉身，不但緩慢且看起來一團糟。假如你正要學習滾翻轉身，最好是因為你的姿勢已經夠好了，而且有時間練習它，而不是因為想讓自己看起來很厲害才學習它。

很多教練相信，如果你花了很多時間在訓練上，或者是你可能會在游泳池裡比賽，那麼滾翻轉身是必須具備的技能。話雖如此，很多三項運動員會爭辯說他們是在開放水域比賽，在那裡滾翻轉身根本派不上用場，那幹麼浪費時間學習它呢？雙方觀點各有其擁護者。滾翻轉身將會增強你的信心和空間感，不論是在游泳池或開放水域，滾翻轉身也確實能幫助游泳的體能、速度及前進。但是比起練習滾翻轉身，更該優先練習游泳姿勢，使其達到完美。因為當你在開放水域比賽時，這將會是真正導致成敗與否的因素。

如果能有自信的、正確地做出滾翻轉身，確實會使你在泳池游泳變得更輕鬆。與觸壁轉身相較之下，滾翻轉身產生的阻力較少，能為下一趟保留更多的體力。有些人認為，從觸壁轉身更改為滾翻轉身後，由於可以看似輕易地縮短在泳池所需要花費的時間，因此能讓泳者增加信心，當轉換比賽場地至開放水域時可以游得更好。每當提到生理表現時，我絕對是一個「詐騙心理集團」的成員。在陸戰隊那段時間，我學到信念和自信可以使一個人達到超乎自我想像的境界。一位對自己能力有信心的運動員，在比賽時會比沒自信的人表現更好。

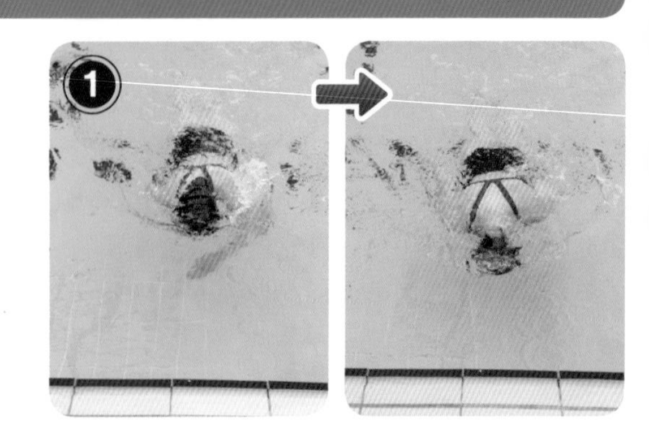

滾翻轉身本身並不困難，但人們容易因為某些原因而做錯。人們不是把滾翻轉身過於複雜化，使它看起來很困難，就是時間點沒抓對，轉身時離池壁距離太遠，因此無法從轉身中獲得足夠的動力來達到應有的效益。

對滾翻轉身來說，時間點就是一切，雖然練習也很重要。這個技巧並不困難，它是先做一個簡單的向前翻滾及八分之一的旋轉，讓你的身體介於側身及面對天花板之間，然後蹬牆。

和所有的困難技術一樣，將它分解為幾個階段會有助於學習。滾翻轉身包含以下五個階段：

1. 靠近

- 要快速且有自信。任何猶豫不決和隨之而來的減速都將會導致一個不良的轉身。運用接近池壁的速度「反彈」是很重要的，能使轉身穩固且快速。如果轉

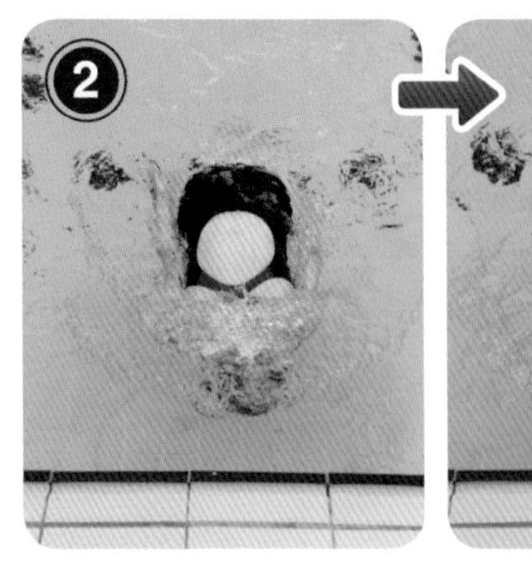
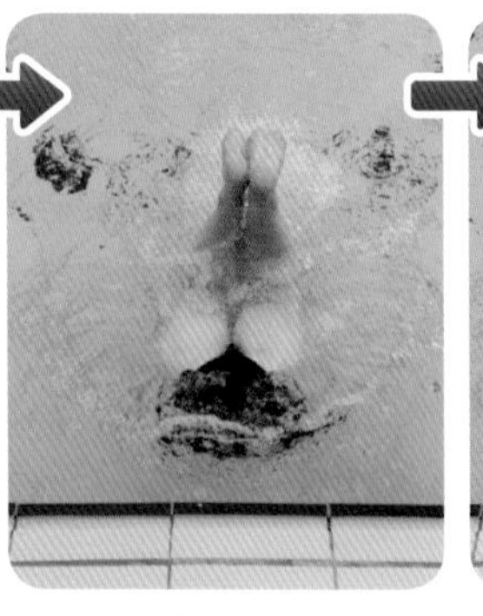
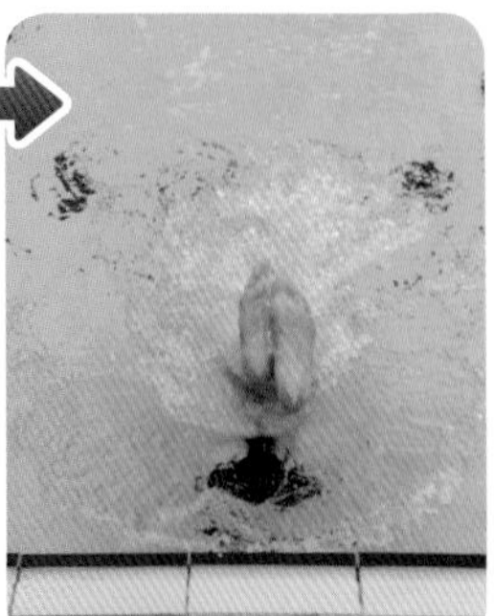
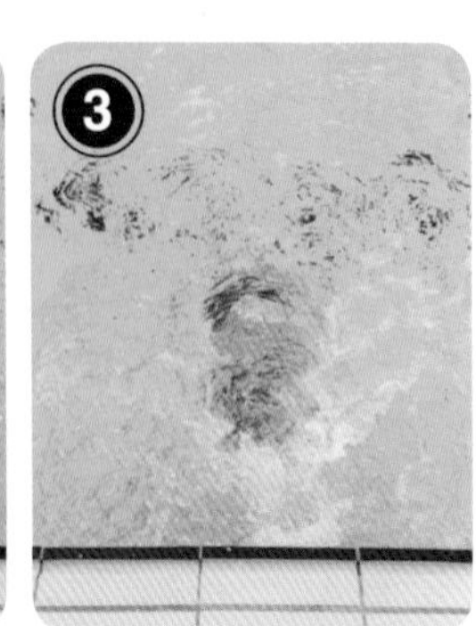

身太慢，就無法將池壁的反作用力轉換到下一趟的蹬牆。

- 記住標記。每一個游泳池的底部末端都應該有一個標記，讓你知道你正在靠近池壁。利用這個標記來啟動正確的轉身時間。一般習慣是在通過標記後再划手一次就可以開始轉身，但實際狀況還是取決於游泳池大小。
- 在最後一次划手動作中，把沒有動作的手臂放在臀部旁邊（完全划水後的最終位置），為了做轉身動作，將划水的手臂推向同一個位置然後開始轉身。
- 就像前滾翻一樣，將頭部朝向胸部，下巴收縮，然後開始轉身。

2. **轉身**

- 完成前翻滾。在一條直線下，完成一個完整的滾翻。直到你的動作結束前，不要試圖去旋轉身體。
- 將膝蓋縮在胸部，腳部彎曲腳掌在臀部後方，並保持這樣的姿勢。
- 如上述，但當身體開始旋轉時，手掌由臀部開始向下推水以幫助旋轉動作的完成。
- 頭部應該跟著滾轉，結束後與手臂保持在同一水平線上，當蹬牆動作開始時，準備在水中快速前進。
- 雙腳此時應該在水面下正好朝向池壁，腿部呈現 90 度的彎曲且大腿與池壁平行。將雙腳放置在池壁，面對天花板旋轉約 45 度角，而不是直接面對著上方。

- 此連結動作完成後，快速伸展雙腳和手臂，開始蹬牆。

3. 蹬牆
   - 透過你的腳蹬離池壁，但是保持在可控制的方式下，使自己迅速地接著下一趟游泳。
   - 因為腳掌放在池壁面會有一個角度，在蹬牆往前的時候應該可以輕鬆的旋轉。這動作必須要很自然。
   - 將手臂往前延伸，腳趾如同雙腿一樣都打直。想著流線型（或是像我告訴學員的一樣：「成為一個魚雷」）。
   - 確認你的推進是呈一直線，不是向上或向下。這通常是與腳掌放置的位置有關，會直接影響到蹬牆的角度。如果做錯了，你的蹬牆將不會是一直線。
   - 旋轉。將上方的腿往下，下方的腿往上，讓身體結束旋轉動作到捷式漂浮姿勢。保持流線型並加速到最快。

4. 滑行
   - 在完成前述的旋轉後，讓身體成為流線型的姿勢，並增長滑行的時間。不要太早開始動作而阻斷加速，同樣地不要停頓過久而停止滑行，那樣會失去所有在轉身時所產生的動力。
   - 跟觸壁轉身一樣，在開始動作前默數兩秒（1234、2234，划手）。
   - 踢水。踢水通常會在滑行的中途就開始，為了確保兩腿不要開始往下沉和產生阻力。所以，1234 踢水，2234 划手。

5. 動作／出水
   - 第一個動作稱為出水，因為出水是一個強大穩固的划手動作，它將會使頭頂朝向水面並突破水平面。
   - 時間點是很重要的。觀念上在划手動作的過程中，頭部應該就要破水而出。

我在雜誌上讀到的最好建議指出，當游泳 1 英里時，在 20 公尺的游泳池必須要有 79 個轉身，或是在 25 公尺的游泳池需要有 59 個轉身。在每個轉身時，善用這些技巧來練習滾翻動作。記住，「完美練習才能長久」。

開放水域游泳

當我們在度假時，除了在海邊大約 50 公尺處來回的游泳，開放水域游泳對大多數的人來說是一個新的體驗。但一如往常，經驗讓我們看透每件事情。如果你從來沒有在開放水域比賽，沒什麼好怕的，就開始練習吧！在不到 30 分鐘之內你將會擁有一次豐富的體驗！

除了寒冷、迷失方向和較不能掌控的環境（或至少有這種感覺）外，其實在開放水域游泳沒有什麼太大的不同。訣竅是確定你有信心做好踩水。你可以把它當作一天的一個暖身運動，走到游泳池最深的地方，然後踩水 10 分鐘。它是我在部隊的一項游泳課程中，著衣游泳 500 公尺後所作的測驗。踩水確實非常辛苦，但它是一項值得擁有的技術。

穿衣服的訓練／穿防寒衣的訓練

詢問當地游泳池的經理或是救生員，是否可以允許穿著一件 T 恤和寬鬆的短褲游泳，然後再加上防寒衣。使自己習慣於防寒衣所帶來的自然性限制和衣服所帶來的阻力，將會讓你在開放水域游泳時更有自信心。

如果你是一個能力較弱的泳者，穿防寒衣游泳其實有它的好處。尼奧普林的合成橡膠材質會增加浮力，使你較易浮出水面，也能使你產生較少的阻力並滑行的更多一點。合身是基本要件，就像穿著鐵人三項（不是衝浪或是乘船航行）服裝一樣（見第 86 頁）。因為服裝會稍微約束肩膀四周的動作，你將需要多一些轉動和擺動幅度，讓回臂和划手動作延伸加大。但這不是問題，因為你滑行的越遠，所需付出的體力就會越少。由於雙腿位置稍高，所以可能需要小幅

的踢水，但是增加的浮力表示每次划手動作只需要兩拍踢水就能讓腿部持續浮起。

直線游泳

理論上你應該可以直線游泳，但大部分人的生理構造是不平衡的，身體的其中一側會比較強壯。這代表我們其中一邊抓水動作的力量會比較大，因此在那一側會有較強的推進力。在一連串的划手動作、幾百米的游泳之下，這當然會使身體向左或向右偏，划手時沒有經常觀測和重新定位，將造成很大的偏離。

如果你不能直線游泳，你可能會比其他可以直線游泳的人多游 25 ～ 30% 的額外距離。速度無法解決直線游泳的問題。有時

提早計劃

「事先妥善的規劃能防止不佳的表現」。提早到達比賽現場，準備轉換時所需的裝備，然後預先查看你的游泳路線。在比賽結束時你會慶幸自己做了這些準備。

候你寧願抬頭查看和確認你是否在正確的路線上，而不是在整個比賽中低著頭彎彎曲曲地游，這樣游泳距離會超過你的預期。

你可以在游泳池做一個小小的測試，閉著眼睛在游泳池底部的水道線上游泳。最好在安靜無人的泳道上做這個測試。游六至十次的划手後，睜開眼睛看看你在哪裡。如果你恰恰好在水道線上，那很棒。重複這個過程，如果你連續都能維持在直線上，你就可以休息了。確定你可以直線游泳，就不需再過度的努力。

地標

地標觀測定位是在開放水域游泳的成功關鍵，但請明智地選擇你的地標位置。游泳的地標觀測定位必須盡可能的與浮標路線一致，你可以從水中看到地標且它不會移動。記住，船是可以移動的，它恰好停泊在一個好的觀測位置，並不代表它 30 分鐘內還是會一直停留在那裡。建築物、樹木和固定不移的物體才是你最好的選擇。

最好的觀測定位地標是不管水面多劇烈，你依然可以看見它們。高壓線電塔、懸崖、天線和防波堤是最佳選擇。選擇一個最大、最清楚可見且不可移動的物體，就算海況不佳，你依然可以朝上匆匆一瞥就發現它，而不須你連續做了兩、三次划手動作，且保持頭部抬起才能看到它。

泳鏡

第 87 ～ 89 頁有詳細的泳鏡介紹，但在這裡值得再次強調，選擇一副合適且正確的泳鏡極其重要。當你正在游泳池訓練或甚至比賽時，是有可能脫掉一副滿是霧氣的泳鏡，清理之後繼續游泳（不理想，但可以這樣做）。然而，在開放水域比賽時，無論在何處都應該盡可能避免這樣的行為。所以確保你的泳鏡不會太老舊且符合游泳條件，例如是否能適應光線。如果你戴的泳鏡不對，或易於起霧甚至漏水，觀測定位地標將會是一個問題。

另一個我在鐵人三項雜誌所讀到的泳鏡祕訣為，在戴上泳鏡之前，用將要比賽的水潑濕你的臉。這會冷卻皮膚的體溫，使其接近於泳鏡溫度，讓兩者溫度相近以預防起霧。

適合觀測定位的游泳姿勢

有兩個主要的方式讓你邊游泳邊觀測定位地標或浮標。只不過第一個方式對速度和動力產生的影響較大，因此會使游泳更加疲勞。而第二個方式，雖然對划手動作的影響較少，但卻較難執行且需要練習。

結合觀測定位與換氣

這個技巧讓你抬起頭換氣時可以往前看。這明顯地與我們通常所學的游泳方式完全相反（如為了維持好的水平姿勢，要往側邊呼吸），會這樣做是有充足理由的。如我們所知，當我們舉起頭時，腳會下沈並產生相當大的阻力，且減少動力。這是在做此技巧時確實會發生的事。當你抬起頭觀測定位，腳會下沉，然後產生阻力且喪失很大的動力。然後頭部再度往下，接著需要很賣力地來恢復失去的速度。這非常的累人，特別是當你需要重複執行它時。更不利的是，若時間點抓得不對（游泳者幾乎無法控制），像是當要舉起頭部觀測定位並換氣時，大浪卻撲向你的臉，讓你既無法換氣也觀測不到東西。儘管如此，觀測定位和呼吸技術還是有用，特別是在平靜水域時。

緊跟著浮標

很多初學者對浮標敬而遠之。這不僅會使緊跟著你的競爭者在內線超過你，更會增加寶貴的比賽時間秒數。

將觀測定位和換氣分開

一開始這個技巧比較困難，因為與直覺相反（如果你抬頭，你應該呼吸），但只要稍加自我控制和練習，這個技巧很快就會變得自然，且它會有明顯的效益。這個技巧不僅使觀測定位可以進行，並能使泳者維持在好的水平姿勢，且讓腿保持在高處，所以動力和划手動作的速度較不易被干擾。

開放水域游泳的轉身技巧

想像一下，你在第一次的鐵人三項比賽時表現非常好，你超越了周圍的選手，但有一位泳者卻緊追不捨。或者你感覺游得很順利，覺得只要繼續保持動力，這次比賽將會成為你個人的最好成績。此時你意識到自己正接近浮標，比賽輸贏將取決於你的轉身動作！

有兩個基本且「正確」的方法使你通過這個小阻礙：掃划轉身和翻轉轉身。對於這兩個技巧，你不僅需要練習以確保可以自在的運用它們，還必須在毫不猶豫或減速的情況下接近轉身點。全速衝刺並與浮標保持在一直線上。

如果沒有順利通過，在轉身時將會喪失大量的時間。跟任何事一樣，如果在比賽前不練習，之後它將會一直困擾著你。

掃划轉身

當說到正常的划手動作時，掃划轉身包含將手臂「掃划」到側邊而不是身體下面。這個動作結束於轉身時的外側手臂，而不是內側的手臂。藉由往前延伸手臂，然後朝身體外側掃划，致使身體被推到轉角的那一側。可能需要做超過一個掃划動作來完成完整的轉身。

◆ **優點**

- 容易執行。
- 容易學習。
- 可以緊跟著浮標。
- 很難犯錯。
- 使「超越者」遠離你的手臂。

◆ **缺點**

- 需要相當多的體力。
- 在一群人中較難達成。
- 較不適合 180 度轉身。

◆ **完成一個掃划轉身**

1. 當你的頭接近浮標時，用你的外側手臂掃划。
2. 當要通過浮標時，持續掃划。
3. 一旦通過浮標，如果需要的話，導正你的路線，然後繼續和平常一樣游泳。

翻轉轉身

是一個既節省體力又快速的良好轉身，但需要練習以確保它比你的掃划轉身還要快速。

◆ **優點**

- 節省體力。
- 對 90 度和 180 度轉身而言最理想。
- 不需花費太多精力。
- 快速。

◆ **缺點**

- 需要練習。
- 經過浮標時，需要額外的划手一次。
- 在密集的人群中難以做到。
- 喪失動力。

◆ **完成一個翻轉轉身**

1. 維持全速接近，確認你的路線並緊密的保持在同一條線上。
2. 經過浮標時，做一個全力的划手動作。
3. 轉動身體到背面，然後舉起手臂做一個簡單的仰式划手靠近浮標。
4. 將外側的手臂越過胸口且轉動背部到你的正面，以改變方向至新的路線。
5. 努力的游以便盡快加速。

游泳時的跟游

游泳時的跟游和賽車時汽車駛過所產生的氣流一樣。游泳、騎自行車和跑步時都會發生，但既然我們先介紹的是游泳，就在這裡先行說明。開始介紹前，我必須先強調這雖然會發生於游泳和跑步，但在騎車時則是不被允許的（大多數情況下）；因為騎車時的速度較快將會給予「跟騎者」太多好處，這被認定為不公平。

1. 游在其他泳者後面，藉由他們的推水所產生的尾流效應，可以讓你減少能量消耗，且真的可以縮短游泳所耗時間。因此這是值得去做的，它可以節省不少你騎車和跑步時所耗的能量。
2. 或許不像游在腳後一樣有那麼大的影響，但臀部跟游（緊靠著前面競爭者的臀部游泳，而不是在他們的腳後面）也有類似的效應。臀部跟游使游泳者的視線較為清晰，因為沒有泡泡或腳在你的面前，可以看見一條清楚的路線，在集團內也比較輕鬆。

確保你跟隨的游泳者是往正確的方向，如果不是，你將會跟著一起游到錯的地方！

在俱樂部玩追逐遊戲

不管是在游泳俱樂部、鐵人三項俱樂部，或只是一群愛游泳的朋友，在游泳池或是開放水域聚集練習跟游，並輪流擔任領游者。這使你體驗當領游者和跟游者的感覺。在比賽前這將是無價的訓練。領游者可以穿戴划手板或蛙鞋來讓自己游得更快一點。

結論

所有上述零零總總都沒錯：你可以滾翻轉身、穿防寒衣游泳，實行所有的游泳技巧練習且可以不用換氣就觀測定位。然而，你真的能夠正確地游好捷式嗎？如果在比賽結束時，你是因為泳技而失敗，將會是很大的損失。所以，我們以游泳技巧要點作總結：

- 頭部固定、往下，眼睛看向 45 度角。
- 腿部與身體呈一直線，腳踝伸展且放鬆，而且不是用膝蓋來踢水。
- 當腳趾朝後，從臀大肌／髖部開始踢水，而非用膝蓋。
- 旋轉身體使肩膀離開水面、手臂向前延伸，保持兩邊均衡。
- 當手臂已進入水中，維持手臂伸展一些時間，直到另一隻手臂越過頭部。
- 手肘彎曲以產生一個強壯且穩定的划手面。
- 當製造出划手面後，做一個 S 弧線划水動作以「抓住」水面，並且驅動身體向前，同時與另一隻手臂做旋轉動作。
- 在結束時，伸直的手臂伴隨三頭肌伸展完成快速且強而有力的划水動作。
- 高肘讓回復的手臂，其前臂放鬆地懸掛著。手臂回復動作是靠近身體側邊來做，這是最快速的路線。
- 手指，然後手腕，緊接著是手肘，在頭部中線與肩膀之間，及位於頭部前面 30～60 公分的地方伸進水中。

如同前面講了很多次一樣，我再重申一次，練習才能將正確技術固化。因此在你達到這個境界之前，請再次確認你的游泳動作是否正確。

第6章

騎車

騎車就像是三項運動中的榴槤一樣──你不是愛它，就是恨它。它最貴，最耗時，而且在距離上的比重也最重。人們若不是期待訓練課表中的長距離騎乘，就是對於在自行車上要待那麼久這件事想到就害怕。

有人著迷於將他們辛苦賺來的錢花在各式裝備、升級、更新上，讓自行車真的變成一種嗜好，但也有人連拿車去維修都感到麻煩，更不用說買條新的內胎並練習換胎。所以我必須再說一次，「了解你自己」：如果你愛它，就承認它，並試著限制你每個月或每年花費在自行車上的金額；如果你討厭它，那更該「訓練你的弱點」──練習騎車、換內胎，並在該花錢的時候就花，讓成績更快速，訓練過程也更順暢。

騎車真的是一項器材就能造成表現差別的運動。跑鞋和泳鏡確實會對跑步和游泳造成一些差異，但並沒有那麼顯著。而一台自行車的好壞卻能大幅影響你的騎車表現。

自行車

雖然一台昂貴的自行車可能會更輕或更快，但車價並非是造成此差別的原因。它的尺寸必須正確，安裝妥善，且最重要的是必須機能良好。

要完整了解該如何安裝一台自行車，首先你必須認識其零件：

如果你只是要比一場衝刺距離鐵人三項賽，而且沒有自行車，那去借或租一台就好，別買。

鐵人車與公路車

對任何想買一台自行車的三項運動員而言，最困難的問題就是該買鐵人車還是一般的公路車。多數的鐵人車售價都超過新台幣5 萬元，如果你只是為了一年一次的鐵人三項賽而買，而且每年只會訓練兩個月，那麼一般的公路車對你而言比較合適。有很多價

GIANT Trinity W 鐵人車

GIANT Propel Advanced SL 空氣力學公路車

格低於 5 萬元的公路車可選擇，可以問問附近的自行車行或是上網尋找。（上一次購買新車時，我先確定想要的是哪一台，然後等到新的顏色塗裝出來之後，才下手去買舊款顏色，省了一半的錢！）

在買公路車時，確認把手高度要低一點，並且可以輕易地使用三項把。你可以花費 5 萬元或者更多錢在一台普通的公路車上，讓你覺得物超所值。在長距離的公路訓練時，公路車會比鐵人車或計時車來的舒適與安全。

不過，如果你騎車純粹只是為了鐵人三項賽而做，而且你傾向在平路訓練的話，就將你的錢投資在一台好的鐵人車上並習慣低風阻姿勢吧。

碳纖維與鋁合金

車架通常不是鋁合金就是碳纖維；兩者各有其優點與缺點。首先，碳纖維遠比鋁合金輕，但價格和品牌的確會造成差異——一台好的輕量化鋁合金車架有時候會比廉價的碳纖維車架還來得輕。兩類車架之間的耐久度也有相當的差異。許多碳纖維製造商提供終身保固，而鋁合金車架大多提供五到十年的保固。但實際上，到了那時你可能早就準備升級到更「完美」的車架了。

最主要的不同是鋁合金車架比較不舒服；你會全程感受到所有的顛簸，而碳纖維車架則會吸收掉某些衝擊，讓騎乘過程更平

坐墊包／便當包

這些小包可以安裝在坐墊下方或是上管，很適合用來放置補胎片、備用內胎、挖胎棒及補給品。

輪子

盡可能使用競賽輪子。輪框越高就越符合空氣動力學，但會使自行車較難操控，且在爬坡時會較重。如果你有一台鐵人車的話，那就換上高框輪，把普通的 40 ～ 60 毫米輪子留給公路車。

渦輪訓練台

這是一種裝設在自行車後輪底下的滾輪支撐器材，可以將你的自行車變成原地固定的運動車。取決於你想要的回饋，還有渦輪訓練台的可攜性，基本款的售價約從新台幣4,000元起跳，最高階的則要4萬元左右。

前置水壺
可安裝在手把上且有吸管的水壺，很適合比賽時的補給。其設計也代表你不需要變動你的空氣力學姿勢。

三項手把／空力手把
如果你正在考慮將鐵人三項當作你的運動項目，空力手把就是必需品，除非你只參加爬坡路線的比賽。空氣力學手把會讓姿勢趴低縮起，代表你將會省下時間與能量。

卡式踏板轉換座
兩項選手（跑／騎／跑或騎／跑比賽的參加者）通常不太會換用車鞋，所以常會用到卡式踏板轉換座。即便是穿跑步鞋，使用卡式踏板轉換座在騎乘時也比起一般踏板更穩固。

卡式踏板
選擇可讓扣片輕易扣上的卡式踏板（如 SPDs），確保你的鞋子和扣片能夠彼此相合。

順。但是，鋁材的剛性意味著人體動力轉換成前進動力的效率較佳，所以某方面而言，鋁合金車架其實較適合衝刺與計時賽。

不過，好的碳纖維車架，其碳纖維編織能夠提供剛性，而路面震動次數較少則可以讓你有較快且較舒適的騎乘。

卡式踏板

如果你只是為了一場鐵人三項比賽而訓練的話，那麼一雙車鞋可能就是浪費錢。借一雙，或者就穿著你的跑鞋騎車吧（可以在第二轉換區省點時間）。不過，如果你已經買了台好車，並計劃今年要參加幾場三項賽的話，那卡式踏板就會是必需品。

就像一雙合適的跑鞋或是一台好車一樣，卡式踏板值得你去信譽良好的車行詢問。確認鞋子適合你的踏板並且是舒服的，向店家說明你是三項運動員，而不是自行車騎士，因為你有可能得用沒穿襪子且潮濕的腳去穿鞋。

將卡式踏板裝上鞋子，確保「卡踏記號的中心」（一條位於大部分扣片的邊緣與中心的垂直線）大概在拇趾球之後0.5公分。一旦兩邊扣片都裝好，確定兩邊的腳趾位置相同，這樣扣片才有對稱。將鞋子穿上，並且把車鞋扣上踏板。確認拇趾球位於踏板軸心之前0.5公分。

橫向的位置（或稱Q係數）是扣片可以調整靠近或遠離曲柄的距離。要正確定位這個部分，必須讓鞋跟與曲柄在踏板轉動時，兩者之間大約保持2公分間隔。騎士的臀部寬度將決定這個距離有多長。

裝好後，踝關節、膝關節和髖關節都不該是扭曲的。如果是，找個人來瞧瞧，看能否找出問題所在，或者是去車行尋求專業的協助。

部分騎士會將扣片移往腳的中央而非拇趾球，因為這可以提供更大的力量。對衝刺或計時賽而言這沒問題，但對長途騎乘與鐵人三項來說就不太理想了。

許多現代車鞋都可以同時安裝Shimano的SPD系統與更傳統的Look系統扣片，但你在購買之前還是得先確認一下。

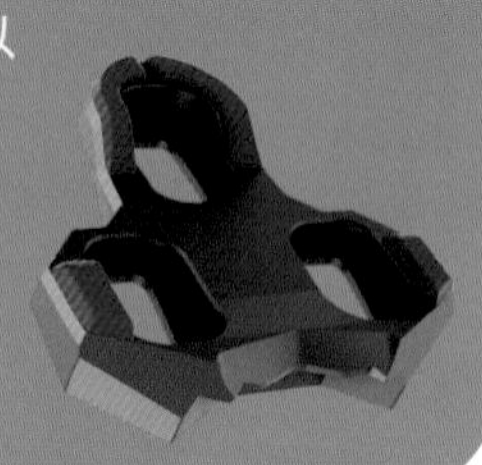

保養你的自行車

在清潔車子時，徹底檢查以下幾處：

車架

檢查是否有斷裂與裂痕，尤其是假如車曾經過運送，或者你摔過車的話更需如此。每根管材相接的區域是最重要的。

輪胎

- 傾聽並確認輪軸的摩擦聲，那代表軸承可能損傷或是藏有髒汙。
- 檢查輪框是否有彎曲或凹陷。
- 檢查輻條緊度以及是否有磨損與斷裂。
- 取出並清潔快拆。

- 檢查後輪軸以確認齒盤的旋轉與輪子、輪軸一致。
- 檢查後輪軸是否偏擺過大，必要的話就調整。

飛輪與鍊條

- 把泥土和汙垢清乾淨。
- 檢查鍊條是否拉緊，但也不要太緊。調整鍊條的長度是個難題。我的建議是向車行專家或有經驗的三項運動員學習，並且定期將車子送去保養。但基本上，鍊條到最低檔時，與後變速器該有3～5毫米的空隙。如果空隙多於5毫米，那鍊條可能就太緊，而小於3毫米的話鍊條可能會摩擦到。
- 檢查鍊條有無僵硬處，必要的話就換掉。
- 檢查鍊條有無破損或斷裂，必要的話就換掉。
- 確認飛輪轉動順暢且無噪音。
- 清理齒盤上的髒汙。
- 稍微上點油。

輪胎

- 檢查是否有磨平、凸起、破洞與割痕。若你發現任何狀況，就把輪胎換掉。
- 檢查底層有無磨損。若是看到了明顯的磨損就換掉。
- 檢查胎壓。

煞車

- 檢查煞車可運作且反應迅速。必要的話就予以調整。
- 確認煞車皮位置平均，置中且沒有過度磨損。
- 檢查煞車線有無磨損，並稍微上點油。

車頭碗組、手把、龍頭

- 檢查所有螺絲是否都鎖緊，並清除髒污與塵土。
- 確保車頭碗組最大幅度的動作也不會有噪音與黏滯。
- 檢查車頭碗組是否過鬆或太緊。兩者都表示軸承已經損耗且該更換。
- 檢查車頭碗的運作，需要的話予以調整。

齒輪

- 檢查齒輪在所有齒位是否都運作順暢且無附著汙垢，並且所有齒位都可使用。
- 確認選定的齒位是否會跳齒。
- 清潔並稍微上油。

齒盤與五通

- 檢查髒汙和磨損。
- 確認它們能輕易旋轉，且沒有任何卡死與橫向移動。

踏板

- 確認踏板與曲柄是鎖緊的。
- 確認踏板可輕易旋轉。
- 確認鞋底板是鎖緊的，以利傳導力量與穩定。
- 確認鞋底板可輕易地拆除。
- 確認鞋底板與踏板可正確接合，並且適應卡式踏板的機制。

線材

- 檢查煞車線和變速線是否有損傷、磨損與能否順暢運作。

工具

一套好工具永遠都是必要的，每個三項運動員都至少應該有一套道路維修的基本工具並隨身攜帶，確保有足夠的工具可進行大部分的基本修復。

一個基本的家庭工具組還會包含一般的手持工具和幾個專門的單車修理工具。另外單車的清潔工具組與潤滑油也有其必要。最好還有輔助器具能支撐單車以方便修理。

一組進階的家庭工具組會包含更多專業且特殊的工具。對一個認真的居家技師而言，也可以考慮購入適當的單車修理工作檯，還有輪框調整工具。

1. 內六角扳手

一組鋼製內六角扳手，尺寸由 2 ～ 10 毫米，會比你能想像到的還好用。有些會掛成像鑰匙圈一般出售，有些則像是複合工具。

2. 扳手

可調整式的扳手似乎是個好主意，但它們會磨損螺帽，長期下來會花掉你一大筆錢。去買組扳手吧，值得的。

3. 潤滑油

WD40 和機油並不合適，請去車行買專業的鏈條潤滑油。

4. 螺絲起子

所需要的就只有一個 3 毫米的十字螺絲起子，但請買品質好的，這樣它才不會損壞螺絲頭。

5. 打鍊器

打鍊器容易損壞，所以花 500 ～ 1,000 元買一把較好的。鍊條栓子同樣值得買起來備用（替代方案是用可拆卸式的鏈條）。

6. 打氣筒／二氧化碳氣瓶／挖胎棒

這是除了備用內胎之外，所有在換胎或是補爆胎時會需要用到的工具。捷安特有推出一款十分好用的快速修理超級組合包。請確定你不只是擁有它們，也知道如何正確的使用。

7. 剪線鉗

保持鉗子鋒利且乾淨，就能確保它能剪斷你的線材，而不是用摩擦方式來讓你扯斷線材。

8. 綜合工具組

有著各種轉接器的綜合工具組可以替代以上許多工具。

9. 鍊條清潔器

一種可扣在鍊條上面的工具，只要轉幾下踏板就可以讓鍊條閃閃發光，甚至不需要將它從車上拆下來。

1
2
4
5
6
7
8
9
2.0 mm
2.5 mm
3.0 mm
4.0 mm
5.0 mm
6.0 mm
8.0 mm
10.0 mm
DRAPER Expert
DRAPER
DRAPER
DRAPER

安裝自行車

在騎車時，你主要會對抗三種阻力：你的車、騎乘姿勢和動力輸出需要盡可能克服它們，才可以讓比賽中的自行車段達到最佳化。這三個阻礙的原因是：

1. **風阻**：當騎車時你就是在「撞擊」空氣，這就形成了阻礙，而你必須設法通過它。要騎得更快，就得盡可能減少這項阻礙。所以車子的空氣阻力——和你本人——真的很重要。因此你的騎乘姿勢就占了很重要的一環。
2. **摩擦力**：摩擦力取決於輪胎的形式與路面狀況。路況越糟，摩擦力就越大。因此一組品質良好且保養有加的輪胎就極其重要，並且得依據路況、天氣、競賽情形充氣到正確的胎壓。
3. **重力**：多數的三項運動員不喜歡爬坡，因為爬坡很辛苦、耗費體力且是無氧的。然而，想像一下騎著爆胎和無座墊的學步小車爬坡，與騎著一台頂級碳纖維公路車爬坡相比較。我不是在鼓吹買台最頂級的自行車，而是買台尺寸正確的車，再加上適合你的良好騎乘姿勢，可以讓騎車上山變得輕鬆許多。

車的尺寸

有一個常用的算法，你的車架大概是你胯下長的三分之二，所以一般男性若胯下長 81 公分，車架就是 54 公分。

騎乘資訊

有許多指導方針可以確保你擁有正確的

騎乘姿勢。但每個人都不同，也都會有些個人偏好幫助我們發揮最大力量與動力。所以請照著一般規則走，然後試著做些小幅度的調整，看看這樣做是否會造成任何差異。

你與車子之間有三個連結點，我們必須妥適的設定這幾個區域以確保完美的騎乘姿勢。這三點分別是坐墊與臀部、手把與手以及踏板與腳。

記錄坐墊高度

一旦你將坐墊調到正確位置，就在坐管與車架交接處纏繞上一段不易破損的絕緣膠帶。不論何時只要高度一有變化，你都可以輕鬆地將其回復到正確位置。這在你必須移除坐墊，或是在潮濕的騎乘之後必須好好清理車時很實用。

◆ 坐墊高度

即使是在健身房上飛輪課，教練也會告訴你要設定腳踏車，這樣你才能騎得更舒服（雖然還是很辛苦）。若不這樣做，不只會感到筋疲力盡，還可能覺得痛苦，甚至因此不再回去上課。

坐墊高度是設定車子時的首要之務，也可能是將整台車設定正確最重要的一環：

1. 將車放在平坦的地面上，並確保坐墊與地面呈水平一直線。
2. 坐上坐墊。
3. 旋轉左曲柄直到它向下與坐管平行。
4. 確認你正穿著車鞋，將左腳跟放在踏板上。
5. 調整坐墊高度向上或向下使你的腳能伸直，但又不會過度伸展。

◆ 坐墊位置

當高度調整好後，就輪到坐墊位置：

1. 首先，用水平儀把坐墊調整到與地面平行。
2. 穿著車鞋扣進卡踏並坐上車。
3. 旋轉踏板至與地面平行。
4. 當腳固定在踏板上時，確認膝蓋在拇指球的正上方。往前或往後調整坐墊直到位置正確。
5. 偶爾做了某個大變動之後，坐墊高度可能需要重新調整，但這很少見。

◆ 手把位置

手把位置取決於正確的坐墊設定，所以請先完成那一部分。

1. 降低／升高手把使其下方表面平行於地面，且與上管對齊。
2. 調整煞車把使其面對前方而非朝上或下。
3. 手把應該被調整成當你騎乘時會覺得舒服的狀態，不管是在下把位（把的底部）還是上把位姿勢。這意味著把手應該低於坐墊高度大約 2 英寸。
4. 當你增加信心與柔軟度後，你可能就會將把手降低以追求更低的空氣阻力。

齒輪

談論到自行車時就必須提到齒輪。一個小型的鏈條組有兩組齒輪：

- 50/34：腳踏車前方那兩片齒盤的齒數。
- 12/25 齒輪組：在後輪上，12 是最小齒片，25 是最大齒片。

還有許多不同的齒輪設定，其變化取

決於你的比賽模式：山路、計時、公路訓練、衝刺距離或是超級鐵人。像剛才提到的 12/25 最為普遍且幾乎可以應付所有狀況。一個 12/23 的齒輪組較適合平地騎乘，12/27 則對山地騎乘較好，但 12/25 對於多變的路線而言最好，較能面面俱到。當然，這也取決於你的騎車風格和迴轉速。

話雖如此，有些超級鐵人三項的騎士會偏愛後 11/23 齒輪組配上前 39/53 齒盤，或是後 11/26 齒輪組配上前 39/53 齒盤，因為這樣的設定能夠在山路時提供較高迴轉速，因而預防乳酸產生。不過，這樣的騎士可能會在特定山路上用 12/27 或 12/28 的後齒輪組，這時就得提到我的最後一項建議：「越簡單越好」。如果你對這些都還不熟，那就用 12/25 齒輪組。最後，如果你很想試試不同的齒盤系統但又不知道怎麼選，就選擇較輕鬆的。

左手的變速把控制著右腳踏板處的前齒盤：齒盤越大，踏板就越重。這對你的轉速有很大的影響。右手的變速把則控制著後齒

輪組，這邊則是齒盤越大踏板越輕。這裡對迴轉速的影響較小。

當變速時，你必須是在移動與踩踏中，但只須輕輕地踩（你不該失速太多）。若你踩得太用力，變速器可能會不順，並發出摩擦聲提醒你做得不對！

試著避免「鏈條角度過斜」。這通常發生在前齒盤與後齒輪組的特定組合，常會因為角度而讓鍊條承受極大壓力。若你這樣做，就有掉鍊的風險，且有可能會使鏈條損傷，導致你得結束比賽。

衣著

安全帽

由於安全帽是騎車裝備中最重要的部分，所以我們從它開始講起。首先，買一頂安全帽，不管你什麼時候騎車總是戴上它。你開車時會繫安全帶，騎摩托車時也會戴安全帽，所以騎自行車時也永遠都要戴上頭盔。

比賽時會強制要求戴安全帽，所以去買頂流線型的帽子。花點錢購買製作良好、合

法且有信譽的防撞帽。假如你要去比賽和訓練，可能也會想要一頂低空氣阻力的安全帽。舒不舒適也很關鍵，所以購買之前一定要試戴看看。

上衣

對訓練而言，能穿著像是車衣之類的衣物是很棒的。它們由排汗材質製成，能保護肩膀免於陽光曝曬，寒冷時也能帶給身體些許溫暖。在下背位置也有可以放置糧食的口袋。

不過車衣並不適合三項比賽。在第 5 章提過的三項賽服可能是最好的，或者是一件在游完泳後可以輕易穿起且便於騎、跑的背心。最好挑選排汗材質，並買個兩三件便於訓練時替換。

車褲

如果你決定參加較長競賽和自行車訓練，車褲〈長褲或短褲〉絕對是你的救星。最重要的部分是「麂皮」護墊，讓你的臀部後方稍微舒服點的柔軟填充物。購買好一點的牌子，這樣應該會比較耐操且舒服。

車褲與三鐵褲相似，或許會讓你想要在防寒衣底下穿著車褲就游泳，但並不太建議這麼做。因為麂皮的部分會吸滿水並帶來阻力。

舊不如新

若你摔車且安全帽遭撞擊過，那你就該換掉它。一旦碰撞過，其內部結構就會受損，對於下一次的撞擊將無法適度發揮保護作用。嘿，想想區區幾千元和大腦損傷孰輕孰重，這抉擇就很簡單了。還有，絕對別買二手帽，也別把你的帽子借給別人。

號碼布帶

多數三項賽的主辦方都會讓你配戴號碼布，一旦你買了三鐵衣，可能就會需要號碼布帶。騎車時號碼布是配戴在背後，而跑步時則是朝向前方。

墨鏡

它保護你免受砂礫、昆蟲和強光的傷害，對於避免意外而言至關重要。它在鼻子和耳朵部位必須讓人感到舒適。可隨天氣替換的鏡片幾乎是標準配備，也值得你為此多花一點錢。

手套

不只對於手掌保暖很重要，也能讓你免於擦傷和割傷。一雙良好、合手又吸濕排汗的手套值得你購買。

帽子

一頂防風、隔熱且可戴在安全帽裡的小帽，在惡劣環境下有其價值。刷毛絨內襯或是美麗諾羊毛意味著價格可能會高達 2,000 元，但不錯的款式通常只需 500 元就很夠用。

內衣／車外套

對兩者來說，合身就是一切。確認它們夠長且能覆蓋手腕。內衣應該是穿在最底層，所以必須能吸濕排汗。市面上厚重與輕薄的外套都有，不過輕薄的通常會比較舒服，也不會讓你流那麼多汗。

騎車技巧

踩踏

很奇怪的是，踩踏是多數人都做不好的一件事。因為我們從小就開始騎車，所以我們認為自己會騎。問題是我們都是穿球鞋騎車，不用束帶或卡式踏板，因此我們只用「踩」的。即使有卡式踏板與束帶，多數人還是認為腳踏車只是個活塞式動作（上下），但並非如此。

正確的踩踏包含劃圓動作。用這種方式騎車能夠讓許多不同部位的肌肉同時運作，而不是只用某幾條肌肉來完成一切。因為使用了更多肌肉，所以你可以騎得更快，幾條大肌肉減少作用，也會讓疲勞更晚發生。這可以為之後的跑步賽段節省能量。

如何踩踏

我剛說了踩踏板該進行劃圓的動作。這很簡單，是吧？也不完全是——並非在整個劃圓過程都需要施以百分之百的力量。

解釋如何正確踩踏最好也最有效的方法是用「鐘面法」。以觀看時鐘的方式來說明你踩踏時踏板的位置，還有你在那幾個點上應該做什麼：

踩踏的各個階段

◆ 出力階段

向下踩的過程（從2點鐘到5點鐘）通常被稱為出力階段。不過，這個階段可以藉著「刮鞋底」的動作，從5點鐘延長到7點鐘。方法是，當你在5點鐘位置時提起你的腳跟，就像是要刮掉黏在鞋底的口香糖一樣。保持這個姿勢直到你通過7點鐘方向為止。這應該可以增加出力階段的力量。

◆ 提拉階段

這階段包含6到12點鐘位置。不過，要讓它更有效率地朝向頂點前進，在11點鐘位置時要將腳趾提到最高點往前踢。將你的腳趾踢過時鐘頂點可以帶入更多力量進入出力階段，也可以讓你盡早開始出力踩踏。

◆ 死點

許多使用功率車的人發現，數據似乎顯示他們在12到2點鐘與6到7點鐘位置之間有著較弱的踩踏循環。這很普遍，但可以修正。所需的就只是在這些位置多一點專注以確保雙腿沒有偷懶或休息。演練技術與練習整個循環才是讓正確技術成為你肌肉記憶一部分的關鍵。

- 12點鐘位置：踩踏行程的頂點。踏板應該要往前推，而非往下。
- 2點鐘位置：輕輕的將踏板同時往前往下踩。
- 3點鐘位置：直接往下踩。
- 4點鐘位置：將踏板同時往後及往下踩。
- 6點鐘位置：將踏板往後推。
- 9點鐘位置：將踏板直直往上提起，並準備在12點鐘位置往前推。

學習踩踏

當你學習如何踩踏得更好時，最好是在室內腳踏車上，以避免發生意外。使用訓練台或功率車（Wattbike）是更好的選擇（參見第139頁）。這些革命性的套件都被英國自行車協會（英國管理腳踏車運動的單位）採用，看得見整個踩踏循環，也標示出所有的弱區，因此可以視覺化訓練。

改善你的騎車技術

單腳踩踏

若不幸你無法接觸到功率車，那就試試單腳踩踏。就像單手游泳一樣，它可以讓你集中注意力於單側，意味著你能夠更掌握到技巧。這也代表你沒辦法用另一隻腳來抵銷單腳的死點。

單腳騎最好的方法是騎飛輪或是用訓練台。就像平常一樣騎車，但將一隻腳放在車架上或箱子上休息，或者也可跨在車子旁邊。（我偏好直接放在車架上，因為用箱子還得搬來搬去，除非你兩邊各有一個。）選擇一個對單腿來說不太輕鬆的檔位，否則你的腳會被動量而不是被技巧帶動。同樣的，過重的檔位只會讓腳快速疲勞，要記得這只是騎車技巧訓練，而非體能訓練。

依據你的訓練時間，每 30 秒到 2 分鐘就換腳做。然後兩隻腳各重複五到十次。你可能會注意到，沒有另一隻腳同時往下踩的時候將踏板提拉帶過頂點的感覺有多麼不同。不過，如果你可以撐過這點困難的話，它就會變得自然而有效率。你將會在每圈循環中擁有向上拉和向下踩（相反腳）的動量並因此更有力。

流暢的動作很重要，別執著於個別元素。試著藉由在循環底部與頂部（6 與 12 點鐘）努力來消除死點。一開始這樣的練習會讓人非常（非常）不適應，但堅持下去：這樣的學習並不需要花很長時間，而且一旦掌握就會為你帶來莫大效益。

單腳技術練習

令人驚奇的是，很多三項運動員，只是因為會騎車且體能不錯，就認為自己擅長騎車。他們相信游泳與跑步在技術和體能上需要特別處理，但騎車就只攸關好的器材與體能層面。做做單腳練習，突然間所有的騎車技巧似乎都變得重要了！

踏板迴轉率

就像跑步一樣，迴轉率對於騎士而言也很重要。在跑步中，較快的步頻確保較短的步幅，因而能夠有較多的動能保持向前而非損失在向上之中，或是因為腳跟撞擊地面而形成煞車效果。在游泳中，較慢的頻率等於是較長且放鬆的划手，可以從每一次划手做最大化的滑行與出力。大部分騎士的自然頻率都介於每分鐘 85 ～ 105 轉（rpm），並且會換檔以符合他們自覺最適合的頻率。

當騎車時，我們的肌肉推進踏板，而我們的心血管系統運送氧氣來供應這些肌肉並帶走代謝物（當我們進入那個能量系統時產生的乳酸，詳見第 2 章）。最理想的頻率就在於保持兩個系統的平衡。然而就像所有事情一樣，「了解你自己」很重要，因為我們都不相同，就算布萊德利 ‧ 威金斯

（Bradley Wiggins）在最近一場環法賽中能以110轉的迴轉率爬山，也不代表我們可以。高迴轉率可降低踏板的每踩功率輸出，因為這樣的出力較能為肌肉所忍受。這樣的結果是因為使用較少的「快縮肌纖維」（詳見下欄），快縮肌纖維主要是被用在速度與爆發力，而非在耐力上。如果太常使用低迴轉率，就會用到太多快縮肌纖維，而它們會產生更多乳酸（至少目前是這樣認為），這會造成腿部的不舒服灼燒感，也會讓我們不得不減速。

慢／快縮肌纖維

慢縮肌纖維主要使用脂肪作為燃料，它們對於抗疲勞能力非常高，只要能休息就可快速復原。快縮肌使用肝醣（小量儲存於肌肉中），它們容易疲勞，且需要更長的時間才能恢復到先前的狀態。

較高的迴轉率可能會使用較少的快縮肌纖維，因此延緩乳酸的堆積，但這也會浪費一些能量：在無阻力的情況下將你的腳快速轉動，仍會讓心跳加速，而且明顯地消耗能量。不過，過高的迴轉率會無法讓充足的氧氣進入心血管系統，而研究顯示，較低的迴轉率（低於每分鐘60轉）雖使用最少氧氣，但無法在你所需的速度而不累積乳酸。

所以解決之道是什麼？基本上用較高迴轉率騎車較好，因為它不會使肌肉負荷過重，但它將壓力轉移到心血管系統上，所以對於體能的要求會更大一些。但是，這照樣因人而異，因為我們每個人都有個理想值，可以達到夠高迴轉率與肌肉可接受的平衡

所需的功

在路上移動一台腳踏車所需做的功是用瓦特來測量。瓦特=力矩×轉速，而力矩=力量×距離。「蛤？」我聽到大家在哀號了。簡單來說，你踩踏板所用的力乘上你每分鐘踩的次數就是你所做的功。

點，又不至於高到讓心血管系統負荷過重。這有助於解釋為何布萊德利能夠如此傑出。他並沒有巨大、充滿力量與肌肉的一雙腿；因為他不需要——他的心血管系統舉世無雙，所以可以維持較高的迴轉率，很少讓肌肉超出負荷。對他來說，較高的迴轉率即使會讓能量損失，卻是他前進的方法。

讓我們用另一種方式來看看。找對同卵雙胞胎。因為他們是同卵所生，所以身高、體重、年齡都相同。現在，想像我們給他們一樣的腳踏車、一樣的力學狀態，而他們正在平路上用同樣速度並騎著。因為所有條件都一樣，所以他們正在做一樣的功，換句話說就是一樣的瓦特輸出率。但是，現在雙胞胎中的A用迴轉速70轉來騎，B則用110轉來騎。A每下踩踏必須對踏板施更大的力，但頻率低於B；B則踩得較輕但必須較高頻。A較低頻率的騎乘需要他在踏板上踩得更用力，但為了產生較大的力量收縮，他的腿肌必須使用快縮肌纖維多過慢縮肌纖維。他的兄弟B迴轉得較快速，所以使用較少的快縮肌纖維，但必須更猛烈地呼吸以供給更多氧氣給慢縮肌纖維，因為它們每分鐘得推動踏板更多次循環。

所以這代表什麼？首先，你必須接受我

們每個人都不一樣（除了同卵雙胞胎！）基因和訓練背景都會影響我們是需要高迴轉率還是低迴轉率。總之，黃金定律是：若你的雙腿灼熱感大於呼吸急促感，那就提高迴轉率；反之，則降低迴轉率。

訓練你的迴轉率

要讓你的能力發揮到最大，可以參考以下幾點：

1. **用不同迴轉率訓練**。使用功率車、訓練台（有回饋的）或是飛輪車，在高低轉速——例如 75 ～ 80 轉和 105 ～ 110 轉——之間維持一樣的功率輸出。這樣的訓練對於低與高轉速的騎士都有加分的效果。
2. **記得特定性**。用你比賽時可能的方式來進行（大部分的）訓練。否則，若你用輕鬆懶散的方式騎了太多次，會降低你的迴轉率。
3. **追求高迴轉率**。若你決定要成為布萊德利，那就試試高轉速騎乘。不過請記住，要發展出所需的心血管系統體能，還有讓你的腿能夠在高轉速下有足夠好的瓦特輸出需要時間。你的努力會有回饋，所以要持續。以下訓練或許有幫助：
   - 騎車時用很輕鬆的檔位，並慢慢增加迴轉率直到你有點彈跳，感覺自己好像無法穩坐在坐墊上為止。
   - 慢慢地降低迴轉率直到你剛剛好不再彈跳，但不要再慢。維持 20 ～ 60 秒。
   - 慢慢降低迴轉率，恢復呼吸並再次練習。全程維持順暢的踩踏動作很重要。
4. **體能**。三項運動員認為這會隨著騎車、游泳與跑步進步。他們確實會，但只會到某種程度。拿布朗利兄弟當作參考：他們都藉由體能訓練的方法來做力量訓練與爆發力訓練。確實，研究指出重量訓練能增進幾乎所有騎士在所有迴轉率的踩踏效率。

若你的腿或肺是限制你的因素，那就予以鍛鍊。如果是你的腿，就進行特定訓練來讓你的迴轉率更高。一旦你適應了，它應該就會讓你的騎乘大大不同。

誰獲益最大

最有可能因為高迴轉速騎法獲益的三項運動員，是那些心血管系統勝過其肌力的人：矮小、精瘦的運動員、女人和跑者。是的，如果你來自跑步界，那麼提高迴轉速將會使你變成更好的騎士。這也能讓你的腿跑步時不會那麼累，因為它們不會燃燒殆盡並堆積乳酸。

布朗利兄弟

英國長久以來都擁有成功的三項歷史，但布朗利兄弟真正鞏固了其在世界排名榜上的地位。阿里斯泰和強尼（Alistair and Jonny）經常占據他們所參加比賽的前三名。在二〇一一年阿里斯泰是三項世界冠軍，而且在該年系列賽有著一季驚人的成績。他的兄弟也不遑多讓拿下第二名！在二〇一二年奧運他們也贏得了三項的金牌與銅牌。

布朗利兄弟從小到大為此項運動全心訓練，而非從其中一個分項轉投入三項運動，他們締造了三項運動員成功的典範。

騎乘姿勢

你在騎車時所投注的大部分努力都是為了對抗空氣阻力的拉扯。若你能夠將其影響減至最低，那就會輕鬆多了。你想要既舒服又能符合空氣力學，但那就是問題所在：你越舒服，就會製造越多阻力。但越符合空氣力學，阻力就會越小，你也會前進的越快，不過這樣就會越不舒服。所以折衷和效率是其關鍵，不只是在騎車時，對於你已經完成的游泳部分和之後的跑步部分也是一樣。

你需要盡可能地使你的正向面積縮小，因為這是迎風面，會使你減速。簡單吧！——只要彎身向前，讓肩膀迎風就好，不是嗎？不盡然。你還會發現這樣的姿勢極不舒服，也不好騎。這裡有些妙招：

- 你的軀幹與上臂在肩膀處的角度應該是 90 度——超過的話，支撐上半身就會變成很大的負擔。
- 前臂應該盡可能與地面水平，最起碼你的手掌只能略微高於手肘。
- 手肘的角度可以從 90 度開始，之後隨著時間慢慢縮小。
- 髖關節的角度很個別化，所以這就完全看個人了。越小對於空氣力學來說越好，但會越難施力與動作。
- 低下頭以減低整體的正面面積。

調整並改變姿勢可能會使你覺得好一點，但只有一種方式可以驗證，那就是出門騎一趟。最好的建議是，找個大約兩三公里車流少又沒有隧道的固定路線，用你可以重複的速度騎，然後予以計時。在同樣的狀況下重複兩次然後取平均值。接著調整一項設定讓你自己更符合空氣力學（例如降低把手高度），然後在同樣路線上用與之前同樣的配速重複三次。若所得的平均速較低可以顯示一個更符合空氣力學的姿勢。

騎乘技巧

變速

在健身房或在訓練台上訓練時，變速只是件稀鬆平常的事；但記住，所有的變速都是有原因的！特定性很重要，所以去戶外訓練，即使是在寒冷的冬天。選擇一些有山地的路線並練習你的變速。

就像開車，正確的變速需要提早開始計畫。你應該預先觀察前方距離並計畫你的動作。你應該比實際需要更早變速，尤其是在爬坡地形。在開始爬坡後才變速並不妥當，因為你爬坡時已經失去了動能。如果你試著在爬坡時換檔，你將會無法繼續踩踏，而隨之加諸於踏板的壓力也會使你無法順利換檔。所以當你靠近爬坡之前的谷底或平地時就要開始換檔，利用進入坡道的動能來結束換檔，這樣你就能用正確的齒輪比繼續爬坡。

爬坡

爬坡時的迴轉率有兩種：心血管系統功能好的人是高迴轉率，那些乳酸閾值較低的人則是低迴轉率。不過，對於爬坡而言兩種都很累。這裡有些小技巧或許有幫助：

- 就像之前提到的，提早換檔，而非在上坡途中換檔。
- 如果你前進困難的話，試著用坐姿踩踏幾圈，然後站姿踩踏幾圈，藉由這種方式可以讓爬坡變得容易點。
- 大腦裡重複著「別想那麼多，騎就是了」（我一個朋友最喜歡的箴言）。
- 換到較重檔 2 秒，這樣當你回到原本的檔位時就會覺得輕鬆多了——這是一種心理上的欺騙！
- 別在爬坡的頂端休息——你會失去專注、動能和你所得到的收穫。稍微恢復，但在完成爬坡後 30 秒內還是要保持認真騎車的態度。

下坡

只要你行，不要怕。將前齒盤推到最大而後齒盤退到最小。這樣能夠產生更多力量，讓你能夠真的用力踩踏以衝得更快。在下坡用這種方法加速，而非只依賴重力，可以讓你獲得更多動能來衝下一次爬坡。

過彎

就像在游泳時的觀測，若你損失了動能，你必須很努力才能將之彌補回來。過彎也是，除非真的必要，不然你不會想壓煞車。如果你煞車，會失去很多原本可以是前進動能的能量，而且你必須更努力才能將速度追回來。這完全關乎自信：新手和沒經驗的騎士並不習慣那樣的速度，都會為了安全而覺得需要壓下煞車。解決辦法是去外面繞繞練習一下，讓自己習慣速度，不再覺得需要壓煞車。還有，看著前方很重要，而不是向下看著前輪。車子會往你看的方向走，所以找出過彎的最佳路徑，然後看著它，完成轉彎。

正確的過彎法

看著將臨的轉彎並試著判斷它。坐在坐墊上，別在踏板上站起來。降低一個檔位，然後停止踩踏、將車子朝彎內傾斜，而不是用把手轉彎。速度會降低，但並不會像你煞車減少的那麼多。一旦過彎完成之後，就用力地踩踏（較輕的檔位）來提升速度。

應付速度

你可能會在一場比賽或是一次很熟悉的普通騎乘中發現，你感覺良好且騎的很用力，於是你接近某個彎的速度就會有點太快。這沒什麼關係，反而是個訓練的好機會，但可能會有點令人汗毛直豎！祕訣就是藉由傾斜入彎來增加過彎的角度。跟著以下訣竅：

- 從彎道的外側開始（最寬處）。
- 你得盡早開始處理這個轉彎。在轉彎裡的時間越少就越不容易摔車。
- 將外側曲柄向下並將體重加諸其上。這會給車子更多的抓地力。
- 若你一定得煞車（盡量不要）就早點煞，在過彎一開始就煞。
- 只煞後輪並且輕輕煞就好。
- 永遠別用前煞——你會打滑，還會摔車！
- 如果煞車卡住，立即釋放它並且專心控制把手，並將你的重量平均分散。
- 及早辨認出彎道的頂點（內側點）並且瞄準它或是掠過它。這端看彎道的曲率：對那些低於 90 度的彎道，瞄準其頂點；至於那些超過 90 度的彎，從外側彎入並且掠過頂點就好。
- 出了彎道後要注意方向。

過彎的身體姿勢

- 頭部保持水平。
- 手臂彎曲。

- 內側手臂加壓以幫助轉彎。
- 輕抓手把而非重抓，不管是在低把位或在彎把上方。
- 確認煞車可作用。
- 傾斜車身入彎並將壓力置於外側踏板。
- 外側踏板永遠向下。
- 臀部輕觸坐墊，但不要全坐。

煞車

若你過彎確實得煞車，那在入彎之前就用煞車減速，然後放掉煞車入彎，接著加速離開。當你一看到彎道出口，就努力踩踏。

在轉彎時才煞車會將重量置於輪胎側面而常常導致摔車。避免掉它你就將避免連環車禍。

放手騎車

對小孩子來說這是最帥的絕招，可以將手放在大腿上一路騎下去。對於三項運動員而言，當你需要雙手來補給或脫衣服時，這就不只是個實用的技巧而已，也是個改善操縱的實用訓練法。

當你過彎時，應該可以藉由傾斜和扭轉一點點坐墊來改變車的前進路線，而不用（或只需要一點點的）把手控制。能夠自信放手騎車的能力可以幫助你用雙手的時候騎得更好。不過，開始時還是要小心：這樣很容易跌倒，尤其是路況不佳的時候。以下提示應該有用：

- 坐回坐墊並將臀部移動到坐墊後方。這樣可以得到較好的控制。
- 選擇正確檔位。必須要夠重才能前進，但太重又會很難增加動能。一般原則是高迴轉率較不穩定。
- 你得騎在時速 20 ～ 25 公里（大約）。這確保有足夠的速度讓你和車子保持向前。若你嚇到自己，那就有可能是騎太快了！
- 慢慢來。若你不曾放手騎過，那從輕輕抓把手開始；然後是打開掌心抓住；接著將手從手把上拿起幾公分直到你能夠一路穩坐。除非你確定你已經熟稔，否則別做任何花樣，像是吃東西或是脫掉外套。

你可以放開雙手騎車去……

- **過彎**。藉由移動你的骨盆到坐墊一側，車子會自然地倒向該方向。在開放空間中練習，譬如非營業時間的停車場。
- **吃東西**。坐直並用你的雙手打開能量膠、剝香蕉或是喝點飲料。這比得用上牙齒將東西咬住輕鬆而且舒服多了。
- **脫掉衣物內裡**。在移動中脫掉雨天外套總是件難事，但它也可以在不減速而仍坐著的狀態下被搞定，並能確保雨天外套不會被纏進後輪。

滑行

不論車子是因為路面狀況或煞車而打滑，下面技巧一樣有用：

1. 放掉煞車。
2. 在輪胎尚未正常轉動與抓地前，別轉彎。
3. 在打滑中任由車子帶著你前進。這最終會將重量壓在輪胎上，並使它們再度開始抓地。

專業級的自行車訓練

功率車

就像功率車廣告中說的：「功率車監測每個關於你騎車所需知道的部分，並且有助於追蹤你的訓練進展。不管你需要監測的是力量輸出、迴轉率、心跳率或是踩踏效率，它都能滿足你的需求。」

這真的是最佳室內騎乘工具。因為它能提供多樣的反饋，而被英國自行車協會廣泛採用。可以的話你真該試用看看。若你附近的健身房沒有，詢問經理看看他們是否願意引進個一兩台。

要尋找在功率車上最棒的自行車訓練，請前往 Wattbike.com 並讀讀常駐運動科學家艾迪・佛萊契（Eddie Fletcher）的訓練建議。這是經由兩年的測試、監控和訓練全世界的運動員所設計寫成。

團體訓練

和俱樂部或一群朋友騎車是很好的方法，能使你進步並完成你可能不會完成的訓練，而且還能在團騎或跟在其他騎士身後騎車之中增進自信，因為你需要競爭。我最好的建議是，和你同等級的朋友一同開始並學習這些基礎：

- 與前方車輛保持 1 公尺的距離直線騎車，不要並排（一開始）。隨著你增加自信之後再慢慢靠近。
- 可能的話，選擇和前面騎士相同的檔位和迴轉速。
- 嘗試別讓後齒輪空轉。
- 有自信點，並且只有在絕對必要時才煞車。

當你增加自信之後，你就可以開始和慣於團騎的人一同騎車。排成兩排騎車也很值得一試，這樣就會有人在你的前面、後面和旁邊。這一開始會很嚇人，一旦你對此有了

在後面吐痰

團體通常各有其原則，但一個通用的規則是，如果你想要吐痰或擤鼻子的話，先移到車隊最後面。若不依照規則，團騎將會有一陣子不再是你訓練的一部分。

信心，你會發現這是在比賽中很有用的技巧。

關鍵的騎車訓練

第 11 章為不同型式的三項運動列出了八週的訓練表。不過，除了那種又長又慢的耐力性自行車訓練外，以下所列的也能幫助你。

塔巴塔間歇（Tabata Intervals）

東京國家運動與體能研究所的泉田畑（Izumi Tabata）做了許多研究，顯示非常高強度的間歇訓練對運動員的無氧與有氧能力會有顯著的影響。他最初是想要展現只持續 4 分鐘的訓練就能夠對增進體能有巨大影響。個人而言，我常常連續做三組塔巴塔間歇，中間只休息幾分鐘，但你當然可以只做一組，就像他一開始的想法一樣。泉田的概念是這種間歇應該要與熱身和緩和一起進行，所以整個訓練時間可能會持續 25 ～ 35 分鐘。若要顯著的提升最大攝氧量，可以照著泉田的建議一個禮拜五天，持續六週；或者是學我一週一次，一次重複好幾組。

塔巴塔訓練包含大約 20 秒的最高速動作，所以你真的必須盡最大努力去做：

- 熱身 10 ～ 15 分鐘。
- 塔巴塔訓練，20 秒越快越好，10 秒低速。
- 重複八次。
- 緩和 10 ～ 15 分鐘。

吉巴拉間歇（Gibala Intervals）

就像泉田一樣，馬汀吉巴拉（Martin Gibala）也想展現短時間的激烈訓練對體能增長與長距離耐力訓練效果相等，非常適合那些沒有時間訓練的三項運動員。他將持續兩週做 2.5 小時間歇訓練與做了兩週一般 10.5 小時間歇訓練的運動員拿來做比較。跟泉田一樣，其訓練要求最大努力，但這次是 30 秒。兩週後的體能測試顯示吉巴拉的間歇訓練和長時間一般間歇訓練之間差異微小，因此證實了短而艱難的訓練也能維持體能增長。這種間歇需要在兩週內做六次。

- 熱身 10 分鐘。
- 吉巴拉訓練，30 秒越快越好，4 分鐘較低速恢復。
- 重複最多六次。
- 緩和 10 分鐘。

微爆（microburst）

據說這種訓練在一般的間歇訓練遇上高原期時能夠顯著提升體能。簡單的暖身，然後在一組時間裡（10 ～ 20 分鐘）衝刺 15 秒，緩和 15 秒，再衝，再緩和，持續整組訓練時間。不像塔巴塔和吉巴拉，這裡的衝刺不必是極限，但卻是痛苦的；15 秒的緩和部分則只是彎曲雙腿而已。這種訓練很激烈，所以一個禮拜絕對只能做一次。

重要訣竅

別戴耳機騎車——音樂或許聽起來很棒，但你會聽不見交通狀況。邊接手機邊騎車更危險，就算用免持聽筒也一樣。停下來，聊完，再回到你的訓練中。

讓以下幾點隨時都能幫上你的忙：

- 安全別針：很適合拿來處理號碼布，甚至在衣服破掉或卡踏片裂掉的時候更有用。在很多情況下它都可以幫你解決問題。
- 束帶：拿來綁所有會從車上掉下來的物品，像是碼表、燈或是水壺架。甚至可以在鏈條斷掉時用它重新綁緊。
- 膠帶／絕緣膠帶：很適合拿來綁各類沒綁好的東西，譬如手把帶或鬆掉的水壺架。甚至可以在緊急時拿來補胎。
- 鞋套束帶：若你的扣片破損，這可以讓你能夠較正常的騎車。也可以拿來綁其他的裝備，像是內胎、打氣筒、二氧化碳鋼瓶等，或者是把它們綁在車上。基本上，只要有東西斷了，它可以拿來綁任何的東西。
- 薄型拋棄式手套：能夠讓你的手在換胎或處理鏈條時保持乾淨。如果天氣變得很糟也可以穿在車用手套底下，就是個實用的簡單保溫層。如果你不幸碰上了意外，就可以用它們來幫助別人而不需要接觸他們的血液或傷口。
- 明亮的衣物：如果你是在昏暗光源下通勤或騎車，這對你來說就很重要。冬季的氣候往往陰濕，所以準備一件明亮的外套吧。

再者，為要進行訓練妥善打包。若你需要出門整天，確認你帶了錢、急救包、食物、水、打氣筒、能量膠和維修包。注意天候還有你的目的地——你可能需要準備溫暖或潮濕天氣的衣服。

- 熱身 10 ～ 15 分鐘。
- 做 15 秒的衝刺，然後 15 秒緩和。
- 重複 10 ～ 20 分鐘。
- 緩和 10 ～ 15 分鐘。

結論

在鐵人三項中，騎車是最多數人認為他們能做到的部分。我們都從小就學過騎車，但騎車不只是戴一頂安全帽和一個背包就可以上路這麼簡單。學著如何正確的騎車，學著如何設定你的車，練習過彎、變速和所有看似無關的支微末節。若它們做起來簡單，那比賽中的其他部分也會——除了爬坡之外，但若你多磨練你的迴轉速，那麼連爬坡都將會是一件甜多於苦的事（對我而言是這樣）。

第7章

跑步

在三種項目之中，跑步或許可以說是最簡單的項目，尤其是在時間安排跟如何跑步這方面。大部分的人可能都認為自己知道該如何跑步，雖然只要讀完這一章後，就會知道要學的地方還很多。至於何時可以跑步，對我們來說是最輕鬆的安排：只要有一雙跑鞋、可以替換的衣物以及跑完有個沖澡的地方，跑步不需要太多特別安排。

跑步不只是一項比較簡單的運動，也比較不花錢。你只需要短褲、背心或是排汗衫、襪子，再搭上一雙跑鞋即可。與泳鏡、浮板、泳衣、泳帽等比起來好像沒有差很多，但是我們必須付泳池的使用費或是加入有泳池健身房的會員，才能開始訓練，這就是最大的不同，除非你住在臨海地區可以每天在開放式水域練習。至於自行車，無庸置疑是花費最多的項目。

儘管跑步最簡單也最便宜，並不代表它將會佔去你訓練計畫中大多數的時間，而是要與其他兩個項目均等區分。事實上，如果你已是資深跑者，那麼在安排訓練上，就可以花多一點時間在其他項目〈雖然先前已提過跑步有助於提升游泳能力〉，因為你須專注在提升自己的弱項。

跑步用具

跑鞋

跑鞋很重要，一定要穿著專為跑步設計的鞋子。

- 如果你選擇穿著具有支撐緩衝用的膠質／氣墊鞋，你就可用腳跟著地（heel-strike）的方式去跑。
- 如果你選擇穿著非常輕盈的路跑鞋或是特殊的赤腳鞋，就必須改變跑步的步態並照著所需的跑姿去跑。
- 每三到六個月就要換一雙鞋。
- 記得要在值得信賴的專業店家購買，並多試試看不同的鞋款。

1 **穩定型跑鞋**：這種鞋子主要設計是提供中足內側更大的支撐，以防止踝關節內旋。這種鞋子功能完整適合初學者及經驗豐富的跑者。它們避震功能與抓地力良好，同時也不會太重或太輕。

2 **越野跑鞋**：這種鞋子是專門設計給野外跑步用。與其他鞋款相比，越野跑鞋通常沒有太多的避震功能。比起一般道路，穿著越野鞋跑的地形通常較軟。

3 **吸震跑鞋**：這是最適合經驗豐富或是善跑者的鞋款。比起初學者，他們的腳、腳踝、韌帶和骨頭，更習慣於跑步。儘管有吸震功能，這種鞋子的穩定性功能最少，主要是提供沒有腳掌內旋的一般跑者所穿。

4 **動作控制型跑鞋**：這是跑鞋中最硬的一款，主要針對腳掌過度內旋的跑者所設計。這種鞋子通常比較重，因為它會在中足處多加一個支撐，也就是足弓的位置。

5 **赤足鞋**：這種鞋子會有赤腳跑步的感覺，幾乎沒有穩定性、中足的支撐、動作控制或避震功能，只有在腳底加一層鞋墊而已。有一些鞋子會在中足或是前足的地方加少許氣墊。這種鞋子是專為中足／前足跑者所設計。

6 **表現型跑鞋**：對於在訓練或是比賽時速度很快的跑者來說是很好的選擇。比起競賽跑鞋有更多的支撐、更多的緩衝、更多的穩定功能，同時仍保有輕盈、好跑的特性。

7 **競賽跑鞋**：超輕量的跑鞋，沒有穩定功能，但有極少的緩衝功能。此類鞋款只適合高步頻且非腳跟著地的輕量跑者使用。我不建議你穿著這雙鞋進行每一項訓練，尤其是在馬拉松以及超級鐵人三項的比賽。

8 釘鞋：釘鞋是基本跑步鞋。就像中足鞋只是加上為了增加摩擦力的鞋釘，主要用於越野跑以及田徑場上練習（只是兩種不同場地用的釘鞋在設計與鞋釘長度上有所不同）。非常適合你在冬季所參加的越野賽跑或是季外訓練時期在田徑場練習時穿著。

9 鐵人三項跑鞋：少數幾個品牌搭上鐵人三項的熱潮，設計專門用於三項賽事的跑鞋。這些鞋子通常都會有彈性的鞋帶跟鞋扣，以及不穿襪子也不會磨腳起水泡的內襯。

現在你已經對於鞋子的種類有了概念，就要找出哪一種最適合自己。你必須先考慮你曾經受過的傷，例如足弓塌陷、髕骨肌腱炎、腳掌過度內旋、阿基里斯腱炎或是脛骨骨膜炎等。考慮你練習的場所，在不同的路面上跑步對鞋子要求的類型也會有很大的不同。在馬路上跑步代表了更大的衝擊力，所以需要避震能力較強的鞋子；而在跑步機上跑步就不需要那麼多避震功能。去做跑步步態測試來確認你是腳掌外旋還是內旋，從而考慮要選穩定型跑鞋或是動作控制型跑鞋。如果你是前足跑法的人則可以考慮赤足鞋。

腫脹的雙腳

如果你參加類似西班牙藍薩羅特島（Lanzarote）的鐵人三項訓練營，會在高溫下進行訓練。在騎了一個多小時的自行車之後，你的腳會開始腫脹，因此我們的跑鞋都要選大雙一點。

在看完這麼多建議之後，你可能會想：「話雖如此，但我畢竟不會穿著穩定型跑鞋或是動作控制型跑鞋去比賽，而是會穿我的超級輕量型跑鞋去比賽，就像是健步如飛的人一樣。」好吧！你可以穿超級跑鞋一個月比賽一次或是每兩週比賽一次，但是穿著其他鞋子來進行訓練，更能防止運動傷害的發生或是再發生，同時也能讓你的超級跑鞋維持的更久！

濕足測試

正常腳印，足弓是正常的：正常的內旋，當你的腳跟著地時腳掌會稍微向內轉。適合購買一般跑鞋或是穩定性跑鞋以防止內旋發生。

窄腳印，高足弓：代表內旋不足，也就是你在跑步時腳的外側會先著地，因而導致無法有效吸震。適合購買柔軟的鞋子來避震以提升運動能力。

寬腳印，低足弓：寬腳印代表腳掌過度內旋，也就是腳掌向內旋轉太多，很容易造成腳拇趾受傷，因為在跑步推蹬期時會過度使用腳拇趾，而不是使用每隻腳趾。購買具

穩定性的鞋子，綁好鞋帶，並確保跑鞋的穩定性可防止腳掌發生內旋。

如何清理跑鞋

每次訓練結束，記得在沖澡之前先把鞋子清理乾淨。請勿用洗衣機洗，除非逼不得已。因為洗衣機會使鞋子變形或是使黏著劑溶解。用溫水、一點肥皂粉還有中性刷子來洗，並記得要把鞋墊拿出來，這樣空氣才能流通而不會產生異味。如果鞋子是濕的，用揉過的舊報紙塞在內部，並定期替換直到鞋子變乾爽，千萬不可以用吹風機、烘乾機或是電暖器。把鞋子放置在室內，遠離高溫。放在室外只會加快鞋子損壞的速度。

千萬不要把跑鞋拿來做其他用途。我聽過最中肯的意見是——如果可以的話，買兩雙一模一樣的跑鞋，盡量平均地輪流穿著它們練習。這樣兩雙鞋子的壽命會比它們被單獨使用還來得長。

鞋帶

鐵人三項選手通常都會把鞋帶替換成有彈性或是束帶式的，這樣可以更快換上跑鞋以節省轉換的時間，而且也不必擔心鞋帶鬆掉的問題。好，當你真的有轉換需求時，在比賽日替換就好。練習時仍然使用跑鞋原本的鞋帶，以保護你的雙腳免於受傷，也符合跑鞋原本的設計，同時讓跑鞋使用的更久。

女性專用跑鞋

男性與女性不只在雙腳的結構上有所不同，在尺寸以及鞋子的設計概念上也有很大的差異。一般來說，男性擁有較長與較寬的腳，同時在足弓、大拇趾、腳底側面、拇趾球、腳踝，以及整個腳的構造都不太一樣。製造商們知道這些差別，所以會針對女性設計特別鞋款。此外女性的腳跟和前足比較窄，腳背也比男性低。如果一個女性穿著合尺寸的男性跑鞋跑步，那麼她的腳跟很可能會因此上下滑動，因摩擦而導致受傷。

彈性鞋帶或鞋帶扣

它們都可以幫助你節省穿跑鞋的時間。彈性鞋帶通常都設計成一定的長度，然後使用滑石粉或是凡士林在鞋子上以利穿著。鞋帶扣則是在不需更換鞋帶的情況下，僅用扣子把鞋帶束緊而不需要綁鞋帶。

服裝

記得購買知名的運動品牌，因為他們的服裝都是為了特定功能而設計，而且比較耐穿。

短褲

購買合宜的運動短褲，而不是時尚品牌的短褲，並具備吸濕排汗與快乾等功能。購買針對性別所設計的褲子會比中性設計來得好，因為較合身的剪裁可以降低發生過度摩擦的機率。

緊身褲

適合天冷時穿著，若發生輕度延遲性肌肉痠痛（DOMS）時效果更佳，因為可給予適當的壓迫。大多數的緊身褲都朝向功能性的設計發展，更適合男性或女性跑步的步伐，幫助維持正確的跑姿。千萬記得要買到適合的類型。

運動背心／連身衫／T 恤

要確認它們是用吸濕排汗的材質。如果你的訓練是長距離、長時間的話，T 恤就很合適。如果是短距離訓練，運動背心或是連身衫則較佳。此外也要根據天候和季節來穿著。

運動型內衣

研究顯示，女性在跑步時穿著一般內衣僅能減少乳房 38% 的移動，穿著運動型內衣則高達 78%。穿著正確尺寸的運動型內衣非常重要，並且記得要每季確認尺寸是否合身，特別是當妳一般內衣的尺寸或是體重有變化時。確認的方式很簡單，可以在更衣間內對著鏡子上下跳動或是原地衝刺，觀察自己乳房移動的狀況。

◆ 使用與替換

根據使用說明來清洗妳的運動內衣可以延長使用期限，但是吸收緩衝的彈性纖維會隨著時間疲乏。就像是跑鞋一樣，穿一段時間後就必須替換以避免受傷或是不適。

穿著層次

◆ 內層

最內層通常都具有吸濕排汗效果且剪裁貼身。高級的運動衣沒有接縫，以免造成摩擦。冷天用的運動衣較長，可以塞入短褲或緊身褲以防冷空氣灌入腰間。若你怕冷或是日曬，可以選擇長袖內層。

◆ 保暖層

一旦開始跑步，你的身體很快便會發熱，所以起跑時最好不要穿太多層衣服。出發時的穿著最好是以感覺有一點冷為佳，但不是那種無法忍受的冷。

大部分製造商都開發出具有保暖功能的質料，讓你不須穿的很厚重就能有效保暖。我的穿著建議如下：

- 長袖的吸濕排汗 T 衫，長度要能夠塞進褲腰，以確保核心的溫暖。
- 一條長版的緊身褲使你的腿與腳踝保持溫暖。
- 具有防風／防雨功能的軟式或硬式的透氣材質輕量夾克。
- 可能的話戴頂帽子、戴副手套以及在緊身褲外再套上一件透氣短褲。

夾克

慢跑夾克通常分為兩種：軟式的內襯含有保暖用的絨毛料；硬式的則輕薄且透氣，但又具有防風防雨的功能。

背心

背心可以確保核心的溫暖，同時又可以讓手臂透氣與降溫，是一種很棒的穿著搭配。有一些夾克附有可拆卸的袖子，代表它們可以一次滿足兩種使用方法。

帽子（頭套）

將近 40% 的體熱會從頭部流失，因此有許多運動品牌提供針對跑步設計的帽子。這些帽子大多是由吸濕排汗的材質所做成。各種不同的禦寒耳罩能夠使耳部保暖，並讓多餘的熱從頭部散發。有一些帽子是用較顯眼的材質做成或是加上反光條，非常適合光線昏暗的路跑。

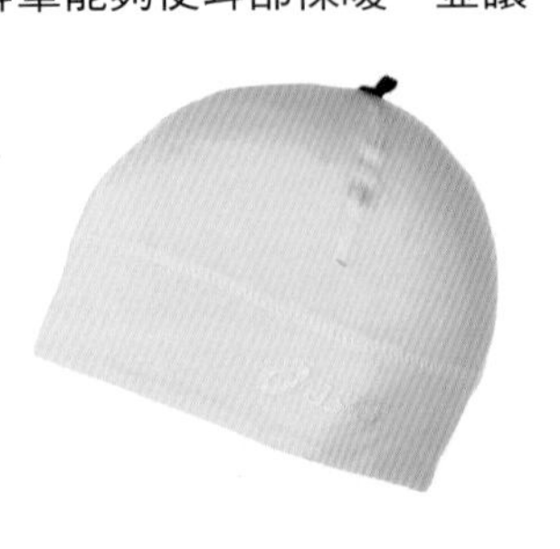

戴頭套的危險

戴著包覆耳朵的頭套會阻礙你的聽力。因此在路上跑步時必須格外小心，尤其是在鄉間小路，因為你很可能聽不清身邊的交通狀況。

鴨舌帽

鴨舌帽可以阻隔一定程度的熱度，在夏天可以提供臉部及頭部遮陽的效果。

製造商們利用高科技材質來製作，可以吸濕排汗讓你一直保持涼爽。許多三項選手選擇在比賽時戴鴨舌帽以避免中暑。

圍巾

圍巾讓你在酷寒中跑步時能拉起來遮住嘴巴、鼻子或耳朵。這可以確保肺部不受冷空氣傷害以及保持脖子溫暖。

手套

就像帽子一樣，頂尖製造商也設計出可以吸濕排汗的手套，同時添加顯眼或是反光的設計。

當身體大部分的肌肉都在使用血液時，手指這種處於末梢的地方，常常會因為血液流通變少而變得冰冷。

襪子

對於鐵人三項選手來說，襪子是一個特別的難題。我個人認為訓練時穿著襪子比較安全，因為這樣較不容易起水泡，而且你也一定會想要減少疼痛的機會，所以 90% 的訓練時間都該穿襪子。只在轉換訓練或是以比賽的配速進行訓練時不要穿襪子，另外當然在比賽時也不穿。

應該避免穿著棉襪，改穿吸濕排汗材質的襪子，大多數的運動品牌都有生產這類襪子。有些還會在特殊區塊加上避震的功效。就像跑鞋一樣，當襪子看起來變舊了就該丟掉，或是歸類為「訓練時期」用。訓練期間穿著舊襪子對你比較不會有什麼影響。

壓力衣

這項裝備最基本的概念是它的材質。彈性人造纖維和萊卡以及一些其他材料是構成壓力衣的主要原料，能夠分散以及擠壓肌肉，讓肌肉更有效率的運作以及保暖，同時又可以提供肌肉支撐且避免摩擦。藉由壓縮身體，壓力衣會將血管限制在肌肉中，可以確實的保暖。除了保暖之外，還有防止疲勞以及幫助延遲性肌肉痠痛恢復的效果。

如何跑步

我是一個非常強調與重視「如果東西沒有壞，就不用去修理它」的人。我的意思是，即使有些人的跑步姿勢看起來怪，但如果這種姿勢對他們來說有效率，他們也並未追求打破紀錄，而且他們也沒有因此而受傷的話，那麼我就不會去改變他們的姿勢，我會讓他們繼續以這種姿勢跑下去。最好的例子就是麥可 ‧ 強森（Michael Johnson）[1]。他跑步姿勢看起來怪異而且不正統，但他曾經是兩項世界紀錄的保持者。

腳掌著地方式

雖然最近前足（或是中足）著地的跑法

越來越流行，但是約有 80% 的跑者仍然使用腳跟著地的方式。代表這些人在跑步時，最先接觸到地面的部位是腳跟，接著是腳掌，最後腳趾推蹬進入下一個跨步的動作。核心肌力以及穩定性在腳跟著地跑法之下特別重要，因為可以保護你的背部。所以用腳跟著地跑時，要繃緊腹部肌群，確保軀幹與脊椎挺直，這樣核心肌群才能參與。

另外 20% 的跑者使用前足著地的跑法，這代表他們腳上的拇趾球會先接觸到地面。由於腳跟在一連串的跨步動作之中被省略掉了，所以跑者的身體會稍微前傾，腳步會變小變快。因此他們的步頻會比腳跟著地跑法的跑者們快，這是件好事。

腳跟著地跑法

海勒・基比沙拉錫（Haile Gebrselassie）[2] 是另一個沒有「正確」跑法的典型例子。在他的同儕之中，大部分的跑者都是使用中足著地的跑法，而他所有的教練都曾嘗試改變他的跑步姿勢。如同前述，他用成績再度證明了每個人都是不同的個體，因此沒有所謂最完美的跑步姿勢。

雖然我講了很多個人的獨特性，但還是有一些重點值得注意，可以使你比以前用更省力的方式跑得更快或是更遠。另外，如果你已經受傷，或者當你試著要從傷勢復原時，確實修正不良的跑步技術就更有必要。

大部分人的跑步技術都可以藉由訓練來達到顯著進步，但是訓練的意涵並不是只有單純的不停跑步。如同其他運動項目的練習一樣，跑步訓練唯有透過正確的技術才能提升表現。

如何造就「完美的」跑步方式？

身為一個長期指導人們跑步的人，我整

腳跟著地跑法

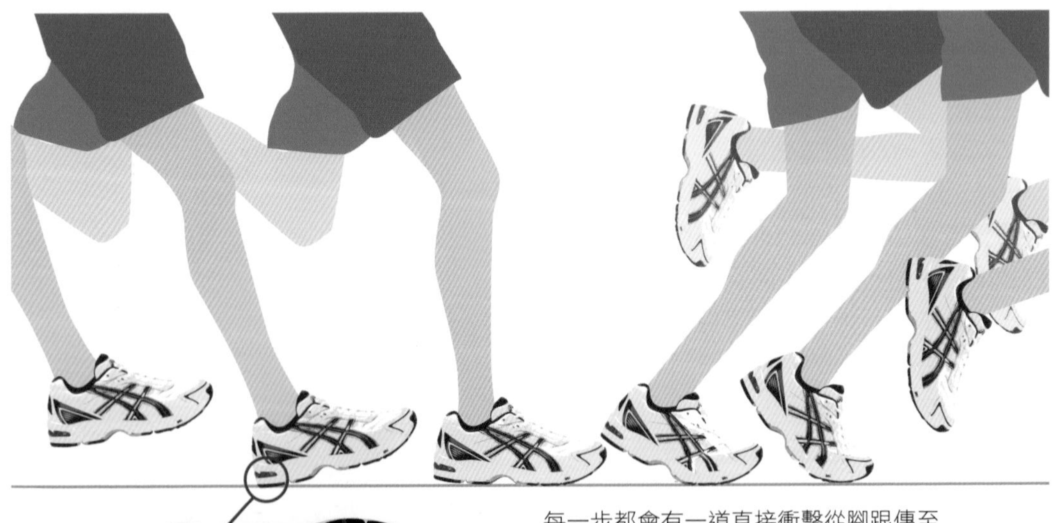

每一步都會有一道直接衝擊從腳跟傳至身體。雖然還未經研究證實，但有人認為這樣容易導致受傷。

理出了一些重點，可以讓人們的 10 公里跑步成績更快、避免受傷、或是教他們如何以中足著地。但問題是這些東西很難教；它們要靠不斷的練習才能變得簡單、實用與輕鬆。所以我建議是你在正常的訓練計畫之中，每 3 ～ 5 分鐘之間就試試進行 1 分鐘以下的動作：

- 試著讓著地腳的位置在臀部的正下方，而不是在前面。如果腳在臀部的前方著地，腳部的動作會導致煞車的現象，從而使得前進的動力受到阻礙。著地腳的位置在臀部的正下方，可以使腳步前進的動力得以連續，並且使每一步中的能量運用更加有效率。同時可以減輕腳部所承受的衝擊和壓力，藉此保護阿基里斯腱、膝關節、臀部和背部。這也是為什麼這些部位受傷時很適合把這種訓練當作復健。
- 試著讓腳跟在腳步的循環中保持在無壓力的狀態。一開始可能會覺得很不自然，然而這卻是世界上最有效率跑者的跑法。在每一跨步的循環的支撐期時，我們把身體大多數的重量放在前足，腳跟幾乎不太會碰到地面。這樣的跑法可降低腿部與身體所受的衝擊，透過足部的天生彈力得到吸震及向前推進的能量。
- 試著讓跑步的步頻達到每分鐘 88 ～ 92 個循環（每分鐘 176 ～ 184 步）。不論你跑步的配速如何，都應該維持在這種步頻。透過比較快的步頻，可以減少腳步的垂直交換、較少快縮肌纖維的使用、產生較少的衝擊壓力，以及從每一步伐之中得到更多的能量到下一步。簡單來說，就是更佳、更輕鬆、更快速地跑步。

前足著地跑法

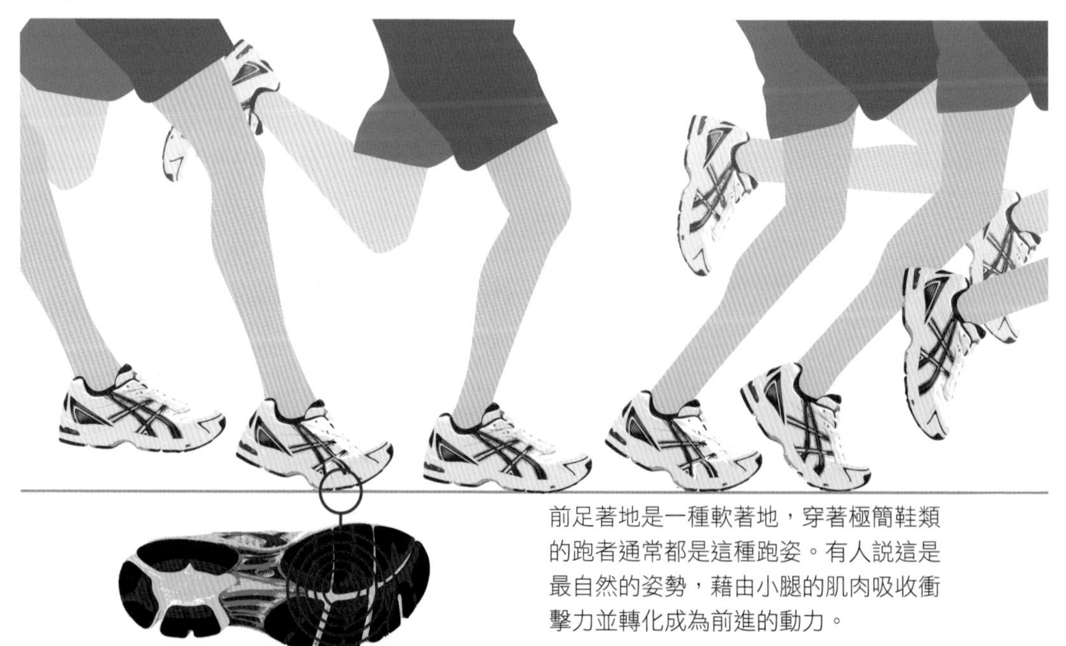

前足著地是一種軟著地，穿著極簡鞋類的跑者通常都是這種跑姿。有人說這是最自然的姿勢，藉由小腿的肌肉吸收衝擊力並轉化成為前進的動力。

- 試著使用髖關節（伸髖肌群）的力量而不是膝關節（屈膝與伸膝）的力量來前進。使用臀部肌群和腿後肌群等大肌群會讓你動起來更有效率，也會得到更多的水平推進力。這樣會使你的跑步過程更省力有效率。
- 在腳掌落地之前加快速度使腳向後，這樣子可以減少腿部煞車的現象，也代表一旦腳掌開始支撐重量就可以馬上開始推進。
- 試著讓雙腳與地面的接觸時間保持在最短，這樣可以幫助你減少在垂直移動時能量的浪費，讓雙腳的彈性裝置（天然的懸吊裝置）發揮得更好。

常見的錯誤

告訴別人不該做些什麼，接著再說該做些什麼，有時會比直接告訴別人該做什麼來得容易。以下是人們在跑步時常出現的錯誤，這些錯誤可以幫助你了解正確的跑步方式。

步頻

雙腳移動的速度應該要很快（也就是高步頻），也許要比你預期的長距離慢跑再快上許多。不論你是新手或是資深專業選手，高步頻將會使你跑得更快。有太多選手都錯誤地認為「彈跳式」跑法比較不累，因為身體有更長的騰空期。或許沒錯，但是這卻會降低你的速度，因為騰空期過長會浪費許多的能量在向上移動而不是向前推進，代表你的跑步會花更多時間。相反的方式反而比較值得推薦：減少跳躍的時間，也就是說減少你的雙腳與地面接觸的時間，會讓你跑得快一點。簡單來說，高步頻是好的，而任何彈跳都是不好的。

腳掌帶動雙腿

雙腿應該用膝關節來帶動而非腳掌。與「彈跳」的迷思一樣，人們常常認為伸展腳趾並加大步幅會代表了跑的速度更快。其實完全不是這麼回事。人體在下坡跑步時，腳掌著地的位置會自然落在膝關節的前方，因為這種動作會產生煞車的效果，讓我們因此減速。如果在平地的時候，腳掌的著地點仍在膝關節前方，那麼同樣的煞車效果也會發生，進而使我們喪失前進的動力。

抬起膝蓋

不管是在任何跑步距離的鐵人三項賽事之中，膝蓋提抬起的幅度都應該低，因為這樣可以讓跑步更有效率，能量消耗較少，從而延遲疲勞的發生。如果你是從游泳專業轉項成為鐵人三項選手，而你除了平常在學校的體育課有跑過步之外，都沒有受過其他跑步訓練，那麼你會發現自己習慣把膝蓋抬得很高，偏向衝刺跑法。所以當你在學跑時，練習如何有效率的進行長距離跑步：降低膝蓋抬起的幅度、高步頻、避免彈跳，以及讓腳掌在身體下方而不是前方著地。重點是在看完本章的技巧大綱之後，到戶外去邊跑邊想所讀到的內容，這樣子將會使你的身體在訓練過程中變得更有效率。

呼吸

不管你是資深的三項選手或是菜鳥跑者，跑步時都擺脫不了喘息（見第 2 章）。這是因為當我們身體移動得越快，身體就需要越多的氧氣。當運動量增加時，也代表肌肉需要更多的能量。身體會藉由提供肌肉充分含氧的血液來達到這種能量的需求，讓氧化醣解作用（oxidative glycolysis）能夠發生。

在跑步時，我們會配合步頻進行無意識的呼吸。最常見的呼吸節奏是2：2，也是每跑兩步吸氣，每跑兩步吐氣。如果是在進行輕鬆跑或是恢復跑的話，呼吸的節奏可能就會是3：3。若是在進行強度特別高的跑步或是間歇訓練，呼吸的節奏就可能是2：1或是1：1，但這些節奏都因人而異。

大部分跑者會自然地同時透過鼻子以及嘴巴呼吸，不會去思考哪種方式是對或錯。不管你用什麼方式，維持自然且不用特意去想的方式就好，因為空氣進入的方式無關痛癢，那並不會影響你成為一個好或是不好的跑者，只要你可以一直確保攝取到氧氣。但若你感覺呼吸不自然，我唯一的建議是，找出你在跑步時應該在何時吐氣。一般認為在左腳著地時吐氣，可以避免肋骨間疼痛；如果是在右腳著地時吐氣，就比較容易引起肋間疼痛。這是因為在右腳著地吐氣時，橫膈膜的位置與著地的衝擊力會傳導至位於右側的肝臟。

保持輕鬆

在任何運動中都保持輕鬆很重要，鐵人三項也不例外。如果你在游泳時身體是緊繃的，那麼你會沉下去；如果你在騎車跟跑步時身體是緊繃的，那麼你會浪費能量。保持在一種輕鬆的跑步狀態，不只會讓你跑得更快，更重要的是讓你跑得更久。尤其跑步是鐵人三項之中的最後一項，特別是在超級鐵人三項或是半程超級鐵人三項的游泳以及自行車項目之後，還能夠跑得快、跑得久就極其重要。

最常見的過度緊繃狀態都發生在脖子和下巴的位置，尤其當你緊握雙拳或是以手刀狀的方式埋頭努力時。試著放鬆你的前臂，讓雙掌微微虛握，放鬆下巴才可以輕鬆且自然地呼吸。記住這兩點，可以讓你跑得更開心也更輕鬆。

放鬆姿勢

身為一位跑者，記得最自然的放鬆姿勢是最重要的事之一。當你發現狀態很難放輕鬆時，試著慢下速度，甚至戴耳機聽音樂來放鬆自己，脫離緊繃的狀態。

身體的姿勢

在跑步時，身體需要適應一些特定的姿勢。雖然這對每個人來說都非必要，但是卻可以幫助大部分的人跑得更輕鬆。就像我先前說的，我是「如果不會受傷就不需要修正」的支持者。然而，當你在鐵人三項的賽事之中進行跑步項目時，你的身體已經非常累了，所以一些不好的技巧可能會顯現出來從而拖累你的表現。身為跑步背景出身的我，比較能適應這一點，因為我經濟的跑步方式能產生許多效益。但是我也看過一些頂尖的泳者認為他們現在也是頂尖的跑者，卻在跑步時失敗，因此試著專注在自己的跑步技巧上，不要將其視為理所當然。

手臂

通常能夠感覺自然就是最好的，因此自然地擺盪你的雙手，就像是鐘擺一般。對於大多數的鐵人三項跑步而言，不需要太強調動作，雖然在最後衝線以及在間歇訓練時需要靠肩膀產生較多能量。任何一種手臂的擺盪姿勢，應該保持在身體的側邊而不會交叉超過自己的胸前，因為手臂交叉超過胸前會導致呼吸不順或是不平衡的狀況發生。

臀部

臀部應該保持在直線狀態而不會轉動或搖擺，因為多餘的動作會浪費能量，然後又要抵抗多餘動作，結果又浪費更多的能量。最好的方式是臀部與肩膀保持在同一條線上，但對於某些人來說，尤其是女性跑者，這比較困難。然而，試著將所有的動作都保持在與跑步路線相同的前進方向，任何往兩旁移動的動作（臀部的搖擺）將會使你的跑步速度減慢。

肩膀

儘管不容易做到，但肩膀一定要保持放鬆：僵硬的肩膀會與臀部相反方向來旋轉上半身，導致配速變慢、浪費能量以及造成不穩定，這些都會導致你跑步變慢。

姿勢

記住自然、放鬆的姿勢是最重要的事之一。要訣就在於保持身體的直立，不要駝背。然而在核心高度疲勞的情況下，這將會是一個極大的挑戰。為了確保你在跑步的過程中不會發生這種狀況，要在特定的體能訓練上確實訓練你的核心，這對游泳也會很有幫助（詳閱第 10 章）。

步頻

步頻指的是每分鐘完整跨步循環的次數（rpm），也就是右腳與左腳都著地後，所完成的一個完整跨步循環。

一般或是非專業的跑者通常不太在意步頻的重要性，因為對他們來說還有諸如技巧、步幅、呼吸頻率等更重要的技術需要去注意。但是，如果你真的想要有所進步的話，那麼步頻就一定是必須注意的重點，尤其是在腳受傷之後或是遇到了訓練瓶頸。

如果你曾經在電視上看過菁英跑者的比賽，這些比賽有可能是鐵人三項賽事的最後階段、1 萬公尺的比賽或是奧運的馬拉松賽事，這些跑者看起來跑得非常輕鬆。他們跑 26 英里所維持的配速，大多數人可能連 1 英里都維持不了！有許多原因讓他們跑起來如此輕鬆且有效率。當然，他們是基因優良、體能狀況佳和專業的運動員，但是他們大部分的表現還是來自於跑步時的高步頻。

高步頻代表了你雙腿移動的速度很快，所以在踩每一步時，腿所受到的衝擊力會減少，降低受傷的風險。你或許以為低步頻代表了較少的前進動力，所以受到的衝擊也比較小，但是事實卻不是如此。低步頻代表身體有更多的騰空時間，會導致每踩一步時產生更大的衝擊力，因此會增加因衝擊而導致受傷的機率。低步頻也代表較長的步幅，腳掌的著地點就會在身體前方而非下方，會導致更多震波傳遞到腿部產生更大的衝擊。

低步頻代表腳掌的著地點在身體前方，也就是處於身體重心的前方而不是下方。這種跑法會導致煞車現象，使你的速

頂尖的鐵人三項選手和長距離跑者跑步時的步頻大多維持在 88 ～ 95 之間，而且鮮少因為速度而有所改變。

度變慢，我們稱之為「步幅過大（over-striding）」。高步頻的跑法可完全避免步幅過大的問題，讓跨步及推蹬的動作一氣呵成，保存並產生前進的動力，也就是說你可以跑得更快卻感覺更輕鬆。雖然這聽起來有違常理，但請相信我。

菁英跑者不管以甚麼速度跑步，大多會維持在同樣的步頻，因為高步頻在配速提高時有更多加速的潛能。根據研究顯示，高步頻的跑者在加速時，改變的只有他們的步幅。換句話說，他們 1 英里 6 分鐘配速的步頻是與 1 英里 10 分鐘配速的步頻一致，唯一改變的只有步幅，越快的配速步幅越大。

步幅就是從一隻腳換到另一隻腳的跨步距離，但是我們跨步的長度是有極限的。這代表如果你一開始跑步的步頻是 80，但是你卻想要在 5,000 公尺的賽事之中以每公里 3 分 45 的配速進行，你會發現你幾乎達不到這種配速，除非步頻改變。所以從慢跑開始改變你的步頻，開始習慣這種不同的感覺，然後逐漸進步。

計算你的步頻

為了要計算步頻，你必須在 30 秒或是 1 分鐘的時間計算單腳（左腳或是右腳）著地的次數。我通常都會要求學員在跑步機上計算，因為在面前有一個計時器，方便多次計算，同時也不會受到氣候或是路面狀況影響。

如果你選擇以 30 秒當作計算單位，那麼記得算完之後要乘以二，如果是以 1 分鐘為單位，那麼算出來的數值就是你的步頻。一旦算出來之後，就可以看看你距離完美的每分鐘 90 次循環還差多少。如果你的步頻是在 88 ～ 95 之間，那麼恭喜你，你的步頻已經很棒了。我曾經看過很高的男人步頻只有 74，或是步幅過大的女人只有 80，所以如果你的步頻偏低，請不要太驚訝，只要依照下面重點修正就能有所進步。

提升步頻

如果你已經在不同的速度下測試過步頻，而你決定增加它的話，以下的一些技巧會有幫助。當然，有時候對一個人有用的技巧，對另一個人不一定有效果，因為每個人都不同。所以找尋對你有效的方法並堅持下去。如果遇到瓶頸，也可換個方法嘗試。

- 首先要做的，也可說是最重要的事情，就是確定你的身體在腳掌著地位置的上方。請人在旁邊觀察你跑步的姿勢，並告訴你腳掌著地位置是在身體下方還是前方。如果著地點是在身體前方的話，那麼你就必須將身體調整至腳掌的上方。只要將臀部的位置前移，感覺自己好像將要踏出下一步。練跑時，要一直確認腳掌著地位置是在身體下方，這種練習在一開始是困難的，因此可以先從單腳的修正開始，之後再同時注意雙腳的著地位置。
- 以一個你感覺到舒適的配速跑一、兩分鐘，接著繼續維持這種配速，然後試著提早雙腳落地的時機。這種訓練方式最簡單的方法就是緊貼在一位跑者的背後練跑，或是一直貼著跑步機的前緣跑步，這兩種方法都會縮短你的步幅且能夠加速步頻。進行這種練習時，每隔個幾分鐘，就回到你原本的跑步步伐跑一下，接著再回到這種縮短步幅提高步頻的訓練上。

- 減少身體的上下移動，這對提高步頻及跑步效率非常重要。在跑步機上訓練時，對著鏡子看：如果你的頭在每一個跨步的過程中起伏超過 3 ～ 5 公分，那麼你就要努力改善這種狀況，因為身體上下移動會讓你浪費很多前進的動力。
- 跑步時假想著你兩腳中間有一個長寬高各 10 公分的箱子。因為你不能雙腳踏到中間的箱子，所以必須把腳維持在箱子的兩邊，而不是在箱子前方或是中間。這個練習對步幅過大的人來說很重要──能縮短你的步幅、加快你的步頻。
- 以較短較快的跨步方式來跑步自然可以提高步頻。但是千萬不要以不實際的高步頻來跑，甚至超過 100。最重要的還是以自然放鬆的狀態跑步，只要確實的縮短步幅即可。
- 不論是舊式的節拍器，或是智慧型手機 APP 的節拍器，將它設定在每分鐘 90 拍，然後試著讓你的步頻跟上節拍。這是簡單又方便的方法，尤其是在工作了一整天之後，這種訓練方式讓你不需要思考太多。
- 聽音樂。最近很多健身公司都設計了具有節拍的音樂，可以藉此讓你提高步頻。雖然我還沒使用過這種方法，但聽說效果不錯。

一旦你習慣了 88 ～ 95 之間的步頻，這種步頻比起低步頻更可以提高你的跑步速度，從而讓你締造出更好的成績、避免受傷或是再次受傷，能使你更享受跑步的樂趣或是更容易轉換成中足跑法。不論你的狀況如何，你將會變成更棒的跑者，鐵人三項比賽的總和時間也會縮短不少。

個人經驗

我通常要學員在熱身與動態伸展之後進行每小時8公里的配速慢跑1分鐘，然後放鬆走路，接著每小時10公里的配速1分鐘，然後時速12公里、14公里，如果狀況許可也可嘗試時速16公里，在每一分鐘的跑步之間都有休息以及飲水的時間。我會計算他們在這些速度下跑步的步頻，這種方式可以讓我清楚地了解他們的跑步能力與步頻，以及是否要調整他們的跑步方式。

腳跟著地與前足著地的跑步方式

如同先前所提，約有 80% 的跑者都是以腳跟著地的方式來跑步，然而我們的祖先們多是前足式跑者。一直到最近五十年因為避震式跑鞋的發明，才讓我們得以用腳跟著地的方式跑步，而不會引起巨大的衝擊力傳導到雙腳與身體。最近因為赤腳跑步的流行，以及赤足鞋款和五指鞋款的出現，許多媒體又開始注意到前足式跑法[3]。

在鐵人三項跑步的項目中，最大的疑問是哪一種方式比較好，是腳跟著地還是前足著地？我們是否應該認為祖先的跑步方式一定是對的，而回到使用前足式跑法的根源？或是認為我們已經進化，就像我們現在都穿著內衣內褲來防止部位的晃動一樣，也要接受穿著鞋子讓我們得以用腳跟著地的跑法，才是人類現今該有的跑步方式？對我來說，最主要的問題是當我們穿著學校鞋、工作鞋、工作靴等鞋子走路時都是腳跟先著地，這就是我們走路的方式。小嬰兒一開始在學走路時多是以腳尖行走，但是幾週或幾個月之後也會變為腳跟著地。所以，何者才正確？我們是否進化的更好，又該用何種方式來跑步呢？

改變成中足式跑法

我曾經看到許多外行的鐵人三項選手，為了突破個人跑步的最佳成績，在尚未體認到必須先改變跑法之前，就去購買中足式的跑步鞋。穿著中足式跑鞋並不代表你就是中足式跑者。

赤足鞋的製造商、老闆、赤足跑步社團都宣稱，跑鞋製造商們藉由鞋子的設計改變了我們原始的跑步方式，其中影響最深遠的就是腳跟的避震設計。他們認為若是沒有這種膠質、氣墊或是蜂巢式的避震跑鞋，我們就不會適應腳跟著地的方式。我了解他們強調的重點，而製造商們如果承認這種說法錯誤，那麼他們一年將會少掉數十億美金的銷售額。然而，就像我先前所提的，我們日常生活中所穿的鞋子又是怎麼一回事呢？當穿著它們時，我們都是以腳跟著地，當然，走路時的衝擊遠小於跑步，但是衝擊的力道依然存在。

我個人相信赤足跑有它的地位，而它也是我們如何跑步的原型。然而我也覺得我們已經過度進化，而現在最好只將赤足跑保留給偶爾在公園中或是海灘上跑步，當成是交叉訓練或轉換心情，但我並不建議赤腳在柏油路以及跑步機上跑步。我會這麼說是因為赤足跑步需要投入更多的專注力。如果注意力不夠集中，你的跑步姿勢就會悄悄地又變成你所熟悉的腳跟著地跑法。在激烈的游泳以及長距離的自行車之後，你的臀部肌群和腿後肌群會很疲勞，更別提你心理上的勞累。一旦開始跑步，這種疲勞感可能會使你原本簡潔快速的步頻開始變慢，原本的前足式跑法逐漸變成腳跟著地的跑法。如果你是穿著赤足鞋或赤足跑步的話，你的腳踝、膝蓋、臀部、背部將會開始受到強大的衝擊力所影響，很有可能導致受傷。

說了那麼多，我本人是前足式跑法的大粉絲，我曾經改變過我的跑步方式（雖然我原本就有短步幅及高步頻，需要修正的地方並不多），但是因為我自身清楚知道這種跑法帶來的益處，所以我也更能將這種經驗傳授給我的學員們，也曾經成功讓許多人以不同的方法從腳跟著地跑法改變成中足著地的跑者。這種跑法讓他們減緩長期臀部疼痛及克服腳踝傷害，也在超過 5 到 10 公里距離上看到速度提升的效果。

以我個人而言，前足式著地的跑法讓困擾我長達一年半的髕骨肌腱炎不再發作，所以我是這種跑法的擁護者。但是我建議你一開始還是先穿著跑鞋進行訓練。赤足跑要等到你具有一定的程度之後再嘗試。

在開始前足式跑步之前

如果你想要試著從腳跟著地轉變成前足式跑法，那麼接下來的一些建議可以幫助你轉變。如果你認為自己已經是中足著地的跑者，或至少在訓練中可以專心做到的話，下列技巧也可以幫助在游泳及自行車階段後疲累不堪的你。

最後，千萬要記得基比沙拉錫（目前馬拉松世界紀錄保持者；2:03:59）也是一位腳跟著地式的跑者，這種跑法從來沒有影響到他的表現。所以只要切記訓練準則（腳掌接觸地面的位置應保持在身體重心的下方，輕盈不費力的著地），前足著地與最大攝氧量、有氧能力、正確力學相比較，可能對跑步表現只有些許影響，甚至沒有影響。

如何前足式跑步

首先，你必須清楚了解並接受本章至此所敘述的正確的跑步力學。接著，一步一步慢慢來。不管你做什麼樣的練習，不要只因你用腳跟著地的方式可以跑長距離就一下子嘗試長距離。把自己當作傷癒復出的人，重新打好基礎。因為我們會以高步頻短步幅方式進行前足著地跑步，所以加強臀部肌群與腿後肌群的鍛鍊很重要。要特別注意一些特定的體能訓練技術及特定的預防傷害動作，才能避免受傷（詳見第 10 章）。

鞋子

選擇一雙好鞋幫助你度過跑法的轉換時期，當然你也可以穿著平常的跑鞋來進行前足式跑法的訓練，只要確定著地的部位會是腳掌的中前方而不是腳跟即可。不過一般跑鞋的問題在於它們的腳跟護墊可能讓你無法正確地用腳掌的中前方著地。因此，你可能需要去買一雙中足鞋、赤足鞋或是五指鞋。

重點是記住這些鞋子只有一點或是完全沒有軟墊來保護腳跟獲支撐足弓。因此如果穿這種鞋以不好的前足式姿勢或是腳跟著地的跑法跑步時，你會受到相當大的衝擊（約是體重六倍）。這種衝擊是連鎖性的，從腳底傳到臀部再到背部。根據你的步伐以及每週練跑量的多寡，很可能會對你的身體造成毀滅性的影響。我曾經在二〇〇五年的時候穿著赤足鞋跑步，那時我還沒有將跑姿修正為前足式跑法。不幸地是，大約同時間我剛好在上酷跑（parkour）與極限路跑

（free running）的課程。結果我的足弓塌陷而且髕骨肌腱炎復發，這些傷勢都是起因於我穿著沒有保護腳跟的鞋子卻仍然用腳跟著地跑法。經過這一個事件，我學到了慘痛的一課。在這裡分享給大家，是要大家從我錯誤的經驗中學習，而不是從你自身的經驗中去學習，這樣要付出的代價太大了。

別躁進

把自己當作傷癒復出的人，一切的練習都要慢慢來。因為你必須要試著拋棄對你來說是習慣也是自然的跑法。嘗試接受一個全新的東西是花時間的過程。當你感到疲勞失去注意力時，你所練習的新技巧很有可能又倒退回腳跟著地的方式。此時你所穿的鞋子如果沒有保護腳跟的鞋墊，就會使自己受傷。

成功的姿勢轉換將會花上你許多時間，通常是以月計而不是以週計。然而，每個人的身體狀況都不同。只要你有耐心，按照自己的進度與時間安排來練習，沒有理由學不會在不受傷的狀況下用前足式著地跑法。此外，如果你目前的練跑量非常大，而你不希望在學習新姿勢的期間減少跑步的里程數，那麼只要在你原本的訓練計畫之中加入前足式著地跑法的訓練項目即可。可以把前足著地跑法穿插進入原本的訓練計畫，或是在原本跑步訓練中簡單的加入前足著地的間歇訓練（前足著地跑法跑 1 分鐘，原本的跑法跑 5 分鐘）。然後在接下來幾個月的訓練之中，不停增加前足著地跑法的時間，減少原本用腳跟著地跑法的時間，每週最理想增加的百分比大約為 10%。

改變成中足式跑法

在你將跑步姿勢從腳跟著地改變成中足著地之前，必須先了解自己是否真的需要做這種改變。如果你使用腳跟著地的跑法，但是卻沒有受傷的風險而且跑步的成績也很好，那麼你為什麼要改變呢？到目前為止，並沒有一項獨立的長期研究可以證明中足著地的跑法比腳跟著地的跑法來得更有效率、更快或更具經濟性。

準備與休息

準備、準備、再準備

如果你嘗試改變成中足跑姿，在季外與季前時期的訓練都要確保你有確實執行所有的體能訓練[4]與預防傷害訓練。我會要求學員們在季前時期必須確實地做到這些練習，透過它們發現自己技術的不足之處，進而都可以在健身房中得到改善。太多三項選手（尤其是女性）會忽略這些關鍵訓練，只執行跑步訓練。

一般運動的人被分為兩類。有一類只做重量訓練而不做心肺訓練（CV training，包含跑步、游泳、自行車、划船等）；另外還有一類不做重量訓練，只做自己喜歡的心肺訓練，以跑步居多，游泳與自行車排在第二位。三項運動選手在上述的區分之中大多屬於後者。他們相信能夠讓他們進步的唯一方法就是每天待在泳池裡、自行車上以及道路上。在我親自訓練的三項運動選手之中，約有 50% 以上的選手有肌肉不平衡的狀況，這些狀況都可以藉由每週上一次健身房進行體能訓練而得到改善，讓他們更輕鬆應付游泳、騎車或跑步訓練。

我能夠理解為什麼三項運動選手不去健身房進行體能訓練的原因：

1. 比起體能訓練，游泳、騎自行車與跑步是比較簡單且有趣的運動。自己熟悉的訓練項目操作起來較為容易，因此體能訓練自然就被忽略了。
2. 害怕因為體能訓練的關係造成肌肉生長，讓人在游泳時變得笨重與不靈活，在自行車項目造成風阻過大，跑步時也會因身體笨重而導致速度變慢，進而增加比賽時間及失去傲人的體型。完全錯誤。鐵人三項的訓練橫跨三種項目，有極高的體能需求，強壯的闊背肌與肩膀讓你成為一個更有力的游泳選手，可以游得更快；更強健的雙腿可以讓你騎得更快；更強壯的臀部肌群與腿後肌群可以讓你有更多在終點前衝刺的力量。更別提擁有強壯的核心可以在三種項目的表現上更快且更有效率。體能也是避免受傷及良好復原能力的關鍵。
3. 每週可以進行的訓練時間有限，尤其是在避免過度訓練的風險之下（見第 4 章）。我完全同意這個觀點。大多數的鐵人三項選手捨棄跑步、自行車或是游泳訓練而換成體能訓練簡直是瘋了，值得嗎？是的，非常值得！找出時間，不管是在輕鬆恢復之後或是技術訓練之後，都能夠進行體能訓練。參考第 11 章的訓練課表。

體能訓練及預防傷害訓練應該是每位三項運動選手每週訓練課表的一部分，尤其是在季前與季外時期。在學習中足著地前先進行體能訓練可能更重要。

休息

我在我的第一本書中，一直強調過度訓練的問題，所以對於我不斷重複休息、恢復以及過度訓練的重要性不要感到太驚訝。對於鐵人三項選手來說，有太多的訓練項目要

訓練量

在第4章中，我們討論了訓練的基本原則以及如何藉此增進體能。然而，還有一個很重要的因素尚未提到，就是「訓練量」。不論是針對跑步項目或是所有三個項目，也不論你是不是新手或專業跑者，切記最容易產生與跑步有關的傷害，就是突然大幅提高跑步的里程數或是訓練量。

關鍵在於剛開始時，訓練量不要太多，也不要每天都訓練，從基礎慢慢逐漸增加。這對三項初學者、剛傷癒復出、經過長時間休息（就像季外時期一樣）、或從奧運距離跳到超級鐵人距離的人來說非常重要。一般來說，應該是每一週增加約10%的訓練量比較可靠也較容易控制，且不會有受傷的風險。

另外一群常遇到訓練量問題的三項運動選手，是想從腳跟著地跑法轉換成前足著地跑法的人。這並不是一件簡單的事，可能會花上許多時間。我的建議是從200～500公尺的短距離開始，以不超過1公里為佳。接著每週增加10%以內的訓練距離。然而這都是建議，可以依不同情況調整。

去完成，所以大多恨不得一直訓練，一旦休息就會有罪惡感。大可不必。你要專心地盡力完成每一個訓練項目，然後充分休息，告訴自己你已經很努力且一直在持續地進步中。

當你在進行任何一種訓練計畫時，特別是鐵人三項，一定會有過度訓練的風險，所以非常需要休息與恢復。不論是高強度的訓練，或是長期低強度訓練或停止訓練一段時間後再訓練，都有可能會出現延遲性肌肉痠痛。當訓練量逐漸增加，體能逐漸變好的時候，這種肌肉痠痛發生的機率就會逐漸減少。但不管何時，只要出現這種痠痛現象，就要好好休息與恢復。當我們在練習中足著地跑法時，這種痠痛會因為生物力學的改變、使用的肌肉部位與平常跑步的肌肉不同而發生。除了休息之外，一些動態恢復、伸展運動、穿著壓力褲或是按摩，都會對你有幫助。千萬不要忘記休息！

結論

人們常常對於如何跑步、在哪裡跑步，以及該進行何種跑步有很多不同的想法。不管你是跑步機的熱愛者還是厭惡者，喜歡在田徑場跑步或是在道路上跑步，鐵人三項的跑步訓練應該要有趣。加入跑步社團或是與你的朋友一起進行長距離和間歇衝刺的訓練。如果你考慮增加里程數，記得要慢慢來。同樣的，如果你考慮前足著地跑

大肌肉？

大部分的女性都害怕做太多重量訓練會讓肌肉變大。但是我願意打賭，大部分的女性整天提著的手提包的重量比許多男性在健身房內用來增長肌肉的重量還重。試著將重量訓練每組的反覆次數維持在15～20次，這樣不僅可以鍛鍊到肌肉，同時也可以增加肌耐力。永遠挑戰較重的重量；它們不會使妳的肌肉變大，也不會使妳變慢。它們會幫助妳，使妳在不知不覺中成為更好的游泳選手、自行車騎士與跑者。

法或是赤足跑，一定要選擇正確的鞋子以及裝備。如果你要跟上跑步世界中的最新議題，可以看看像是《MEN'S Running》或是《WOMEN'S Running》這類的歐美雜誌。最後切記，跑步是三項運動項目之中最自然的，不要被自以為是的人給誤導。按照本書的建議，給自己多些時間休息、恢復，還有進行體能訓練。

譯註

1. 一九六七年九月十三日出生，美國田徑運動員。擁有男子 400 公尺短跑與 4x400 公尺接力（美國隊）的世界紀錄。生涯曾贏得四面奧運金牌與八次世界田徑錦標賽冠軍。
2. 前男子馬拉松紀錄保持人。一九七三年出生，衣索比亞長跑運動員。他曾是馬拉松、半程馬拉松和1小時限時跑等多項長距離賽事的世界紀錄保持者。
3. 在這一小節之中，作者常常將前足著地（forefoot）以及中足著地（midfoot）混合使用，但強調的重點還是在於用腳掌的中前段著地，而不用腳跟。
4. 此處所指的體能訓練是重量訓練及核心肌力訓練等練習。

第8章

轉換

大多數人都認為鐵人三項只有三種運動項目：游泳、自行車與跑步。其實鐵人三項還有第四種項目，就是「轉換」。

「轉換」指的是我們從游泳到騎自行車（T1；第一轉換區）和從自行車到跑步（T2；第二轉換區）的過渡階段。如果你都只有進行獨立項目的訓練，而忘記轉換的重要性，那你在比賽時一定會很慌張。你的目標應該是爭取更多優勢，而不是在這些轉換區浪費時間。

將你的運動裝備分類好，不只要乾淨、整齊，而且要擺放有序，可以讓你直接拿了就上路比賽。例如，能在跑步過程中脫掉防寒衣，會讓你成為一個更可靠的三項選手，甚至可能縮短個人最佳比賽時間。

鐵人三項賽事有一個計時鐘，當比賽槍響時開始計時，在你跑回終點之後停止。你身上會有計時晶片把時間傳送到大會的電腦，不論是在你游完泳進入第一轉換區、離開第一轉換區開始騎車，或是騎完車進入第二轉換區、離開第二轉換區開始跑步時。所以你的比賽時間不只是三種項目的個別時間，也包含了你在第一與第二轉換區所花的時間。

轉換區

在比賽之中，有一個區域只有選手以及相關工作人員可以進入，就是轉換區。這裡是你放置所有比賽裝備以及要換裝的地點。在這個區域裡面的東西必須擺放的井然有序，這樣你才能知道所有東西的位置。熟悉轉換區最好的方法就是透過練習。每週預留一個小時的時間來訓練第一轉換區和第二轉換區的轉換。準備好你的裝備，練習每一個環節，從脫掉濕透的防寒衣（如果有需要的話）到騎上自行車，下自行車換上跑鞋。一般認為如果規律練習轉換動作，可以節省 30 秒到 1 分鐘的比賽時間。

心態控制

頂尖的職業選手在進出第二轉換區所花費的時間可以只有區區 10 秒或更少，因為他們有充分的準備與練習。列出一張在轉換區內要做哪些事情及其順序的清單或許對你有幫助。根據清單的內容練習，接著修正

帶上所有裝備

帶上所有裝備。雖然你可能不會用到那麼多，但是至少緊急時，它們會在轉換區供你使用；要是它們在家裡你就慘了。有準備卻沒用到總比沒準備但卻急需使用來得好。不是完全必要的東西，不要帶著它們騎車或是跑步。

清單，然後再練習。一旦你熟悉轉換的流程，就可以試著從水中起來進行轉換，讓你能夠熟悉游完泳之後的狀態以及轉換過程。

最重要的是要保持冷靜，就算你最大的競爭對手也已經在轉換區，你也要保持專注。一旦開始在意別人的動作，你就會無法集中注意力，然後容易開始犯錯。當我們在緊張或是有壓力的情況下，只能記得 30% 的事情。所以關鍵就在於保持冷靜，記住自己在練習的順序與動作。你的最終目的是讓轉換流程變成自然的習慣，只有當東西不見或是忘記放東西才會出錯。所以在這裡我還要重複一下海軍陸戰隊的名言：「你照顧好你的裝備，裝備就會照顧好你！」

如何穿著

更換服裝會浪費時間。頂尖的三項運動選手在騎自行車或是跑步時都是穿著在防寒衣下的賽服，或是穿著他們用來游泳的服裝，有可能是泳裝也有可能是三鐵衣。然而，你並不一定要跟他們一樣。如果你想要換成車衣與車褲，當然可以。你想要再換成跑步短褲和背心，這也沒問題，只要服裝有覆蓋住胸部（這條規則對兩性來說都是通

用的，特別是針對男性！）。如果你選擇更換服裝，就必須用毛巾遮住（在轉換區內不允許裸體）。只要符合賽事規則，你穿什麼都可以。

需要謹記在心的是爭取時間。大部分的職業鐵人三項選手，在跑步時不會穿襪子，但是如果你有穿襪子的習慣，如法炮製可能會覺得不舒服，特別是感覺水泡要冒出來的時候。我的建議是在訓練初期，你先把跑鞋換上三項專用鞋帶（彈性鞋帶可以讓你不需花時間綁鞋帶），然後不穿襪子跑個幾次，看自己有沒有辦法習慣。如果可以的話，好極了。可以先在鞋子容易摩擦的地方塗上凡士林，然後放在轉換區。再次強調，了解自己的需求，然後準備自己的裝備。

分別擺放你的裝備

大多數比賽的第一轉換區和第二轉換區都是安排在同一個地點。然而，有一些賽事的游泳到自行車的轉換（T1）是在一個地方，自行車到跑步的轉換（T2）又在另一個地方。這兩種轉換安排是否較難，每個人的看法不同。當你提早在賽前抵達會場時，務必仔細閱讀所有的賽事資訊，然後好好準備你的裝備，這一點在哪兒都一樣。但是記住，如果轉換區是分開的話，你必須分裝好你的補給品及分配好你的裝備，例如兩瓶防曬油之類的。

預演

當你擺放好裝備之後，實際走一遍轉換區是很重要的訣竅。當你抵達轉換區時，先找到你的位置，接著擺好裝備（最重要的部分），然後走一遍你在轉換區內的動線。如果賽事設計的路線只有一條，就照著那條路線走。基本上就是先做一次你比賽時會做的事，意象練習、觀察場地以及你將如何進行。藉由這種方式進行轉換區的預演，可以減少犯錯的機會，把可能會遇到的問題在預演時就解決，才不會對比賽造成影響。

第一轉換區（T1）

不管是在泳池、開放式水域或是海泳，你都需要離開水域，然後跑到擺放自行車裝備的區域。在過程中可將防寒衣、泳鏡、泳帽脫掉。

通常在水域與轉換區間會有段距離，不論是從泳池游上岸進入更衣間，或是從湖邊上岸到停車場進行轉換，或穿越海灘進入淋浴帳篷（沖掉會讓皮膚擦傷的海水鹽分），再到停車場進行轉換。在這個路線上，你通常都會有充分的時間可以脫去你的防寒衣、泳帽以及泳鏡。

游泳裝備的價值都不低，你一定要找地方收好這些裝備，不要為了在比賽中追上別人，就將它們像電影情節一樣隨意丟棄。你的夥伴或是朋友無法進入轉換區，但是你可能可以將游泳裝備遞給他們收好。若此法行不通，你就得把裝備帶到轉換區。這樣也不壞，因為你總免不了可能獨自參賽，所以將這種轉換練熟是比較穩當的作法。

1. 離開水域

在開始說明如何從游泳轉換成自行車之前，我必須先提及如何離開水面的一些訣竅。這真的是一個很重要，必須要做對的地方。如果做錯，你將會以跨欄跑步的方式離開水域，在抵達轉換區之前就先筋疲力盡。同樣的，如果太晚離開水域，你的防寒衣（如果運氣不好的話，你的下巴與鼻子也會）會因為水底的沙子或石頭而產生砂紙效應。

重點在於當水域的深度無法再讓你完成捷式的划手，但是仍然不適合起身跑步以免耗費過多體力時，就是海豚式跳躍發揮效用的最佳時機點。

海豚式跳躍

這個動作適合在游泳的一開始及結束時使用，常見於游泳選手跳水進入水中或是轉身時。這動作是在模仿海豚，好讓水流可以順著身體流過。一開始做時會覺得很彆扭，但一旦熟練後，它就會成為離開水域，或是在泳池內每次游泳轉身時非常好用的技術。

水平到垂直姿勢

很多人在T1時都會感到頭暈，這是因為我們突然從游泳的水平姿勢轉變成站立姿勢所造成。避免這種現象的一個方法是在最後200公尺時用力打水，這會讓你多花一點能量，呼吸也會更急促。但如果你容易有頭暈噁心的現象，這麼做是值得的。

最後的要點

當海豚式跳躍到達已無法使用的地方時，你就必須跑上岸。使用雙腳跑上岸的時機也有分好與壞兩種。好的時機是水深在膝蓋高度時，水深比膝蓋還高時游泳的速度會比跑步還快。當水深位在膝蓋以下時，用雙手撐在地面上（有點像是在做伏地挺身的動作），然後將膝關節拉至手臂附近（有點像是波比跳躍的動作）。雙腳著地後用最有力的那隻腳啟動向前，開始跑上岸，離開斜坡。

2. 脫掉泳衣

首先把泳鏡移到額頭上，但先不要脫掉泳帽。你的手上不能拿東西，因為要空出雙手來脫防寒衣。

你的目標是在轉換之前把防寒衣脫掉，但是在沒有完全離開水域之前先別脫。當你離開水域前往轉換區時，如果可以迅速且有效率的脫掉防寒衣，就會節省許多轉換時間。千萬不要在擁擠的地方脫防寒衣。

不管你在做什麼動作，記得保持移動，不要停下來。在你開始脫防寒衣之前，一定要確認你已經完全離開水了。如果你在淺水區跑步時就想脫防寒衣，可能會產生不平衡的狀態。如果此時跌倒的話，你的手臂可能還纏在防寒衣袖子裡而無法保護你。

十個流暢的防寒衣脫除技巧：

1. 先用一隻手把脖子後方的黏扣帶鬆開，再用另一隻手將拉鍊繩拉下來。
2. 用一隻手拉著衣領，順勢把防寒衣從另一邊的肩部脫下，這樣你就有更多的活動空間。
3. 此時把手臂暫時還留在防寒衣內。
4. 重複步驟 2，脫掉另一側的防寒衣，但是這一次要直接把整隻手臂的防寒衣都脫掉。

5
ZOGGS
PRO

6
PRO
TIMEX
QUINTANA ROO
SHIMANO
challenge

7
PRO
TIMEX
SHIMANO
challenge

8
PRO
TIMEX
SHIMANO
challenge

9
PRO
TIMEX
QUINTANA ROO
SHIMANO
challenge

10
PRO
TIMEX
QUINTANA ROO
SHIMANO
challenge

5. 回到原來的那一邊。
6. 完全脫掉這一隻手臂的防寒衣，現在你只有下半身還穿著防寒衣。
7. 抓住防寒衣腰帶的部分，然後用力把防寒衣往下脫，手臂伸直的動作就像在做臥推一樣把防寒衣往下推。
8. 一旦將防寒衣推到膝蓋以下，在小腿部位的防寒衣就會變得很緊繃。
9. 先用一隻腳將防寒衣踩在地面上，而將另一隻腳盡可能向上抬起，完全將這一腳的防寒衣脫掉。
10. 接著用這隻腳踩在防寒衣上，讓原來那隻腳脫離防寒衣。

一旦進入轉換區之後，就把防寒衣、泳帽與泳鏡都放入你個人專屬的區域或是防水包之中。

你也可以穿著防寒衣跑到轉換區，但是要不要這麼做，取決於轉換區和水域之間的距離。如果距離超過 400 公尺，也許就值得先脫掉防寒衣，把它放在肩膀上跑到轉換區。這麼做的原因有二：沒有防寒衣束縛你的腳，你可以跑得更快。另外，當防寒衣還是濕的時候會比較好脫，如果乾掉就比較難脫了，所以到達轉換區的距離比較長時，最

視察出口區域

頂尖的鐵人三項選手在比賽前都會先視察轉換區的出口，然後在心裡先規劃著從水域到轉換區的之間，何時何處該做什麼事，以及如何脫掉防寒衣。學著這麼做，就像我在海軍陸戰隊所學到的「事前計劃好，表現才會好。」

適應與潤滑

一個來自職業鐵人三項選手的訣竅——如果你的腳掌比一般人來得大，而防寒衣常常卡在你的腳跟，此時可以將防寒衣褲管剪去一到兩吋，方便穿脫（這樣的修改不會影響防寒衣的效能），或是於賽前在防寒衣褲管口的地方塗上潤滑劑（不要用凡士林，因為它會分解防寒衣）。潤滑劑在水中應不至於脫落，但有可能會黏沙子。不管哪種方法都能夠幫助你節省寶貴的時間以及更珍貴的體力。

好先脫掉防寒衣。接著在跑去轉換區的過程中把泳鏡、泳帽脫掉，再把裝備放在轉換區你個人的專屬區域內。如果你決定先脫掉泳帽、泳鏡，那麼在脫防寒衣時，就可能需要把泳鏡、泳帽丟在沙灘上。

3. 車衣與號碼布

如果需要換穿車衣，馬上先將它穿上再做其他的事。確認你的號碼布確實用別針別好或是用號碼帶繫好。如果你不穿車衣的話，此時可把你的號碼布固定好。有些人喜歡先在鐵人服上別上號碼布，接著再穿上防寒衣，不過賽前要先確認是否可以這樣做。如果可以，就先用號碼帶固定好，可以讓你額外節省 5 秒鐘。

你不見得會被要求在上衣別上號碼布，但還是要先準備好，以免臨時需要。現在大部分的鐵人三項比賽都會在選手的手臂及大腿上印上號碼，所以在騎車或跑步時都可以清楚的辨識出你是誰。

如果你穿著跑步背心並在衣服上別上號碼布，請確認你沒有把背心前後整件別在一起，很多人都會犯這個錯！

4. 車褲

如果你需要穿著車褲，在這個時候換上它。此時可以先用毛巾將雙腳稍微擦些爽身粉，因為要將萊卡材質的車褲穿上濕的皮膚會是一場夢魘！

5. 鞋子

如果你是穿著跑鞋騎車或是要穿著襪子再穿上車鞋，都在這個時候搞定。頂尖的鐵人三項選手們都會事先把他們的車鞋固定在自行車上，也會事先把凡士林塗在容易產

練習戴安全帽

這聽起來也許很可笑，但是你已經有多少次被要求戴上安全帽，但卻花了將近1分鐘或是一直無法把安全帽扣好呢？所以，請多練習。把你的安全帽放著，練習快速拿起戴上的過程，並在練習的過程中確認你可以在又累又濕又喘的情況下完成。如果你還想要更進一步，可以試著在黑暗中練習（軍隊技能之一！）。如果你可以完成的話，那麼你就可以頂住T1與T2的壓力。但是如果你的安全帽是新買的或是借來的，那麼你就必須整個再重新練習穿戴的技巧。

生摩擦或是可以幫助套上卡鞋的地方。他們很少穿襪子，但這些都是個人的喜好。在比賽之前先嘗試各種做法，選擇適合自己的。

6. 安全帽

戴上你的安全帽然後扣上安全帶。千萬不要忘記將帶子拴緊，否則你一旦摔跤，安全帽可能會從頭上鬆落滾出去。如果你在賽前練習過的話，應該只會花費數秒鐘就可以戴好安全帽。

7. 太陽眼鏡

先把太陽眼鏡固定在安全帽上，而不要先戴在臉上，因為它很可能在你牽車跑出 T1 時阻擋到你的視線。我的建議是找一個可以將鏡架穩穩地插入安全帽的方法，且在需要時可以不費力地將它取下。你不會希望在一年中最亮的比賽日那天讓太陽眼鏡飛出安全帽，然後掉下去碎了一地，或是卡在

安全帽上拿不下來。再次強調，這需要事前的準備與練習。

8. 取自行車

跑出轉換區去牽你的自行車，如果你在轉換時車子已在身邊，那麼就直接把車子推出去開始騎！

車子會放在何處是與你參加的鐵人三項賽事規畫有關。如果是一場規模較小的賽事，你的車子以及轉換裝備的地方可能會合在一起，但是這種賽事安排越來越少見了。最近越來越多人參加鐵人三項比賽，比賽規模也越來越大，即使把參賽者分成一百個梯次出發，轉換區在同一時段裡仍然是擠滿了人，所以自行車往往都被安排放在別處。多數大型的鐵人三項賽事，都會在特定的地區設置自行車支架，按照號碼排列。如果你事先預演過的話，就會比較了解動線的安排。至於在掛放自行車方面有許多方法，可以利用握把，也可以利用坐墊來掛放。所以在比賽前練習如何取車，然後決定你要用哪種方法。

9. 騎上自行車

如果你無法在離開 T1 後馬上開始騎車，你可能就會先摔倒在地上。避免這種情況的最好方法就是正確的騎上自行車。最簡單也最具技術性的方法，就是將這動作分成許多細項執行。之前我已經講解過如何分段脫掉防寒衣，在這裡我要講解如何騎上自行車。

你的自行車上面應該已備有充分的能量補給品、簡易維修裝備以及在不同距離賽事中所需要的東西。比賽時你只需要戴上安全帽（有置放太陽眼鏡），取下自行車、推出轉換區然後騎上去即可。

扶著坐墊跑步

推自行車最簡單也最迅速的方法就是用一隻手扶住坐墊。如果只扶住手把，很有可能會被踏板給絆倒。一個適當的速度會讓自行車前輪在推車的過程中保持筆直，而扶著坐墊可以讓你靠著傾斜自行車的角度來控制方向。

手的位置

在你準備踏上踏板的前三到四步將手從坐墊移到握把。如果你是用右手扶坐墊的話，在放開坐墊的那一霎那用左手抓住把手。至於該抓把手的哪裡與個人習慣有關。與游泳項目中的定位與轉身一樣，我建議你多練習，讓這動作成你擅長的技巧。

上車

同樣的，你也必須不斷練習這件事。一旦熟練之後，你不只可以節省時間，同時姿態優美，在自行車項目也能取得一個好的開始。當你在推著車子跑的最後幾步路時，握好手把，先將外側腳踩到踏板上，接著再把內側腳往後盡量抬高繞過自行車，然後平穩的坐在坐墊上。在過程中千萬要看準坐墊位置，準確的將你的臀部或是大腿內側落在坐墊上；如果你沒對準可能會很不舒服。

上車線

記住，出了轉換區的地面上劃有一條上車線，你不能在這條線之前騎上車，因為這樣可能會與其他正在轉換區內的選手發生擦撞。利用剛剛所講的技巧，將車子推過上車線之後才騎上車。

開始踩踏

當你已在坐墊上坐好，你要將腳踩在先前已固定在車上的卡鞋進行踩踏，直到找到踩踏的節奏，並且已到了一個沒有轉彎處及其他選手的空地後，才能將你的腳套入卡鞋裡。不要在人多處急著將腳套入卡鞋之中，因為一旦發生摔車事件，你的比賽也就結束了。

接著，就是騎著自行車完成你的騎乘距離進入 T2。

三個注意事項

- 確認車上備有水壺以及能量飲料。游完泳之後，你一定會感到口渴並需要補充能量。這些補充很適合在自行車上進行，而且越早越好。
- 不要太「大眾化」。轉換區是一個複雜的地方，有很多裝備看起來都會跟你自己的一樣。也許在當兵時，我們都不希望特別引人注意，但在這裡要反其道而行。你必須可以迅速且順利找到自己的裝備，例如在裝備上蓋一條顏色怪異亮眼的毛巾、選擇鮮豔的桃紅色安全帽，或是如果主辦單位許可的話，可在自己的裝備跟自行車上插一面旗子或是綁汽球。這稱之為制勝絕招，為的是讓你有好的表現，甚至贏得比賽。
- 保持冷靜，不要慌張並接受你在這裡所花上的時間，那麼你將會表現的很好。如果賽前有充分的準備跟預演，這些轉換流程將會變得很簡單。

第二轉換區（T2）

有上車線，就有下車線。大多數的鐵人三項賽事都會有工作人員在下車線週邊吹哨提醒。如果你超過了下車線之後才下車，將會遭到罰時，所以千萬要在比賽之前預演一遍。走到下車線附近觀察道路及樹木的景色，以便確實掌握位置。圖片總是比文字更容易記憶，親眼所見印象更深。

1. 保持速度

保持前進的動力，不要完全煞車，盡量維持前進的速度。

2. 脫掉鞋子

鬆掉卡鞋上面的魔鬼氈或是扣片，把腳從鞋子中脫出來，然後踩在鞋子上面，此時卡鞋仍然是與踏板固定在一塊。如果你穿著跑鞋騎車，而在路跑項目要換鞋的話，也記得把鞋帶鬆開。

3. 下車

在下車線之前下車，然後換成用你的左手或右手推著車子坐墊（多練習幾次之後，你就會知道自己習慣以哪隻手扶車）。

4. 推著車跑

就跟之前上車時所做的推車練習一樣，手扶著車子的坐墊推車跑向你的轉換區。同樣的，在比賽之前，你必須先預演過路線。

5. 放置自行車

千要不要急著把自行車亂放，它是你最貴重的裝備，你一定不希望它壞掉，所以確實地把自行車放置妥當。

6. 脫掉安全帽

在放好自行車之前都不能把安全帽脫掉是一般的比賽規則。而且當你的雙手都可能要用來推車時，你更不會希望手上要拿著安全帽。等到放置好自行車，馬上脫掉安全帽，接著往你放裝備的地方跑去。

7. 太陽眼鏡

在你跑向裝備的途中，記得暫時把太陽眼鏡移到頭頂，這樣才不會因為視線不清楚而導致你找不到裝備或是撞到人。在你決定要戴著太陽眼鏡跑以後才將它戴上。

8. 腳上的穿著

如果你還沒脫掉騎車的鞋子，或是需要換鞋子或穿襪子，在跑到自己的轉換區放下安全帽之後，馬上進行。

9. 脫掉車褲與車衣

如果身上穿的衣服不是你要跑步用的，趁此時換掉它們。脫掉車褲的方法就跟脫掉防寒衣的方法一樣，抓住腰帶往下拉，一口氣脫到地上，然後踩在上面整條脫掉，最後再把你的車衣從頭上脫掉。

10. 穿上服裝

如果你要更換服裝的話，脫完車衣車褲之後就可換上跑步服。但是記得你的號碼布必須已先確實地別在上衣上面。

11. 穿上跑鞋

把腳套入繫有彈性鞋帶的跑鞋之中（如果有需要，請事先塗抹凡士林），這會比你還要繫鞋帶來的省時且方便。

12. 太陽眼鏡與出發！

決定你是否要戴著太陽眼鏡或是將它留在轉換區，接著跑出 T2，開始跑步項目。

成功完成轉換的七個秘訣

除了之前所說的一些重點之外，這裡還有七個重要建議可以讓你成功的轉換：

1. 及早抵達

早一點抵達比賽會場，讓自己有比較平靜的心情來面對比賽，也有時間檢視水域狀況、折返的浮標、第一轉換區、第二轉換區、上車線、下車線、預演等……。

轉換裝備的快速指南

選擇重要且正確的裝備是很重要的（詳見第5、6、7章）：

- 如果要更換衣服，在騎車與跑步項目選擇吸濕排汗功能較強的上衣來穿。它們不只不會受到沾滿汗水的皮膚影響，你運動起來也會比較舒服。
- 利用四隻別針將號碼布別好。確認你沒有把上衣的正反面都別在一起。
- 將上衣以腰口朝上的方式來置放，這樣會更容易抓取與穿上。跑褲也是以同樣方式來置放，方便你直接拉起褲子。
- 利用彈性鞋帶或是鞋帶扣來節省綁鞋帶的時間。
- 將太陽眼鏡事先插入在安全帽的透氣孔上，或是放在反放的安全帽裡以方便穿戴。
- 安全帽應該反放且正面朝向自己，這樣可以讓你直接拿起後就戴上，而不用再檢查是否戴對方向。
- 一定要扣好原廠的安全帽扣帶，私自換成彈性束帶是不被允許的。

最後，穿著盡量簡單。女性就穿泳衣或是三鐵衣，男性則穿三鐵衣或是泳褲加一件上衣。即使氣候條件惡劣，但你會在驚人的強度下運動，所以身體不會（或是稍微）感到寒冷。

2. 安置好裝備

暫時忽略掉緊張情緒，花一點時間耐心地將裝備按著你所需要的順序擺好，並仔細地想一下賽事的細節。觀察你進入第二轉換區的位置，將跑鞋放在背對著進來的方向，這樣你一跑進轉換區時就可以直接套上跑鞋。同樣地，在第一轉換區時也要確認裝備沒有擺放在動線上，這樣才不會被絆倒。

3. 預演

這一點太重要了：花一點時間按照動線走過轉換區流程，確認你的裝備都放在正確的位置，清楚知道自行車的擺放位置等。

4. 凡士林

凡士林的用途有非常多種，可以塗在卡鞋以及跑鞋上以防止摩擦。塗抹在防寒衣褲管內層邊緣，方便你更容易脫掉它。塗抹在大腿以及乳頭上，可以防止摩擦。買一大罐放在你找得到的地方，以便隨時派上用場。

5. 多項任務

理論上，在同時要執行多項任務時，女性優於男性，但實際上，它關乎的是肌肉記憶與練習。所以要多練習在穿戴安全帽（太陽眼鏡插在透氣孔上）的同時，又要踩踏防寒衣的褲管將其掙脫。

6. 找到標記物

如果你完全無法標記你的轉換點及自行車的位置，可以利用在賽前走過轉換區的時候，站在自己位置上觀察行經的通道與找尋標記物（招牌、樹木、建築物）。利用這些標記可以讓你更快找到自己的轉換區，然後再尋找自己的號碼。

7. 預先計劃可能出現的問題

大多數的人都會在轉換區出一些差錯，

如果沒有任何錯誤發生的話，那一定是奇蹟了。最容易發生問題的原因會出現在各種裝備上，有可能是太陽眼鏡掉在地上、防寒衣卡在腳上等。但如果你能針對每一件可能發生的問題都進行練習的話，那麼你就會先有處理的經驗，進而減少比賽時的恐慌。

結論

這就是所謂的第四個項目，很簡單易懂吧？也許有些地方不簡單，但是你可以挑一兩項在家練習，或是挑一天預演整個過程。但是謹記，雖然練習並不一定能夠造就完美，卻會讓身體產生記憶，所以要確認你所做的動作是正確的。否則在比賽當天，你會發現你所做的動作竟是錯誤的技術。

第9章

熱身與緩和運動

忽略運動前、後的熱身與緩和是很常見的錯誤。當我們時間不夠用時總會這樣做，即使是經驗豐富的三項選手也是如此。然而，陸戰隊有一句名言：「如果你沒有時間熱身，就不會有時間訓練。」相信我的話，忽視熱身運動絕對是最普遍的受傷原因。在運動前進行簡單且積極的熱身運動，其重要性與黃金等值。

旦學會熱身，就能終生受用，幾乎就像是賽前／訓練前的儀式一樣。與之同等重要的是緩和，或者，最重要的是，每次訓練結尾時的伸展。這也能預防受傷，並藉由給予身體時間回復常態而能促進恢復。

熱身運動

花點時間進行 10 ～ 15 分鐘的熱身運動可以帶來許多好處：

- 使身體準備好面對運動的需求——熱身有助於增益表現，特別是在賽前進行的話。這是因為當心血管系統開始運動，血管就會擴張的更完全，允許更多血液在全身流動，並因此暖和身體、提供主要肌群和器官足夠的養分。血液的增加也會使血液與肌肉和組織之間的氧氣交換率提升，接著讓身體在能量儲存減少及快速疲勞之前可以用較高的有氧強度來運動。
- 徹底暖和肌肉、韌帶與肌腱——一個全面的熱身運動能確保肌纖維、韌帶和肌腱在完整的動作範圍內變得更有彈性。熱身運動能增加柔軟度，因而減少潛在的傷害。再者，關節滑液的分泌也會增加；這只會發生在活動增加時，可降低受傷風險。
- 提升核心溫度——運動會增進熱能產生，這同樣能使關節與肌肉更柔軟，有助於避免受傷。熱身運動可以讓身體在真正的訓練或是比賽開始之前提早進行調節體溫的必要程序，意味著身體在真正開始活動時能夠更有效率。
- 提高精神集中力，並讓大腦準備面對生理壓力——熱身能讓大腦開始專注在即將到來的訓練。它能夠讓人忘卻一天所有的問題，並讓腦袋專注於即將來臨的運動。
- 訓練神經肌肉通道及其功能——在熱身時可以讓身體練習一些必要的特定動作，藉由從大腦所傳送的訊息來促進動作協調。這也是為什麼特定的熱身能夠被學會並一再重複。沒有其他運動能夠像熱身一樣能使身心同時做好準備。
- 允許身體適應極端環境——如果比賽或訓練是在極度炎熱或寒冷中進行，熱身能讓身體和心血管系統漸漸適應氣候。忘記做熱身就直接開始運動，很容易使身體調節系統出問題。

熱身運動的程序

1. 被動式的熱身

利用外部手段來提高身體溫度，像是衣服、熱源或是按摩。然而，這對於刺激身體效果不大。

2. 心理上的熱身

主要是專業運動人士在賽前或挑戰個人最佳成績前使用。藉由想像達成目標的喜悅或是激勵人心的歌曲來激發身體的攻擊性。

3. 一般性的熱身，各部位的動員與脈搏的提升

這是熱身的主體，應該以受到控制的方法來施行。緩慢地開始進行，確保最初的所有動作既非動態式也不是彈振式。接著緩慢增加關節活動到提升脈搏的進度，讓心臟和呼吸速率提升，進而流汗。

4. 伸展，動態較理想

動態伸展只是在其正常的動作範圍內用動態動作伸展肌肉。

5. 第二次脈搏提升

就像第一次脈搏提升一樣，但用比賽或訓練的配速做結尾，或者稍微快一點就好。

6. 特定的動作

並非絕對必要，但也可做為某些活動之前的特定動作。例如游泳前做更多的肩膀旋轉動作，喚醒關於如何呼吸的肌肉記憶等等。

第二次脈搏提升

在動態伸展之後，接著必須進行的是提升脈搏與進一步熱身。此時的動態伸展可以做更多的彈振式動作，例如衝刺、跨步、單腳跳或是雙腳跳。進行這些動作 5 分鐘以上以確保開始流汗，且神經肌肉通道已經被啟動。

對於不同的比賽項目或訓練課表，也可針對其屬性進行不同的熱身運動：如果你要做游泳訓練，那就專注於上半身的動態伸展，但也不要忽略下半身。對跑步而言，就可以省略上半身。大多數超級鐵人距離的三項選手只會在賽前做個短暫的熱身運動，主要專注在游泳上——因為他們不會想要浪費體力。但對衝刺或奧運距離三項運動來說，選手則常會熱身 45 ～ 60 分鐘——騎車，確保一切都沒問題，因為這是短距離的競賽，任何問題都會造成重大影響。所以再說一次，「了解你自己」。找出什麼對你有益，並堅持下去。在理想情況下，熱身結束時的心跳率應該跟隨後的競賽或訓練時的心跳率差不多。

動態伸展

以鐵人三項運動賽前的動態伸展來說，簡單的例子是用五個緩慢的深蹲來伸展內收肌及臀部（腹股溝與背面）、兩腿各五次弓箭步來伸展股四頭肌（大腿前側）、兩腿各五次「俄羅斯正步」（想像從一面牆的最高處，用鞋底由上向下刮）來伸展腿後肌群（大腿後面），然後是五個緩慢的俯地挺身，伸展肩膀和胸部。接著再做前後擺腿、左右擺腿、後踢抬腿、手臂繞環、捷式划手動作、仰式划手動作、蛙式划手動作、仰蛙式划手動作與背後擊掌（全都在岸上進行，不是在水裡），這些都只是在肢體的正常動作範圍內做一些基本的擺動。

同樣的動態伸展和熱身程序也可以在跑步機上進行。

1 深蹲，跑幾步，然後重複。

2 做弓箭步，跑幾步，然後重複。

3 前後擺腿。

4 左右擺腿。

5 俄羅斯正步，跑幾步，再重複。

6 向後踢。

7 手臂繞環。

8 游泳划手動作。

心理上的熱身

取決於個人和訓練課程，有時心理也和生理一樣必須做足準備。在比賽或特別艱難的訓練之前的熱身運動中，心理上的熱身會明顯地特別重要。

心理上的熱身可以是整體熱身運動的一部分，或是在前往賽事現場路途中進行。對我而言，一首激勵人心的音樂是我心理準備的關鍵。頂尖運動員們常使用的另一個可以讓他們冷靜並專注的方法，就是想像他們自己表現或比賽得又好又棒。

緩和運動

就像熱身運動一樣，緩和運動也常被忽略。幾乎每個我訓練過的人都說他們會跳過緩和運動，只「在洗澡時拉筋」。我也曾這樣！然而，緩和運動並不該被忽略，不只是因為它能夠避免受傷，而且也能促進恢復，並提升肌肉的柔軟度，這在長跑中就會顯現出效果。

一個 5 ～ 30 分鐘的緩和運動能幫助身體逐漸回到「正常」狀態，促進恢復，提供時間思考剛結束的比賽或訓練，並讓身體準備好面對下一次挑戰。若接下來的 24 小時內就會進行下一次的訓練，緩和運動就會變得特別重要。

緩和運動也能預防血液滯留的發生。肌肉可以幫助心臟和心血管系統進行全身血液的運送，當肌肉收縮時可擠壓靜脈並將血液推送回心臟。如果你在一次激烈的訓練之後直接坐下或者站著不動，血液就會滯留在下肢末端，因為肌肉不再收縮幫助血液回流。其結果就是缺乏血液，腦部也可能因此缺氧，最後導致喪失意識。如果有這種情況，要讓身體平躺以確保血液能再度循環。

緩和運動的程序

緩和運動應該著重於不慌忙與受控制的動作，不應該有任何彈振式或動態的動作——在伸展時「跳躍」很危險，應該要避免。緩和運動的階段應包括：

減速

繼續游泳、騎車、慢跑，或至少走路。選擇減速而非停止運動能帶來以下效果：

- ◆ 確保骨骼肌保持活動，這同時確保血液能被輸往全身而不會滯留在腿部，因為那會造成暈眩。
- ◆ 緩慢且穩定地降低脈搏率，確保血液能夠持續輸往全身，並從肌肉中帶走代謝廢物。
- ◆ 讓流汗現象持續，這樣可以讓身體更合理地控制體溫。
- ◆ 集中注意力，避免或忽視經常伴隨激烈運動而來的反胃或不適感。
- ◆ 保持血液流動，持續運送養分至肌肉，這對於恢復是必要的。
- ◆ 繼續輸送氧氣到肌肉，確保所有的乳酸都被清除，而身體距離正常狀態又更進一步。

穿回衣服

運動過後身體很容易變冷，尤其是在戶外或是在寒冷的體育館中訓練時。這也代表即將要伸展的溫暖肌肉會變冷，且不如你想像的柔軟，這樣就會容易受傷。簡單的換幾件衣服就能維持體溫，而肌肉也能保持溫暖得以進行伸展。對游泳來說這點就比較困難了——還是要進行緩和，但你若覺得體溫正在流失，就去沖個熱水澡，然後在熱水的溫暖中進行緩和運動。

恢復

走一走，維持良好姿勢並抬頭挺胸。彎腰或是坐下都會降低肺部的氧氣攝取量，而走動與保持身體筆直則讓你能夠進行深呼吸。走動或甚至稍微慢跑一下，讓脈搏在控制之下緩慢降低是很重要的。要保持精神專注，別讓它渙散。想一想剛才的比賽或訓練，其中有什麼是做得很好、有什麼是可以再改進的。每次活動之後的反思期可以帶來豐厚的回報，因此有許多訓練設備都可以讓你在電腦上檢視回饋訊息。

放鬆

停止走動，但繼續進行深呼吸。背部著地仰躺——這樣更能幫助你降低脈搏，因為身體在水平的姿勢下不會產生血液滯留現象。專注在放鬆上——想像你在其他像是海灘或床上等最能放鬆的地方，很快地心跳率和換氣率就會回復正常。這幾乎是一種冥想的狀態——事實上，如果你無法從工作的念頭中脫離的話，試試一些冥想技巧，例如專注在你的呼吸上，或慢慢地移動一個想像的光球，沿著你的脊椎骨一直往上直到頭部。

伸展

有兩種伸展的型式：維持性和發展性。一開始最好做維持性的伸展，每個動作停留 8 ～ 10 秒。這能確保肌肉保持柔軟度，並有助於將柔軟度提升到某種程度。接著可以做些發展性的伸展，每個動作最好維持 30 秒（每個動作做兩到三次）。

進食

運動後吃些東西是很重要的。如同第 3 章所解釋的，這是一個能將肝醣補充回肌肉內的小機會。事實上，研究指出，那些在運動後一小時內攝取碳水化合物和蛋白質的人，比那些不這樣做的人更快恢復，而且會有更快的肌肉修復。最好就是在運動完成時立即飲用一份恢復用的營養補充奶昔，並在兩小時內用餐。

治療

若發生了筋骨或肌肉拉傷，就用冰袋來立即復原。相信我，它會帶給你意外的療效！每小時在患部冰敷 10 分鐘，就可以讓復原時間縮短好幾天。雖然這取決於傷害的嚴重程度，但不管如何，冰袋都能夠有益於治療過程（正確冰敷技巧詳見第 12 章）。

絕對不要忽略緩和運動。緩和運動不僅可避免運動傷害，也可促進運動訓練後的復原，並提升肌肉的柔軟度。如果跳過緩和運動，當你下次開始訓練感覺所有的肌肉都在疼痛時，你會後悔莫及。

伸展

以下的伸展動作應該要在緩和運動的過程中進行。所有的伸展都可以用維持性的伸展（8 ～ 10 秒）動作或發展性的伸展（30 秒）動作來進行。就維持性的伸展來說，先做一個深吸氣，然後在伸展的同時將氣吐出；默數 5 秒後做另一個深吸氣，吐氣時在你可以的範圍將伸展動作加大，繼續維持 5 秒。一開始這些伸展可能會讓你感到不舒服，但並不至於會難受，請意志堅定的做下去。不過，若你覺得有任何地方疼痛時就要馬上停止。理想的狀況是每種伸展都做兩到三次。

發展性的伸展也是用完全一樣的方法進行，只是動作維持得比較久。深吸氣，然後在你吐氣的同時伸展，接著維持大約 10 秒；再一次深深的吸氣，吐氣時並進一步伸展，維持 10 秒鐘，然後重複一次以上並維持 30 秒。再說一次，試著重複每個 30 秒的伸展動作三次。然而，對於第一次操作或者時間不夠的人來說，做一到兩次就足夠了。

規律伸展

在激烈訓練後，伸展應該要由下往上。另外，若依照緩和運動階段的放鬆步驟，此時你應該已經躺在地板上！

1 鼠蹊部（內收肌）伸展

以雙腳彎曲的姿勢坐下，好像要盤腿一樣。將雙腳腳底靠攏，並將腳後跟拉往鼠蹊部。握住你的腳踝並將手肘置於膝蓋內側。在保持腳底緊貼腳底、腳跟向內拉、手握腳踝的同時，用手肘將膝蓋向下壓，讓雙腳向外下壓以伸展鼠蹊部。你應該會感覺到雙腿內側被伸展。

2 單腳腿後肌群伸展

在鼠蹊部的伸展之後保持坐姿。左腳在鼠蹊部保持屈膝，伸直右腿，並將左腳底緊貼於右大腿內側。盡可能的向前伸展，可抓握你的右腿（腳底是最終目標，一開始只要到腳踝或脛骨就夠了）。在伸展時試著從下背開始彎曲，並且不要過度彎曲你的上背部。保持腿部筆直，後膝部應該保持貼近地面。對左腿重複同樣動作。伸展腳的大腿後側應該會感覺到被伸展。

3 股四頭肌伸展

以左側身體著地，伸直左腿。抓住右腳背，並將右腿往後彎。試著保持兩腳膝關節在同一個垂直面上，你的肩膀、臀部與膝關節成一直線，以避免結構性的傷害。如要增加伸展範圍，可將腳背向背部拉得更多，並且將臀部向前挺出。翻到另一側並換腳操作，在彎曲腳的大腿前側應該要有伸展的感覺。

4 臀部（背側）伸展

以左腿伸直、右腿彎曲的姿勢坐在地板上。保持左腿伸直的坐姿，將右腳掌跨過左腿，緊貼在左大腿外側，此時右腿應該要在胸前。保持右腳掌貼地，用手臂將右膝往胸口抱。換腿重複同樣動作。彎曲腿的臀部應該會有被拉伸的感覺。

5 雙腿腿後肌群伸展

類似於單腳腿後肌群的伸展。坐在地上將兩腿靠攏打直，然後盡可能的向前伸展（握住脛骨、腳踝或腳底）。試著從下背開始彎曲，而非上背，伸展的感覺應該要出現在雙腿的後側。

放鬆

在伸展時，記得保持放鬆與呼吸。

6 小腿伸展

前後分立，兩腳距離一個肩寬。後腿打直，而前腿彎曲，身體角度大約維持在 45 度，強迫後腳腳跟著地。如要增加伸展的範圍，就將伸直的後腿更往後推遠離身體。換腿重複同樣的伸展。後腳小腿的背側應該要有伸展的感覺。

7 肩部伸展

將你的雙手手臂高舉過頭，雙手手掌互相扣住。將手臂向後推，直到你的肱二頭肌碰到耳朵。肩部可感受到被伸展。

8 髖部屈肌伸展

左膝關節著地，右腳向前跨成弓箭步。將手放在臀部並輕柔地將臀部向前推。換腿重複同樣動作。這個動作應該要在後腳大腿前側的上方與前腳的臀部處有伸展的感覺。

9 腹肌伸展

向下趴著躺平後將手放在肩膀下，像似要做伏地挺身一樣。手向下推，如同伏地挺身時的那樣，但不要讓髖部和腿部離開地面，就是以下背部為支點的轉動。試著盡可能的伸直手臂，不讓髖部和腿部離開地面，軀幹下半部前側的腹肌應該會有伸展的感覺。

10 背部伸展

背朝下躺平，手臂向兩側張開，就像是在十字架上。將右腿抬過身體，並試著將右腳向左手方向盡可能的抬高。如要增加伸展範圍，可用左手去碰觸右肩。換邊重複動作，大約在脊椎中間部分可感受到伸展的感覺。

11 髂脛束伸展（最好是在泡棉滾筒上）

髂脛束的伸展可用以下步驟達成：先做前面所敘述的股四頭肌的伸展，然後舉起下側腿的腳掌並掛在上側腿的膝關節位置。換腿重複這個動作，伸展的感覺應該要出現在最接近地面的大腿外側。

12 胸部伸展

在一面牆的末端或是門框邊站著，臉朝向它們，然後將手臂彎曲，手臂內側放在肩膀高度的牆面上。以支撐手為支點，朝外轉動你的身體，並使肩膀與胸部保持在同樣的方向。保持這個姿勢，然後換邊重複這個動作。

13 闊背肌伸展

在腰部高度抓住條狀物或牆壁，保持背部挺直，腰部彎曲，然後將頭部垂下，伸展胸大肌和闊背肌。可以一手拉，另一手推，增加單側的闊背肌伸展，然後放鬆並伸展另一側。

14 三頭肌伸展

舉起左手並將它放在頭部後方，將左手指沿著脊椎向下伸。用右手握住左手肘，並往脊椎方向輕鬆下壓。維持動作、放鬆，然後換邊進行另一側的伸展。

15 三角肌伸展

將右臂橫過胸前，然後用左手固定之。朝著手臂相反方向看遠方，同時將右臂向胸口拉近。維持動作、放鬆，然後換邊進行另一側的伸展。

當你在進行鐵人三項訓練時，這些伸展動作只是許多你可以用來伸展主要肌群的一部分。

16 本體感覺神經肌肉促進術或收縮放鬆伸展

本體感覺神經肌肉促進術（PNF）是一種欺騙肌肉的技術，可增加，甚至可能大幅增加伸展的程度。這個技巧結合肌肉交替的收縮和放鬆，這會引起伸展時會有抑制肌肉收縮的神經反應，進而導致阻力降低並增加伸展肌肉時的動作範圍。雖然 PNF 伸展通常需要有個夥伴一起進行，但並不是一定如此。PNF 伸展通常適用於增進柔軟度，而這個技巧利用的一個生理現象是，高爾基腱器會在持續收縮超過 6 秒之後放鬆肌肉，因此可以看到伸展範圍的增加。

PNF 伸展的四個步驟是：簡單／維持性的伸展；6 ～ 10 秒的收縮；1 ～ 3 秒的放鬆；然後是發展性的伸展：

- 簡單／維持性伸展——在這個階段肌肉輕微伸展，但並未達到極限，換句話說肌肉才剛開始感覺到伸展而已。
- 6 ～ 10 秒的收縮——在這個階段肌肉要盡可能的收縮，這樣可增進關節活動範圍邊界的肌力，對於提升柔軟度非常重要。可能會閉氣以增加肌肉收縮力道，這樣也可有助於與下一階段來做對照。
- 1 ～ 3 秒的放鬆——吐氣並放鬆肌肉幾秒鐘。
- 發展性伸展——盡可能的增加伸展程度，且應該要超過之前達成的範圍。理想的操作過程應該是要重複做到無法再增加伸展範圍為止。

施行 PNF

從像平常一樣伸展到極限 10 秒鐘開始，然後接著立即對某個抗力物（你的手掌、夥伴或牆壁）收縮肌肉 10 秒鐘，不要起立或移動。在抵抗之後放鬆幾秒鐘，然後再一次伸展 10 ～ 15 秒，此時你的柔軟度應該會有顯著的差異。頭幾次你做這種伸展的時候，最好有其他人的陪伴。

PNF 該注意的幾點

你應該要由感覺如何來判斷自己能夠伸展多遠——在做相同伸展的動作時，永遠不要跟別人比較。另外，PNF 並不建議用於下背的伸展。

結論

一定要做熱身運動，也一定要做緩和運動。找出對你有效的過程，並讓它成為例行事項。依據你的所在處和即將要做什麼運動，有時候你必須延長或縮短熱身運動時間。一定要做伸展，因為有彈性的肌肉才是健康的肌肉。

第10章

肌力與體能訓練

為了改善三項運動員的表現，光是跑步、游泳和騎自行車是不夠的，還須加強某些特定肌肉的肌力，不只是讓肌肉強健到能支援你所想要達成的速度，還要確保你的肌肉、關節、肌腱、韌帶不會受傷。不論是新手或老將，許多三項運動員都經常忽略體能訓練。然而，良好的體能訓練計畫將促使你成為一個更好的運動員。

為何需要體能訓練？

大部分的三項運動員，不論是新手、業餘、老將或是職業選手，都因擔心肌肉肥大而不喜歡做重量訓練。我完全可以理解三項運動員不希望自己有過多肌肉的想法。對於衝刺距離和奧運距離鐵人三項比賽也許不必要太過擔心這一點，但對於超級鐵人距離的三項競賽，你一定不會希望身體過大過重。然而，這並不表示長距離的三項運動員可以不必做體能訓練，只是必須增加反覆次數來強化肌耐力。十五次以上的反覆腿部體能訓練可以增加肌肉細胞的耐力。這代表每次划手、踩踏、跨步需要更少的細胞／肌纖維，也代表需要較少的氧氣和能量消耗量，意味著三項運動員的運動可以更有效率，並且在長時間的比賽保持一定速度。

何時須做體能訓練？

體能訓練應該整年都要進行，特別是如果運動員因傷而需要復健，或是肌肉能力不良導致特定項目表現不佳。話雖如此，大部分的體能訓練都在賽季前後而較少在賽季中進行。在賽季前後，每週訓練二到四天，賽季中就每週減少到一天。如果你是為了特定的鐵人三項比賽而訓練，可能要每週進行一至三次的體能訓練，然後在比賽前變為每週進行一次。

雙側動作訓練

大多數沒有定期進行體能訓練的三項運動員，其肌肉力量通常是處於不平衡狀態，這種狀態會讓運動傷害隨時發生，也讓運動變得比原本更加困難。主要是因為我們可能是右／左撇子和右／左慣用腳，所以很自然的會偏重於某一側。如果要踩某一步，我們通常會使用慣用腳，因此慣用腳相較於非慣用腳會更加有力。

另一種因素可能是沒有做適當復健的舊傷或尚未完全復原的傷。這可能會在身上產生連鎖反應，並在其他區域產生代償動作，這會再次導致我們傾向於使用某一側的肢體，或使某一側的肌肉更強壯。最好的例子就是將腿後肌群、臀大肌來和股四頭肌做比較。大多數人每天都花很長的時間坐著，讓臀大肌和腿後肌群只能做為提供身體內建的防護墊。當我們站立或坐下時，主要使用到的是股四頭肌，所以它還有低程度的作功，但臀部和腿後肌卻很少使用到。在騎自行車、跑步和游泳時，主要是透過髖部屈肌和股四頭肌來進行，這又再次導致肌肉使用不平衡。一個好的跑者會使用臀部肌群和腿後肌群來進行短步幅和高步頻的跑步模式；好的自行車選手在高強度的騎乘時，踏板的下踩和提拉會使用相同的力量；好的泳者則會使用臀部的力量來執行有效率的踢水動作。所以如果肌肉力量不平衡，你將無法正確地執行這些動作。

簡單來說，重點就在於不論你是誰、不論你正在從事哪個運動項目或覺得自己表現有多棒，為了肌肉的功能性和最好的表現，體能訓練絕對有其必要性。

兩側平衡訓練是最好的

當開始訓練課程時，你或許會注意到身體的某一側比另一側要強壯許多，或者在進行某一項動作時，某一側會比另一側更加吃力（這種情況在受傷後開始恢復運動時特別常見）。然而，很重要的是不要讓某一側的訓練量遠高於另一側，而是要提升弱側的訓練比率，如此才能使弱側有機會跟上強側，它們就能平衡地進行運動。

訓練說明

進行訓練時，應選擇自己能勝任，但仍有挑戰性的重量。一般來說，動作的次數可以決定肌肉量增加的多寡。增進肌力要進行二到六次，增長肌肉訓練要進行八～十二次，而肌耐力訓練則要重覆十五次以上才行。

我個人建議依照訓練期（前、中、後）與你個人的優勢、弱點和目標，將這三種訓練作適當混合。舉例來說，一位三項運動員在困難的爬坡路段可能需要像衝刺距離三項選手一樣的力量和爆發力，而奧運距離三項運動員在 1.5 小時的自行車項目後，還需要保持良好的肌耐力來繼續進行 10 公里跑步的最後 3 公里。

在進行肌耐力訓練時，組間休息的時間應該保持在最低限度，而肌肉肥大和增進肌力的訓練組間休息則可以長一些。對於肌耐力訓練，我建議休息時間在 30 秒到 1 分鐘之內；肌肉增長和肌力訓練的組間休息可以在 2 到 5 分鐘以內，這也取決於訓練的重量和難度。

不論在任何的反覆次數範圍內訓練，訓練的品質是最重要一環，所以讓自己多休息一點時間，確保自己能正確的完成訓練課表才是讓表現提升的方法。

不論你的目標是什麼、不論你參加哪種比賽，都必須進行肌力和體能訓練，如果忽略了這個部分，就會讓自己處於險境。

訓練使肌力提升

肌肉力量訓練結合速度會產生爆發力。你或許不想進行訓練，但你真的要思考一下，在游泳時你需要更多爆發力來推進，在自行車賽段時抽車爬坡或者在路跑最後1公里時，你也需要更多的爆發力來超越對手。

與其將訓練動作按三項運動作區分，不如將訓練動作分為腿部、核心和上半身，以及一些提供支撐功能的肌群。

腿部運動

在鐵人三項比賽的其中兩個項目中，腿部是身體最重要的一個部分。對於騎自行車和跑步來說，強壯且健康的肌肉搭配良好的爆發力與肌耐力是很絕對有其必要要。以阻力運動來訓練腿部可提升騎自行車和跑步的表現。

蹲伸（訓練項目：跑步、游泳、自行車）

蹲伸可以利用自身的體重來進行訓練，或者加入負重來進行。兩者的技巧基本上是相同的。

雙腳平行站立，與肩同寬，腳尖指向前方。如果訓練難度增加，要注意避免雙手在大腿前方阻擋到動作。

進行蹲伸時，屈膝直到大腿與地面平行，也就是膝蓋呈 90 度角。重點是背部保持挺直，不可向前彎曲，而且膝蓋向前超過第一和第二根腳趾，並保持腳跟永遠貼在地板上。站起時背部依然保持挺直，腳跟平踩地面，臀部夾緊。一旦完全直立則再進行下蹲，重複以上動作。

進階

◆ **槓鈴後蹲伸**

基本動作與蹲伸相同，但會在頸部後方加一支橫越後肩的槓鈴，雙手握住槓鈴的兩邊。雖然很多人在初次訓練時會加一些襯墊受淤傷時，一旦你習慣訓練的重量後，應該不會感到不適。非常重要的是在進行槓鈴蹲伸時，背部要保持挺直。身體只要有一點前傾就很可能失去平衡。再次強調，保持腳跟貼在地板上。

◆ **槓鈴前蹲伸**

與槓鈴後蹲伸相似，但是將槓鈴放置在橫越前肩部位。這將使蹲姿更不穩定，但也因此需要用到更多的核心肌群。背部打直與手肘抬高很重要，而最重要的是避免身體前傾。和槓鈴後蹲伸一樣，保持腳跟貼地如前所述。

◆ **啞鈴蹲伸**

類似槓鈴蹲伸，但重量只在手部。主要是訓練股四頭肌。保持頭部抬高且兩眼直視前方，正常下蹲到膝關節約 90 度後回到起始位置。

◆ **蹲跳**

這個訓練可以直接以自身體重進行，也可以用槓鈴置於後肩部位進行。蹲跳的下蹲跟一般蹲伸一樣，蹲到低點時，將力量積蓄在腳部後爆發上跳。著地後，先緩衝接著下蹲再往上跳，如此重複進行。

保加利亞式分腿蹲（訓練項目：跑步、游泳、自行車）

以類似跨步蹲的方式進行（見下文），但須抬起後腳並放在板凳／階梯上。兩腳平行站立，腳尖朝前與肩同寬。手臂交疊抱於胸前。將左腳放在你身後的板凳或階梯上。站立時腳趾應該在身體前方 1 英寸，但不可超過太多。下蹲時要彎曲右腿直到大腿與地面平行，後腿的膝蓋要降低到離地面 1 英寸（不應碰到地面）。右膝不應該超過右腳掌，如果膝蓋超過腳尖，那麼下次跨步距離就要長一些。要保持背部挺直，不要前傾，藉由腳跟對地板的推進力讓身體直立。做一組後換左腳重複這些動作。

- 訓練到股四頭肌、腿後肌群、臀大肌和核心肌群。

進階

使用槓鈴和啞鈴，如同前面所提運動的變化方式。

跨步蹲（訓練項目：跑步、游泳、自行車）

像蹲伸的動作，跨步蹲可以使用或不使用負重的方式來進行。在任何訓練中，這都是基本動作。

雙腳平行站立，趾尖朝前與肩同寬。下蹲時不可用雙手支撐腿部，手臂可交疊於胸前。用向前跨一大步，距離大約是 1.5 倍肩寬。保持雙腳平行朝前，然後彎曲右腿直到大腿與地面平行，而左膝向下到離地面 1 英寸但不能觸及地面。右膝不應該超過右腳掌；如果膝關節超過腳尖，那麼下次需跨大步一些。還有重要的是要保持背部挺直，不要前傾。藉由右腳對地板的推進力讓身體直立，然後右腳返回原位，接著換左腿重複這些動作。

- 訓練到股四頭肌、腿後肌群和臀大肌。

進階

◆ 槓鈴跨步蹲

使用槓鈴做跨步蹲時，動作是相同的，但要特別注意身體保持直立，每次前跨的距離都要足夠。

◆ 啞鈴跨步蹲

雙手拿著具有同等重量的啞鈴做跨步蹲的動作。讓啞鈴在身體兩側自然懸垂，重要的是不能隨意甩動啞鈴。這個練習對握力（前臂）和肩膀都有一定的幫助。

◆ **前走跨步蹲**

這可以使用或不使用槓鈴、啞鈴來進行。起始動作跟跨步蹲一樣，但不是使用右腳用力推蹬回起始姿勢，而是將左腳向前收回與右腳靠齊，然後再換左腳進行訓練。這一組在地面上進行的動作可稱之為「前走跨步蹲」。

◆ **高舉槓鈴跨步蹲**

將槓鈴（重量稍輕）舉在頭頂上，雙手握槓鈴的距離盡量寬但仍舒適。如同一般的跨步蹲，但需保持槓鈴和姿勢的穩定。這對於核心力量、肩部穩定性以及腿部肌力很有幫助。

跨越階梯（訓練項目：跑步、游泳、自行車）

使用堅固的長凳或箱子，先是左腳站到箱子上，就像登階動作一樣。右腳向前跨越而且不接觸到箱子，並在箱子前面著地。再將左腳向前與右腳並行。轉過身從右腳開始再做一次。始終在可掌控的狀況下跨過，如果感到疲累也要避免腳隨意的著地。向下跨越的腳要受控到感覺是離心運動。

- 使用到的肌群有股四頭肌、臀大肌、腿後肌群。

進階

使用槓鈴或啞鈴來進行動作的變化，就和前面所提到的訓練一樣。

登階（訓練項目：跑步、游泳、自行車）

這個訓練可以負重或不負重來進行。基本設備是擺在面前的一個台階（約 1 英尺高）。右腳踩上，接著左腳再踩上去，右腳先下台階再換左腳下來。這個訓練可以設定重複多少次數或者在一定的時間內不斷重複。要始終保持整個腳掌而不是半個腳掌踩在台階上。很重要的是必須變換啟動腳，這樣雙腳就能平均分攤第一步的強度——例如，先從右腳開始第一步十次，再換左腳開始第一步十次，依此類推。

- 使用到的肌群有股四頭肌、腿後肌群、臀大肌。

進階

◆ 槓鈴登階

動作就像蹲伸／跨步蹲一樣，只是將槓鈴放在肩膀上進行訓練。

◆ 啞鈴登階

如同蹲伸／跨步蹲一樣，只是手握著啞鈴進行訓練。

側向登階

和前面相同的訓練，但是從側邊進行。第一步踩上台階的位置必須距離足夠，讓另一隻腳也有空間可以站上台階。記得要換邊練習，任何負重的變化也可以加入運用。這項訓練也用到了內收肌（腿的內側）。

腿部推蹬（訓練項目：游泳、自行車、跑步）

一個模擬下蹲的動作的簡單重訓器材。雖然這是很有用的訓練，但效果卻不如真正的蹲伸動作。這對一般肌肉的訓練是很有用的，特別適合傷後的復原或長期缺乏訓練的狀況，因為它比蹲伸動作需要較少的穩定肌群。

坐在機器上，膝蓋大約 90 度彎曲，選擇適合的重量並利用腳掌推蹬。動作速度要控制，絕對不可讓重量快速下掉。

坐姿伸膝（訓練項目：自行車、跑步）

這是一種單獨訓練股四頭肌的器材。對於受傷之後或矯正肌肉平衡的效果特別良好。坐上器材，確定身體是在正確的支撐位置。腳部阻抗部位的軟墊應該要在腳踝／脛骨下方區域而不是在腳背，不然會造成腳踝韌帶受傷。

腿部後勾（訓練項目：自行車、跑步）

這是單獨訓練腿後肌群的特殊器材，對受傷之後或矯正多數人股四頭肌與腿後肌群力量不平衡的現象特別有效。坐在器材上，確定支撐架與身體的位置是正確的。提供緩衝的軟墊應該要在小腿底部的位置。負重過重是常見的錯誤，因為腿後肌群很容易拉傷，所以要小心，在這個訓練之前要確保已進行過完整的熱身。

夥伴協助腿部後勾（訓練項目：自行車、跑步）

一個單獨訓練腿後肌群的簡單動作。訓練者臉朝下趴在地板上。合作的同伴跪坐在訓練者的下肢末端，將重量施加在訓練者的小腿肌肉上，讓訓練者的腿部可以固定在地面。訓練者收縮腿後肌群轉動膝關節將整個身體舉起打直，注意——有些人會覺得這項訓練非常困難。

站立舉踵（訓練項目：自行車、跑步）

不論是在地板上或在台階邊緣，舉踵的動作包含腳尖向前並與肩同寬，然後將身體向上，用腳尖站立。踮腳尖到最高點時短暫的停留，然後用緩慢的速度回到起始姿勢。

- 這個訓練會需要一些平衡感。

進階

◆ **槓鈴舉踵**

動作與上面相同，但增加了槓鈴在後肩部。必須保持動作穩定，以確保負荷的重量不會使身體向前「傾斜」。因此，核心肌群必須保持緊繃且背部要挺直。

◆ **啞鈴舉踵**

就如蹲伸／跨步蹲動作一樣，可以將啞鈴握在手中，使手掌／前臂也同時受到訓練。平衡感也是這個動作的關鍵。

◆ **坐姿舉踵**

坐在長椅上時，將啞鈴放在腿部股四頭肌／膝關節的位置，而重量就可以經由踮腳尖而舉起。在頂端暫停一下，再緩慢地回到起始姿勢。確保兩條腿都有進行相同的練習。

硬舉（訓練項目：游泳、自行車、跑步）

將槓鈴（由輕的負荷開始）放在面前的地板上，並讓槓鈴的橫槓與小腿（脛骨）接觸。雙手抓住握把的位置要寬於肩膀，確保你的手／手臂在雙腿外側。很多人喜歡「分開式握法」（也就是一手正握，一手反握），但那純屬個人喜好。確保拇指環扣著橫槓。手臂伸直，抬頭挺胸。兩眼直視前方，肩膀與背部要保持挺直。吸一大口氣並憋住，使身體／核心／背部變得穩固和緊繃。完成舉起的動作時要吐氣：必須以緩慢的動作將槓鈴舉起。提拉的動作是透過臀部和腿部的伸展，以及將雙腳向地板推蹬的動作來完成。手臂和背部要保持挺直，並且讓橫槓盡量靠近身體。在重新摒住呼吸之前，先在動作的頂端作短暫的停頓，並在受到控制的情況下慢慢將槓鈴放回地面，將臀部向後推。

注意：務必確保背部保持挺直！在重複下一個動作之前，一定要將槓鈴的重量完全放回地板上。不可負重做彈振式的動作。

這是一個複合式的訓練，使用到包含下背部、臀部、內收肌群、腿後肌群、股四頭肌、背闊肌和手臂握力。

增強式跳躍（訓練項目：游泳、自行車、跑步）

站在一個箱子或踏階前面，雙腳打開與肩同寬。箱子的高度大約在膝關節到臀部之間，跳躍高度取決於你自己的能力與訓練經驗。雙腳跳上箱子後，應同時落在箱上。保持著落的緩衝性或試著輕盈無聲的降落。降落時讓手指尖觸碰箱子，可以幫助一些人的動作進行緩衝。從踏階上走下來，重新準備好，再重複練習。

單腿跳躍（訓練項目：游泳、自行車、跑步）

為了確保腿部肌肉及核心肌群可以承受跑步產生的衝擊，單腿跳躍強化了跑步的撞擊及動作。先簡單的標記一個起點，然後跳躍（使用比正常跑步更高的高度）10～12 步。停下來，轉身，並做同樣的動作回到起點。

健身球腿後肌群後勾（訓練項目：自行車、跑步）

向後躺下，把腳跟放置在健身球／瑞士球上。現在使用雙臂穩定身體，臀部抬起離開地面，類似腿後肌群架橋運動（下面會介紹），將你的雙腳抬高讓球朝著你的背部滾動。維持 1 秒鐘，將球滾回原位，在過程中確保臀部維持抬高的姿勢，與肩膀和膝關節是否為一直線。肩膀和頸部應該要保持放鬆。

訓練到核心肌群、腿後肌群、膝關節和髖關節的穩定。

腿後肌群架橋／臀部架橋（訓練項目：游泳、自行車、跑步）

這是不需要負重的腿後肌群與臀大肌特殊訓練方式。也有利於訓練核心肌群。先躺下，雙腳平放在地板上並彎曲膝蓋。抬起一條腿在空中，腳趾朝向天花板。另外一隻腳的腳跟踩緊地板，抬高臀部直到與膝關節及肩膀平行。做一個短暫的停頓後，躺回地板後重複這個動作。執行完一側後換另一側。在地面的腳趾應稍微翹起以便於腳跟接觸地面。

進階

◆ **大腿負重**

相同的開始位置和動作，在這裡要將重量以手支撐放在雙腿上。增加重量使臀部抬高的動作變困難。

下背部的運動

無論是跑步，騎自行車或游泳，下背部支撐著上半身，屈曲臀部，並提供腿部穩固的基礎。虛弱的下背容易導致疲勞、姿勢不良、較差的運動表現，甚至運動傷害。

直腿羅馬尼亞式硬舉（訓練項目：游泳、自行車、跑步）

像硬舉一樣，將槓鈴（從輕負荷開始）在你前方的地面上讓槓鈴觸碰你的小腿(脛骨)。雙手抓住槓鈴，雙手距離比肩寬再寬一點，以確保你的手／手臂位在雙腿外側。握法可以向上握或是向下握。手臂要伸直，抬頭挺胸，重要的是將眼睛直視前方，肩膀向後並保持背部挺直。

與硬舉唯一的區別在於羅馬尼亞式硬舉的腿幾乎保持直線。它們不是被鎖死，而是只有非常輕微地彎曲。應該使用下背部肌肉舉起槓鈴。在受控制之下，將槓鈴放回地面前，會在舉起動作頂端輕微的停頓一下。使用的重量通常會輕於一般的硬舉。

- 這個複合式運動通常會訓練到下背部、臀部及腿後肌群。

背部抬高（訓練項目：游泳、自行車、跑步）

正面面向地板趴下，手指放在兩側太陽穴旁，肩膀放輕鬆，抬起胸部離開地面，同時下半身固定不動。維持短暫時間，然後慢慢回到地板上，吐氣。

- 訓練的肌肉是下背部的豎脊肌。

進階

◆ 抗力球背部抬高動作

同上，但將臀部／下腹部靠在健身球上，上半身背屈。腳趾接觸地面，雙腳的寬度超過肩寬以穩定身體，抬起身體並維持1秒鐘後，緩緩恢復背屈姿勢。

◆ 超人背

正面趴下，腿部伸直，手臂在頭部上方伸直。抬起右手臂及左腿離開地面幾英寸，維持幾秒鐘。完成後，慢慢放回到地面。再以左手臂和右腿重複此動作。

早安動作（訓練項目：游泳、自行車、跑步）

把槓鈴放在肩膀頸後。雙腳與肩同寬分開站立。確定雙腿伸直，並保持背部挺直，頭部朝前，身體向前下壓，直到上身與地面平行。維持 1 秒鐘，然後回到起始位置。

進階

◆ **手握啞鈴**

同樣的動作，但在肩膀上的槓鈴換成啞鈴。啞鈴要被舉起，而不是放在肩上。這是一個較困難的運動，會運用到肩膀和手臂。

壓腿抬背（訓練項目：游泳）

臀部以下趴在長板凳邊緣，找一個訓練夥伴壓住或坐在你的小腿上。讓身體抬起，與背部形成一直線，持續一段時間。開始訓練時維持 20 秒，然後將維持時間延長到 30、40 和 60 秒。

核心訓練

核心肌群類似於下背部肌群，因為它同時支持腿部及上半身。虛弱的核心在受到壓力下會受傷，造成運動傷害。

骨盆抬升／架橋（訓練項目：游泳、自行車、跑步）

仰臥，雙膝彎曲，雙臂交叉放在胸前。骨盆抬起朝天花板方向，臀部和膝蓋呈一直線。維持這樣的姿勢幾秒鐘，確保臀部在進行的時候有緊縮感。結束這個姿勢後背部躺回地面。

- 訓練到下背部肌肉、腹肌、臀大肌和腿後肌群。

進階

◆ **抬腿架橋**

如上述，但在臀部舉起時將一條腿伸直，直到膝蓋打直。放下腿後，重複做另一條腿。在這個動作中有許多需要控制的，最重要的是要保持臀部的穩定和平衡——不允許身體「傾斜」或掉到某一邊。這個變化可更加強訓練核心肌群。

棒式撐體（訓練項目：游泳、自行車、跑步）

這是所有核心訓練中最被低估且最未被充分利用的訓練方法。這個動作非常簡單並變化多元，所以可以利用它來規劃運動訓練。雖然它看起來很簡單，但實際上並不容易，而且執行這個動作時常會作錯。

面朝地板趴下，將雙腳雙腿併在一起，並透過前臂和手肘將上半身撐起。保持頭部抬起，不可向下垂懸。肩膀、臀部、膝部和腳踝必須維持在一直線上；腰部／下背部要特別注意不可以下沉或過高。一旦動作設定好之後，要在設定的時間內保持相同的動作。試著從 30 秒開始，之後一次增加 1 分鐘。做 5 分鐘的棒姿就會令人感到非常疲累。

進階

◆ **手臂打直**

用手掌取代手肘來支撐重量。基本上是保持類似伏地挺身時手臂完全伸直向下推撐的動作。

◆ **單手**

和一般撐體動作相同，但只靠單手的前臂或手掌與地面接觸。將另一隻手放在背後。

◆ **抗力球**

將手或腳放在抗力球上進行棒式撐體的動作會大幅增加困難度。球的不穩定性讓核心肌群必須非常努力地維持棒姿動作。

◆ **抬腿**

如一般的棒式撐體動作。動作設定之後，輪流將腿抬起，保持完全平直，從臀部出力來執行動作。這也可以訓練到臀部，並且讓棒式撐體動作變得不平衡，使核心肌群須更加努力的維持動作。這個訓練可以用一定的時間或抬腿的次數來作設定。

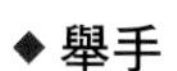

◆ **舉手**

如上述動作，但換成將手舉起。雙腳伸直著地。同樣地，將手舉起會使動作變得不平衡，讓核心肌群更費力地進行訓練。

◆ **側邊撐體**

將身體面向某一側，前臂在肩膀正下方，作出撐體的動作。重點是要保持肩部、臀部和膝蓋呈一直線，並且不讓臀部向地板下壓。

軀幹／腹部訓練動作

下背部和核心肌群與腹部肌肉是緊密相扣的，包含腹直肌、腹外斜肌與腹橫肌。訓練這些部位可以提高各項運動或項目的肌肉力量和爆發力，同時使運動員在疲倦時可以更容易的呼吸。

仰臥起坐（訓練項目：游泳、自行車、跑步）

平躺，雙腿彎曲、雙膝併攏，雙臂前伸，在受控制的情況下向上坐起到接近垂直的位置。理想的情況下，雙腳腳底應保持平放在地上。不要將手放在頭後方，想要利用雙手向前拉起——這會造成頸部傷害。上半身坐起時，確保胸口是敞開的。然後在可控制的情況下躺下，使頭部和肩膀回復到與地板接觸的位置。重複的練習，確保你所作的是正確的動作。

進階

◆ **半坐姿**

如果發現一般的仰臥起坐太困難，可以嘗試將雙手放在大腿上，並且向上滑動去觸摸膝關節。這可以輕易的將軀幹抬離地面，並且訓練正確的肌肉，來增進執行一般仰臥起坐的能力。但是，不可讓身體快速墜落在地板上——這會導致背部的傷害。在可控制的情況下讓身體慢慢躺下，類似離心訓練。

◆ **胸前負重**

就如一般的仰臥起坐相同，但要用雙手將重量抱在胸口。這樣在將身體坐起的時候，腹肌會更加吃力。

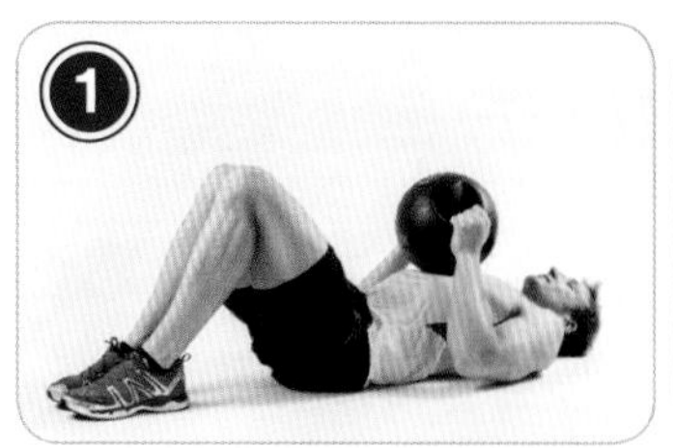

◆ **負重高舉**

動作如上所述，但不是將重量抱在胸前，而是用雙手將重量舉在頭部上方。進行仰臥起坐向上和向下的過程時，必須保持重量在頭部的上方，不可將重量擺在胸前（這會使動作更加輕鬆），這一點很重要。這個訓練對肩部也有一定的影響，視負重的情況而定。

◆ **抗力球**

如一般的仰臥起坐相同，但並不是坐在地板上執行，而是躺在抗力球上進行。由於球的不穩定性，核心和腹肌都必須更加費力地進行訓練和維持身體的平衡。

反向蜷曲／由膝至胸

背部平躺在地板上，雙手平放在身旁或者身後，讓下背維持平坦。隨後將背部中上段平貼在地板上，雙腿抬起向胸部靠近，這個動作會讓腹肌一起用力。膝蓋要朝著臉部靠近，確保臀部／腰部蜷曲離開地面。

腳尖上蹬

仰躺姿勢，雙腿向上伸直與身體呈現 90 度。雙手放在身旁或者臀部下方，讓下背保持平坦。從腹部將雙腿筆直向上推舉。目的是要使腳尖盡量抬高。控制下降的速度（不可快速下墜），並重複練習。

反覆踢腿

仰躺姿勢，雙手平放在身旁地板上或者臀部底下，使下背部保持平坦。將雙腿抬離地面大約 6 英寸，在空中進行反覆踢腿的動作，就像在水中仰躺並試著將自己向前推進的動作（利用臀部的力量踢腿，而不是膝蓋）。盡量保持雙腳伸直、腳尖朝前。

腳跟後推／腿後肌收縮的仰臥起坐

用腳跟來阻抗在彎曲的雙腿與臀部間的物體。可能是一個小背包、20 公斤重的槓片，或甚至一顆足球都可以拿來使用。透過使用腳跟對物品的阻抗力量，腿後肌群會收縮，此時髖部的屈肌群必須是放鬆的。透過這樣的放鬆，使訓練集中在腹部，剛開始作這練習時會非常困難。

槓鈴轉體

將槓鈴或掃把橫過肩膀，坐在板凳的末端，盡可能的旋轉腰部，並保持頭部面向前方。這個動作可以相當迅速的執行，如此可以增加腰部的動力。

摺疊刀式

用伏地挺身的姿勢，但雙手撐在地板，雙腳放在抗力球上。透過收縮腹肌，用腳尖滾動抗力球，將膝關節拉近胸口。再回到伸直時的伏地挺身姿勢，然後重複練習。

側彎

這是一個特定的傾斜運動，動作是筆直站立，雙腳與肩同寬，拿著啞鈴或其他有重量的工具。想像身體夾在兩塊玻璃之間，不能向前或向後彎曲。側身彎曲降低手持負重物的高度，直到負重物與膝蓋等高，然後身體向另一側彎曲，直到另一邊的手傾斜碰觸到膝蓋。重覆一定的次數。確保你的另一側也進行同樣的次數。

進階

◆ **雙手負重側彎**

如上述做同樣的動作，但雙手拿著同等重量的啞鈴。

◆ **撒克遜側彎**

同樣地想像你的身體是夾在兩塊玻璃之間，伸直手臂在頭部上方舉起啞鈴。動作有點像樹在風中搖曳，上半身往一邊側彎，然後返回中心點，接著往另一邊側彎，再返回中心點。剛開始最好先使用重量較輕的負重物，因為這是一項很大的挑戰。

伐木動作

通常使用較輕的重量，不過在不負重的情況下也可以執行。將重量與手臂向前伸直，大約在眼睛／胸口的高度，雙腿彎曲、軀幹旋轉轉向側邊，將重量擺在腿部的外側位置。迅速迴轉軀幹將重量帶往身體中後方，沿著腿部的對角線達到最高點。一旦負重的重量與手臂達到最高點，就盡可能快速的重複動作，但必須在身體受到控制的情況下執行。確保兩側都有訓練到。

- 可訓練到核心與腿部。

進階

◆ 鋼索伐木動作

使用鋼索訓練器，先選擇一個比較輕的重量。靠近訓練器，然後將其握把握在手中，再向外跨出一步，讓鋼繩產生張力。另一隻手越過身體前方，握在抓著鋼繩的手上。將雙手越過身體拉向最遠的位置，臀部位置保持固定不可旋轉：在動作過程中臀部必須維持朝向前方。停頓約 1 秒鐘，再回到開始的動作。重複動作到需要的反覆次數，再換邊進行訓練。

上半身訓練動作

這些訓練通常只對游泳的力量、爆發力和復健有好處。不過，強壯的手臂和肩膀對於在跑步過程中產生動力也非常有助益。所以，即使覺得自己的游泳能力已經到達一個不錯的標準，也最好不要忽視雙手與肩膀的重要性。

胸部訓練動作

啞鈴／槓鈴臥推

躺在長椅或地板上，手拿槓鈴或啞鈴。手臂伸直，吸氣時將手臂降低到胸口的高度，暫停片刻，吐氣時再將手臂向上推高。將重量一直保持在胸部的上方。啞鈴比槓鈴的訓練更困難，因為使用啞鈴時，對於肩部控制性與穩定性的要求更高。

伏地挺身

開始動作是臉朝下，雙手打開與肩同寬，手掌推撐於地板上，頭部保持朝向前上方，雙腿雙腳併攏，背部打直。將胸口降低靠近地面（約 2 ～ 5 公分左右），雙手下推，回復到起始姿勢，出力向上的過程中要保持吐氣。確保手肘靠近身體側邊，推出到頂端時要完全打直。短暫的停留後，再重複動作。

胸肌飛鳥

躺在長椅或地板上，將較輕的啞鈴拿在胸口上方，保持手肘微彎。雙臂展開，使重量向地面下移。與肩膀形成一直線，雙臂微彎，不要過度的伸展。在底部短暫停留，然後收縮擠壓自己的胸肌，將重量拉回到胸口上方。手臂向上回到起始姿勢的過程時要保持吐氣。

過頭推舉

躺在長椅上將啞鈴舉在脖子和頭部的上方。手臂微彎，背部頂住長椅，讓啞鈴從頭頂上向地板方向降低。當手臂與身體成一直線時，動作暫時停頓，吐氣並收縮胸肌將啞鈴帶回頭部的上方。暫停一下再重複訓練。

雙槓推撐

在雙桿支撐身體的重量，雙腳自然下垂。手臂彎曲，使上臂與地面呈平行。停頓 1 秒鐘，吐氣，雙手向下推撐，使身體回到最高點並保持雙臂伸直。

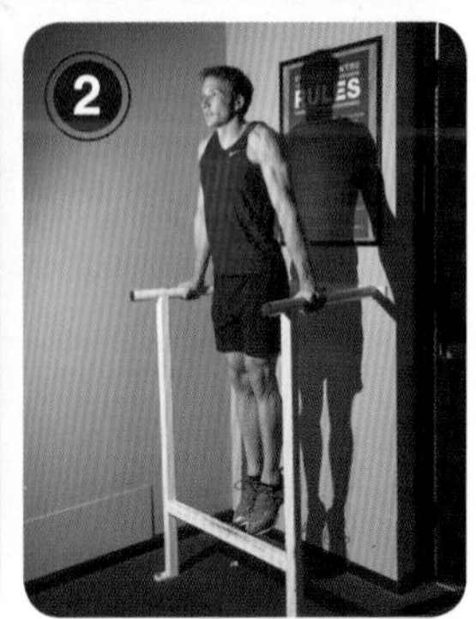

背部訓練動作

引體向上

躺雙手握住握把，雙手約與肩同寬，身體自然下垂。繃緊腹肌／核心並讓雙腳略保持在身體前方，向上拉動身體直到下巴越過手把，並且盡可能讓胸口靠近甚至碰到握把。用力時要持續吐氣。在受控制的情況下，身體下降，手臂伸直。停頓一下，再重複訓練。

簡易版

◆ 1 引體向上（掌心面向自己）

與一般的引體向上相同，但手掌心要朝向自己而不是朝外。

◆ 雙腳放在地板上

進行相同的上拉動作，但要將胸口拉向握把，而腳跟放在地板上。

◆ 2 友人協助

請友人扶著自己的腰部並提供些許的幫助，這樣就能完成上拉的動作。

◆ 彈性帶輔助

將一條彈力帶（物理彈性的）或彈性運動帶連接到握把上，讓上拉動作變得比較容易。

闊背肌下拉

使用健身房裡的器材，握住類似引體向上動作的握把。將手把向下拉至下巴下方，並在有控制的情況下將手臂返回伸直的起始姿勢。然後重複訓練。保持全部核心的緊縮，不晃動背部。

單臂划船

休息時，讓單手和單邊的膝蓋（或者只有單手）放在長椅上，另一隻手握著啞鈴並自然朝地板下垂。保持背部挺直和頭部抬高，吐氣時將重量往臀部和肋骨下方提拉。維持這個姿勢大約1秒，然後在受控制的情況下將手臂下降，再重複訓練。換邊。

雙臂啞鈴／槓鈴划船運動

如上文所述，但是雙手同時使用，並且俯臥在長椅上。

肩部訓練動作

軍式推舉

身體直立，手持槓鈴放在胸前，腹肌收緊使骨盆內縮。吐氣時，將重量向上舉起，確保重量是在肩膀的上方而不是前方。停頓一下，然後在受控制的情況下將手臂放下。維持手肘的高度以控制重量。重複練習。直立的動作讓核心必須付出更多力量，但要確保上身不可以向後傾，讓較壯的胸部肌肉參與使力的動作。

進階

◆1 啞鈴

如上所述，但是變化成兩個單獨的重量，而不是一個槓鈴。

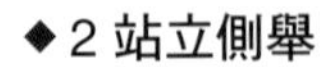

◆2 站立側舉

如上述相同的站立姿勢，手握著啞鈴放在身體大腿的兩側。吐氣的同時，雙臂抬高呈現一個 T 字形的動作，維持 1 秒後再放下。背部不要晃動。保持核心的緊繃與穩定。

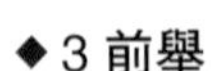

◆3 前舉

請夥伴扶著腰部並且提供些許協助，如此就能完成前舉的動作。

◆4 俯身側舉

與站立側舉相同，但要將背部前傾。可站著、坐在長椅的邊緣或趴在長椅上進行。

側躺肩部外旋

側躺，手握啞鈴並且手肘彎曲 90 度，在舒適的範圍內盡量將啞鈴抬高。停頓約 1 秒鐘，在控制下放下重量，再重複訓練。

直立肩膀內旋

動作如上，但在身體直立的情況下進行旋轉。

預防勝於治療

內、外旋的訓練對游泳選手和三項運動員很有幫助，可以保護旋轉肌免於受傷。記得，預防勝於治療。

肱三頭肌訓練動作

窄式伏地挺身

雙手幾乎併在一起的伏地挺身，手肘保持在身體兩側。

啞鈴手臂伸展

平躺在一張長椅上，雙手伸直各持一個啞鈴保持在頭部上方。手肘往頭後彎曲並且吸氣，上臂與地板保持 90 度，而下臂與地面平行，持續 1 秒，然後呼氣並回到起始位置。

座椅推撐

將手臂與腿伸直，手掌放在長椅、箱子或牆壁的末端。身體壓低使臀部朝向地板，上臂與地板平行，停頓 1 秒後回到起始位置。

倒退跑

近年來倒退跑已成為一種趨勢，不僅是某些運動傷害（跳躍膝）的一種復健方法，也可用來健身，特別是訓練腿部肌肉。倒退跑被歸類為「反向運動」，這代表它與一般正常運動相反。

倒退跑最初會讓人感到非常不自然，但經過練習後可跑出正常的速度。可以先從倒退走路開始做起，之後變成倒退慢跑。一開始給自己一點小限制，跑個 3 ～ 5 分鐘，然後 8 或 10 分鐘，再來 20 分鐘，最後要超過 30 分鐘。我建議一開始只在跑步機上倒退跑，直到熟練到一定程度，才考慮轉移到草地上。在上下坡倒退跑可以增加困難度，但也比較危險。

下坡

在下坡倒退跑是很危險的，因此請先確認你在草地或跑步機上已經跑得非常熟練。在下坡倒著跑要加速很容易，但在你沒有完全準備好前千萬別這麼做。如果你在倒退跑時跌倒了，試著以手臂和臀部吸收衝擊，避免頭部直接撞擊地面。熟練倒退跑的跑者也建議可以用後滾翻避免受傷。

個人經驗

我第一次接觸倒退跑是在海軍陸戰隊，當時我的髕骨肌腱遭受嚴重撕裂傷。我花了約九個月的時間治療，同時也忍受了這麼長時間的傷痛。讓我復原的一部分原因就是倒退跑。有個理論是倒退跑的衝擊力遠不如向前跑，而倒退跑也是種離心運動，可以幫助你治療肌腱炎（無論是髕骨、阿基里斯或肱二頭肌）。

上坡

相較於下坡倒退跑，倒退跑上坡就比較不危險。倒退跑很難跑得快，尤其在上坡路段會更加困難，這表示背向跑步會維持在一個低速狀態。同樣的，如果不慎跌倒，利用你的手臂和背部盡量把衝擊力吸收掉，頭部就比較不會撞擊到地面。

對身體的好處

研究顯示，倒退跑有助於平衡一些在一般跑步時可能發生的壓力和張力，這被認為可以反向的使用肌肉組織。在倒退跑步時，腳跟取代了拇趾球來做推進的動作。這種推進的方式使用到了脛骨前肌（在一般跑步中較少用到的肌肉）。赤足跑步時，用倒退跑方式對於預防傷害的效果很不錯。

英國和倫敦錦標賽已經有倒退跑的比賽項目，所以你可以將這個項目加入鐵人三項的訓練計畫當中。

倒退跑最主要的好處，在於使用肌肉的方式與一般跑步相反，也就是說向心動作的離心形式取代了離心動作的向心形式（因此我在復健髕骨肌腱炎的時候，就被要求進行背向跑步，通常復健運動會使用離心訓練）。

不論是復健或一般健身訓練，向心和離心運動皆有優點，因此可以將倒退跑列入訓練當中。

其他優點包括增加平衡感，並且可以接受一些不同的挑戰。最後，因為必須不斷地回頭看路，頸部的活動度會比一般跑步得到更多的訓練。雖然這在一開始會增加頸部肌肉的壓力，不過從長遠來看，一旦適應後，當你進行一般跑步時，肌肉較不會僵硬。

預防

預防指的是進行運動計畫來使你免於受傷，而復健或恢復運動則意指在受傷之後進行運動，以確保完整的恢復和迅速恢復體能。一般來說，預防計畫會有以下基本要素：

1 為了特別避免一些常常困擾著鐵三選手的傷害，有些特定動作是針對鐵人三項運動項目的訓練與活動需求所設計。

2 個人訓練不只可以預防舊傷復發，也能預防受到一些可能經常發生在你身上的傷害（例如過度旋前或旋轉肌受傷）。

預防的理念是用簡單的方式來避免受傷，但它的成效取決於進行訓練的人。比起游泳、自行車和跑步，預防活動最主要的問題就是相對無趣。

所有的運動治療專家都建議，每個人都

應該將預防程序納入訓練之中。當你成為更高層級的三項運動員時，它就越有其必要性。在這個背後有另一層思維，就是當我們從事日常的訓練方式，往往會引起身體的負面影響，例如緊繃的肌肉和肌力的不平衡。肌力失衡會因為任何自然活動而產生，也會因為訓練而惡化，而這種失衡的情況通常會導致受傷。

預防計畫

一項好的預防計畫應該要能幫助身體的平衡，並且針對三項運動所需的部分提供特定運動訓練做加強。平衡應該包含活動度、力量、協調性和穩定性。對於三項運動員，大部分預防訓練的重點會放在腿部、膝部、臀部、肩膀、胸部、背部和核心的協調性和穩定性。三項運動員的核心肌群不穩定是很常見的，但核心在三項訓練中又特別重要，尤其在你感到疲勞的時候。核心不穩定的因素主要是由於教育和認知不足。如果沒有直接針對核心做例行訓練，只是進行上下肢的重量訓練和鐵人三項訓練，就會導致核心虛弱而容易受傷。

何時進行預防傷害訓練

預防傷害訓練可以用下列方式的任何一種來進行：將其當作訓練的一部分，或獨立練習。如果是當作訓練的一部分，只須進行幾個預防訓練作為熱身或緩和。以我個人而言，我較喜歡在熱身時進行，特別是將要面對的是困難的訓練課程時，因為訓練後的疲勞可能會降低預防傷害訓練的品質。如果將預防作為一個獨立的訓練，通常會以較低的速度執行，所以在休息日也可以進行。或者當作一個長時間轉換訓練課程，藉此模擬比賽的疲勞感。

不需要每天都進行預防傷害訓練。非賽季期間，選擇加強較弱的部分，雖然你可能還是會選擇每種都做一些，以便支持自己的動態恢復。一週執行你所選擇的訓練兩至三次；用各種不同的特定肌肉訓練，來訓練自己，並且確保你是在超負荷的情況下（見第 4 章），這樣才會有進步。在賽季中你可能只需要一週進行一次體能訓練，但要確認該訓練可以增強你較弱的部位，就如預防能幫助你免於受傷或再次受傷。這類訓練一定能對你有所幫助，雖然有些時候受傷只是因為運氣不好。

結論

不論是預防傷害或是一般的體能訓練，如果你想成為一個更強的競爭者，就絕對要做重量訓練。觀察專業的三項選手，你會發現他們花了很多時間在健身房裡進行訓練，為了要 (1) 應付他們想進行的訓練和比賽，(2) 使游泳、自行車和跑步的表現更快、更強壯和更加持久。不幸的是，新手和業餘選手，甚至很多專業選手，都會忽視體能訓練。他們認為實際去游泳、自行車和跑步才會使自己在這些項目中表現得更好。這不僅大錯特錯且通常會導致成績停滯、挫折感和過度訓練傷害，因為他們的肌肉沒有受到調整。重量訓練和體能訓練有助於避免受傷，建立一個強壯且健康的身體，並且使特定的肌肉在需要時可以執行功能。

第 11 章

訓練計畫

本章提供了各種你可能會用到的三項訓練計畫，依據困難與強度有所不同。根據第 4 章中講解的心跳率訓練，每個訓練計畫的一開始會提到各種不同訓練項目之困難程度的心跳率百分比，這可以幫助你在不同的訓練項目中確實地達到訓練效果。

我為訓練，訓練為我

我在前面已經說過，每個人都不一樣，對你有效的訓練方式可能對另一個人沒效，因此我不相信會有「一體適用」的訓練方式。然而，這本書不可能將各種比賽距離的所有訓練計畫都涵蓋進來，因此，在這裡只提供你最基礎的概念，讓你可以衍生出自己的訓練計畫。

我納入了交叉項目的訓練方式，從簡單到間歇，轉換訓練到比賽距離的體能訓練。如果你覺得有些項目不太適合你，可以自行調整。記得，如果你是從跑者身份進入三項運動領域，那麼你可能要放更多的精力在游泳以及自行車的項目上，而在跑步上面只須維持原本的技巧與體能即可。

調整與完成

我假設大部分的人都有份全職工作，而且週休二日，因此計畫的設計是以此為前提。如果你的訓練時間不同，那麼請自行調整然後盡可能的完成。這是什麼意思？例如，我在大多數的訓練計畫中假設星期天是長時間的訓練，而星期一是休息日。這對於每週上班五天的人來說是最好的安排，但如果對於週間上班四天、放假兩天然後在週末有一天要調整出勤的人來說，就可能要修改訓練計畫來配合自己的工作時間。

1. 新手的四週計畫

- 輕鬆 50 ～ 60%
- 恢復／有氧耐力區間 60 ～ 70%
- 有氧動力區間 70 ～ 80%
- 無氧閾值區間 80 ～ 90%

第一週	項目	強度	內容
星期一	跑步	輕鬆	跑步 1 分鐘，走路 1 分鐘 × 8 組。
星期二	游泳	輕鬆	長度不限，划手（腿部浮具）、仰式踢水 ×10 組。
星期三	自行車	有氧耐力	30 分鐘
星期四	休息	休息	休息
星期五	游泳	有氧耐力	每種技術練習 ×4 趟，每兩趟休息 20 秒。
星期六	自行車	有氧耐力	30 分鐘
	體能	輕鬆	上半身
星期日	轉換	有氧耐力	騎車 25 分鐘後接著跑 1 分鐘、走 1 分鐘 ×10 組。

第二週	項目	強度	內容
星期一	休息	休息	休息
星期二	跑步	輕鬆	跑步 1 分鐘、走路 1 分鐘 × 10 組。
星期三	游泳	有氧耐力	種技術練習熱身 ×1 趟，兩趟划手（腿部浮具）兩趟、仰式踢水 × 10 組，4 趟捷式練習，組間休息 30 秒。
星期四	自行車	有氧耐力	40 分鐘
	體能	輕鬆	全身
星期五	休息	休息	休息
星期六	游泳	有氧耐力	每種技術練習熱身 ×2 趟，兩趟划手（腿部浮具）：一趟輕鬆、一趟累 ×15 組，兩趟捷式練習、兩趟仰式踢水 ×5 組，組間休息 30 秒。
星期日	轉換	有氧耐力	騎車 25 分鐘後接著跑 1 分鐘、走 1 分鐘 ×10 組。

第三週	項目	強度	內容
星期一	休息	休息	休息
星期二	跑步	輕鬆	跑步1分鐘、走路1分鐘×12組。
星期三	游泳	有氧耐力	每種技術練習熱身×1趟，4趟划手（腿部浮具）、4趟仰式踢水×6組，4趟捷式×4組，組間休息60秒。
星期四	自行車	有氧耐力	50分鐘
星期五	休息	休息	休息
星期六	游泳	有氧耐力	每種技術練習熱身×2趟，4趟划手（腿部浮具）：2趟輕鬆、2趟累的×15組，2趟捷式、2趟仰式踢水×8組，組間休息60秒。
	體能	輕鬆	上半身
星期日	轉換	有氧耐力	騎車40分鐘後接著跑90秒、走30秒×10組。

第四週	項目	強度	內容
星期一	休息	休息	休息
星期二	跑步	輕鬆	跑90秒、走30秒×15組。
	體能	輕鬆	腿部
星期三	游泳	有氧耐力	每種技術練習熱身×2趟，4趟捷式×20組，組間休息60秒。
星期四	自行車	有氧耐力	60分鐘
星期五	休息	休息	休息
星期六	游泳	有氧耐力	每種技術練習熱身×4趟，6趟捷式×10組，組間休息60秒，2趟仰式踢水×4組。
星期日	轉換	有氧耐力	騎車45分鐘，接著連續跑15分鐘。

2. 八週衝刺距離訓練計畫

- 輕鬆 50 ～ 60%
- 恢復／有氧耐力區間 60 ～ 70%
- 有氧動力區間 70 ～ 80%
- 無氧閾值區間 80 ～ 90%

第一週	項目	強度	內容
星期一	跑步	輕鬆	15 分鐘
星期二	自行車	有氧耐力	10 公里
星期三	游泳	技術	每種技術練習 ×2 趟，趟間休息 30 秒。
	跑步	輕鬆	20 分鐘
星期四	游泳	輕鬆	200 公尺 ×2 趟，趟間休息 2 分鐘。
	自行車	輕鬆	20 分鐘
星期五	跑步	間歇	熱身慢跑 5 分鐘，塔巴塔（tabata）間歇：衝刺 20 秒、休息 10 秒 × 8 組， 緩和慢跑 10 分鐘。
星期六	自行車	輕鬆	10 公里
星期日	跑步	輕鬆	20 分鐘

第二週	項目	強度	內容
星期一	休息	休息	休息
星期二	游泳	間歇	每種技術練習熱身 ×2 趟，2 趟快游，組間休息 20 秒 ×10 組，4 趟緩和。
	體能	輕鬆	上半身
星期三	自行車	有氧耐力	11 公里
星期四	游泳	技術	每種技術練習 ×4 趟，趟間休息 40 秒。
	跑步	輕鬆	20 分鐘
星期五	游泳	輕鬆	400 公尺
星期六	自行車	有氧動力	11 公里
星期日	跑步	輕鬆	20 分鐘

第三週	項目	強度	內容
星期一	休息	休息	休息
星期二	游泳	有氧動力	比賽配速 100 公尺 ×5 趟，趟間休息 1 分鐘。
	跑步	輕鬆	25 分鐘
星期三	自行車	有氧動力	11 公里
星期四	跑步	間歇	熱身慢跑 4 分鐘，塔巴塔間歇：衝刺 20 秒、休息 10 秒 ×8 組，輕鬆跑 2 分鐘，塔巴塔間歇：衝刺 20 秒、休息 10 秒 ×8 組，緩和慢跑 6 分鐘。
	體能	輕鬆	腿部、核心
星期五	游泳	技術	每種技術練習 ×4 趟，趟間休息 40 秒。
星期六	自行車	有氧耐力	11 公里
星期日	跑步	輕鬆／有氧動力	14 分鐘輕鬆，6 分鐘有氧動力區間。

第四週	項目	強度	內容
星期一	休息	休息	休息
星期二	游泳	有氧動力	每種技術練習熱身 ×2 趟，有氧游 200 公尺 ×4 趟，趟間休息 30 秒。
	體能	輕鬆	上半身／核心
星期三	自行車	有氧動力	13 公里
星期四	跑步	輕鬆	25 分鐘
星期五	游泳	技術	各種技術練習 ×4 趟，趟間休息 30 秒。
星期六	自行車	有氧耐力	13 公里
星期日	跑步	輕鬆／有氧動力／輕鬆	輕鬆跑 5 分鐘，比賽配速 10 分鐘，輕鬆跑 5 分鐘。

第五週	項目	強度	內容
星期一	休息	休息	休息
星期二	游泳	輕鬆	連續游 20 分鐘（可以的話在開放式水域）
星期三	自行車	有氧動力	16 公里
星期四	跑步	間歇	快跑 1 分鐘、慢跑 1 分鐘 ×10 組。
	體能	輕鬆	全身
星期五	游泳	輕鬆／技術	輕鬆游 400 公尺，每種技術練習 ×2 趟，趟間休息 20 秒。
星期六	自行車	有氧動力	13 公里
星期日	跑步	輕鬆	25 分鐘

第六週	項目	強度	內容
星期一	休息	休息	休息
星期二	游泳	有氧動力	600 公尺
星期三	自行車	有氧動力	20 公里
星期四	跑步	輕鬆／有氧動力／輕鬆	20 分鐘（輕鬆 5 分鐘、有氧動力區間 10 分鐘、輕鬆 5 分鐘）
	體能	輕鬆	腿部／核心
星期五	游泳	輕鬆／技術	輕鬆游 500 公尺，每種技巧練習 ×2 趟，趟間休息 20 秒。
星期六	自行車	有氧動力	16 公里
星期日	跑步	比賽配速	5 公里

第七週	項目	強度	內容
星期一	休息	休息	休息
星期二	游泳	有氧動力	連續游 20 分鐘（可以的話在開放式水域）
	體能	輕鬆	上半身／核心
星期三	自行車	有氧動力	16 公里
星期四	跑步	輕鬆／比賽配速	輕鬆跑 5 分鐘，然後 15 分鐘比賽配速跑。
星期五	游泳	輕鬆／技術	輕鬆游 600 公尺，每種技巧練習 ×2 趟，趟間休息 30 秒。
星期六	自行車	有氧動力	13 公里
星期日	跑步	輕鬆	25 分鐘

第八週	項目	強度	內容
星期一	休息	休息	休息
星期二	游泳	比賽配速	1/2 衝刺賽游泳距離（250 公尺或是 375 公尺）×2 趟，趟間休息 5 分鐘。
星期三	跑步	間歇	1,600 公尺 ×1 趟，400 公尺 ×8 趟，趟間休息 60 秒，800 公尺緩和。（盡量在田徑場上）。
星期四	游泳	輕鬆	800 公尺
	體能	輕鬆	全身
星期五	休息	休息	休息
星期六	自行車	有氧動力	20 公里
星期日	跑步	比賽配速	20 分鐘

3. 八週奧運距離訓練計畫

- 輕鬆 50 ～ 60%
- 恢復／有氧耐力區間 60 ～ 70%
- 有氧動力區間 70 ～ 80%
- 無氧閾值區間 80 ～ 90%

第一週	項目	強度	內容
星期一	游泳	有氧耐力	1,600 公尺（計時）
星期二	自行車	有氧耐力	25 公里
星期三	跑步	輕鬆	30 分鐘
	游泳	輕鬆	500 公尺 ×2 趟，趟間休息 2-5 分鐘。
星期四	自行車	有氧動力	30 分鐘
	跑步（轉換）	輕鬆	15 分鐘
星期五	游泳	技術	每種技巧練習 ×4 趟，趟間休息 30 秒。
	體能	輕鬆	上半身／核心
星期六	自行車	輕鬆	25 公里
星期日	跑步	輕鬆／有氧動力／輕鬆	10 分鐘／10 分鐘／10 分鐘

第二週	項目	強度	內容
星期一	休息	休息	休息
星期二	游泳	有氧動力	1,600 公尺
星期三	自行車	有氧耐力	25 公里
	跑步（轉換）	輕鬆	15 分鐘
星期四	游泳	輕鬆／技巧	針對個人弱項加強
	體能	輕鬆	全身
星期五	休息	休息	休息
星期六	自行車	輕鬆	32 公里
星期日	跑步	有氧耐力	40 分鐘

第三週	項目	強度	內容
星期一	休息	休息	休息
星期二	游泳	間歇	每種技術練習熱身 ×2 趟，400 公尺間歇 ×4 趟，趟間休息 1 分鐘。
星期三	自行車	輕鬆	25 公里
	體能	輕鬆	上半身／核心
星期四	跑步	輕鬆	30 分鐘
	游泳	技術	划手（腿部浮具）與仰式踢水各 100 公尺 ×8 組
星期五	游泳	輕鬆	1,000 公尺
星期六	自行車	有氧耐力	32 公里
星期日	跑步	輕鬆／有氧動力／輕鬆	15 分鐘／15 分鐘／15 分鐘

第四週	項目	強度	內容
星期一	休息	休息	休息
星期二	游泳	間歇／比賽配速	750 公尺 ×2 趟，中間補充能量及休息 5 分鐘。
星期三	自行車	輕鬆	32 公里
星期四	跑步	輕鬆	30 分鐘
	體能	輕鬆	全身
星期五	游泳	輕鬆／技術	輕鬆游 500 公尺／技術練習 500 公尺。
星期六	自行車	輕鬆／間歇／輕鬆	輕鬆 15 分鐘／間歇 60 分鐘／輕鬆 15 分鐘（間歇的訓練為 15 分鐘一循環，每一循環內要完成 20 秒衝刺 10 秒慢騎 ×8 組）。
星期日	跑步	恢復	45 分鐘

第五週	項目	強度	內容
星期一	休息	休息	休息
星期二	游泳	有氧動力	25 分鐘，另外練習穿脫防寒衣的技巧（可以的話在開放式水域）。
星期三	自行車	輕鬆	25 公里
	跑步	輕鬆	20 分鐘
星期四	游泳	輕鬆／技術	輕鬆游 1,000 公尺，接著針對弱項技術練習。
星期五	體能	輕鬆	上半身／核心
星期六	綜合	有氧動力	2 小時比賽時間訓練，包含體能訓練 1 小時、騎車 40 分鐘、跑步 20 分鐘。
星期日	跑步	恢復	50 分鐘

第六週	項目	強度	內容
星期一	休息	休息	休息
星期二	游泳	間歇	2 趟快游 ×10 趟，趟間休息 20 秒。
星期三	自行車	輕鬆／比賽配速／輕鬆	32 公里：輕鬆騎 8 公里，比賽配速 1.6 公里、輕鬆騎 1.6 公里 ×5 組，輕鬆騎 8 公里。
星期四	跑步	輕鬆	40 分鐘
	體能	輕鬆	腿部／核心
星期五	游泳	輕鬆	1,600 公尺
星期六	自行車	輕鬆	10 公里 2 組
星期日	自行車	有氧動力	32 公里
	跑步（轉換）	輕鬆	30 分鐘

第七週	項目	強度	內容
星期一	休息	休息	休息
星期二	游泳	間歇	400 公尺全力衝刺 ×4 趟，趟間休息 1 分鐘。
星期三	自行車	恢復	32 公里
星期四	跑步	輕鬆／比賽配速／輕鬆	輕鬆跑 10 分鐘／比賽配速的間歇跑 400 公尺 ×8 趟，趟間休息 2 分鐘／輕鬆跑 10 分鐘。
星期五	游泳	輕鬆	技術練習 1,600 公尺
	體能	輕鬆	上半身／核心
星期六	自行車	間歇	輕鬆熱身 20 分鐘，衝刺 2 分鐘、緩和 1 分鐘 ×10 組，輕鬆緩和 20 分鐘。
星期日	跑步	有氧動力	40 分鐘

第八週	項目	強度	內容
星期一	休息	休息	休息
星期二	游泳	有氧動力	1,600 公尺（計時）
星期三	跑步	有氧動力	40 分鐘
星期四	游泳	輕鬆／技術	輕鬆游 800 公尺／技術練習 800 公尺
	跑步	間歇	熱身 5 分鐘，衝刺 1 分鐘、緩和 1 分鐘 ×10 組，輕鬆跑 5 分鐘，比賽配速跑 5 分鐘，輕鬆跑 5 分鐘。
星期五	體能	輕鬆	上半身／核心
星期六	自行車	有氧動力	40 公里
星期日	跑步	恢復	60 分鐘

4. 八週半程超級鐵人三項訓練計畫

- 輕鬆 50 ～ 60%
- 恢復／有氧耐力區間 60 ～ 70%
- 有氧動力區間 70 ～ 80%
- 無氧閾值區間 80 ～ 90%

第一週	項目	強度	內容
星期一	游泳	有氧耐力	1,600 公尺（計時）
星期二	自行車	有氧耐力	40 公里
星期三	跑步	輕鬆	40 分鐘
星期四	游泳	輕鬆	1,600 公尺
	自行車	有氧動力	60 分鐘
星期五	游泳	技術	各種技巧練習 ×4 趟，趟間休息 30 秒，最後慢游使練習總時間達到 40 分鐘。
星期六	自行車	輕鬆	60 公里
星期日	跑步	輕鬆	1 小時

第二週	項目	強度	內容
星期一	休息	休息	休息
星期二	游泳	有氧耐力	1,800 公尺
星期三	自行車	有氧耐力	50 公里
星期四	跑步	輕鬆	45 分鐘
	游泳	輕鬆／技術／輕鬆	800 公尺／每種技巧練習 ×2 趟／ 800 公尺
星期五	游泳	輕鬆	2,000 公尺
星期六	自行車	有氧動力	65 公里
星期日	跑步	有氧耐力	1 小時

第三週	項目	強度	內容
星期一	休息	休息	休息
星期二	游泳	間歇	快游200公尺×10趟，趟間休息30秒，各種技術練習×2趟。
星期三	自行車	有氧耐力	50公里
星期四	跑步	輕鬆／有氧動力／輕鬆	總共45分鐘，如果狀況良好，中間15-25分鐘用有氧動力區間跑。
	游泳	輕鬆／技術／輕鬆	800公尺／每種技術練習×2趟／800公尺
星期五	游泳	輕鬆	2,000公尺
星期六	自行車	有氧動力	65公里
星期日	綜合	有氧耐力	比賽時間4小時以上的訓練，包含自行車1.5小時，體能訓練2小時，跑步1小時。

第四週	項目	強度	內容
星期一	休息	休息	休息
星期二	游泳	有氧動力	第1趟1,000公尺全力游，休息5分鐘，第2趟1,000公尺必須在前一趟的時間慢10%內完成。
星期三	自行車	有氧耐力	60公里
星期四	跑步	輕鬆	45分鐘
	游泳	技術	針對個人弱點
星期五	游泳	輕鬆	1,800公尺
星期六	自行車	間歇	暖身30分鐘，衝刺5分鐘、緩和3分鐘×10組，緩和10-20分鐘。
星期日	跑步	有氧耐力	1小時

第五週	項目	強度	內容
星期一	休息	休息	休息
星期二	游泳	輕鬆	1 小時（可以的話在開放式水域）
星期三	自行車	有氧耐力	65 公里
星期四	跑步	有氧動力	45 分鐘
星期五	游泳	技術／輕鬆／技術	針對個人弱項練習，接著慢游 1,800 公尺，體會動作的修正，再次複習技術練習。
星期六	自行車	輕鬆	50 公里
星期日	跑步	有氧耐力	70 分鐘

第六週	項目	強度	內容
星期一	休息	休息	休息
星期二	游泳	間歇	100 公尺 × 10 趟，趟間休息 20 秒。
	體能	輕鬆	上半身／核心
星期三	自行車	15 公里／間歇／25 公里	間歇：衝刺 2 公里、緩和 5 分鐘 × 10 組。
星期四	跑步	輕鬆	45 分鐘
	游泳	輕鬆／技術／輕鬆	800 公尺／每種技術練習 ×2 趟／ 800 公尺
星期五	游泳	輕鬆	2,000 公尺
星期六	體能	輕鬆	上半身／核心
星期日	自行車／跑步（轉換）	騎車有氧動力／跑步輕鬆	65 公里／ 1 小時

第七週	項目	強度	內容
星期一	休息	休息	休息
星期二	游泳	間歇	快游 200 公尺 × 10 趟，趟間休息 30 秒。
	體能	輕鬆	腿部／核心
星期三	自行車	輕鬆	65 公里
星期四	跑步	間歇	熱身 10 分鐘，衝刺 800 公尺 ×8 趟，趟間運動休息比 1：1。
星期五	游泳	輕鬆	2,000 公尺，接著針對弱點技巧訓練。
星期六	自行車	有氧動力	65 公里
星期日	綜合	有氧耐力	比賽時間 4 小時以上的訓練，包含 40 分鐘游泳、2 小時自行車、1 小時體能訓練、1 小時跑步。

第八週	項目	強度	內容
星期一	休息	休息	休息
星期二	游泳	技術	針對技術弱點練習，游 2,000 公尺。
星期三	跑步	間歇	熱身 10 分鐘，衝刺 800 公尺 ×10 趟，趟間運動休息比 1：1。
星期四	游泳	輕鬆／有氧／輕鬆	500 公尺／ 1,000 公尺／ 500 公尺
星期五	跑步	輕鬆	40 分鐘
星期六	自行車	有氧動力	80 公里
星期日	跑步	有氧耐力	90 分鐘

5. 八週超級鐵人三項訓練計畫

- 輕鬆 50 ～ 60%
- 恢復／有氧耐力區間 60 ～ 70%
- 有氧動力區間 70 ～ 80%
- 無氧閾值區間 80 ～ 90%

第一週	項目	強度	內容
星期一	游泳	有氧耐力	2,500 公尺（計時）
星期二	自行車	有氧耐力	65 公里
星期三	跑步	輕鬆	45 分鐘
	游泳	輕鬆	500 公尺 ×2 趟，趟間休息 2 ～ 5 分鐘。
星期四	游泳	輕鬆	2,000 公尺
	自行車	輕鬆	90 分鐘
星期五	游泳	輕鬆／技術	1,500 公尺／每種技術練習 ×4 趟
星期六	自行車	輕鬆	100 公里
星期日	跑步	輕鬆	60 分鐘

第二週	項目	強度	內容
星期一	休息	休息	休息
星期二	游泳	輕鬆	1,600 公尺，休息 5 分鐘與補充能量，1,600 公尺。
星期三	自行車	有氧耐力	80 公里
	跑步	輕鬆	15 分鐘
星期四	游泳	技術	針對個人弱項訓練
	跑步	輕鬆	60 分鐘
星期五	游泳	間歇	熱身，800 公尺間歇 ×4 趟，趟間休息 1 分鐘，緩和。
星期六	自行車	輕鬆	120 公里
星期日	跑步	有氧耐力	75 分鐘
	游泳	技術	混合技術練習 20 分鐘，休息與補充能量 2 分半鐘，混合技術練習再 20 分鐘，再休息與補充能量 2 分半鐘，最後針對弱項技術練習 15 分鐘。

第三週	項目	強度	內容
星期一	休息	休息	休息
星期二	游泳	間歇	慢游 100 公尺，技術練習 100 公尺，100 公尺 × 10 趟，趟間休息 30 秒。
星期三	自行車	輕鬆	100 公里
星期四	跑步	輕鬆／有氧動力／輕鬆	30 分鐘／ 15 分鐘／ 15 分鐘
	游泳	技術	針對個人弱項練習 45 分鐘
星期五	游泳	輕鬆	2,200 公尺
星期六	自行車	有氧耐力	120 公里
星期日	綜合	輕鬆	比賽時間 5 小時以上的訓練，包含 2 小時自行車、2 小時體能訓練、1.5 小時跑步。

第四週	項目	強度	內容
星期一	休息	休息	休息
星期二	游泳	間歇／比賽配速	600 公尺 ×4 趟，趟間休息 5 分鐘。
星期三	自行車	輕鬆	100 公里
星期四	跑步	輕鬆	60 分鐘
	體能	輕鬆	腿部／核心／手臂
星期五	游泳	輕鬆／技術	1,000 公尺，休息與補充能量 2 分鐘，1,000 公尺。
星期六	游泳／自行車（轉換）	技術／有氧耐力	45 分鐘／ 120 公里
星期日	跑步	恢復	90 分鐘

第五週	項目	強度	內容
星期一	休息	休息	休息
星期二	游泳	有氧動力	60 分鐘（盡量在開放使水域練習）
星期三	自行車	輕鬆	100 公里
星期四	跑步	輕鬆	45 分鐘
	體能	輕鬆	上半身／核心／腿部
星期五	游泳	輕鬆	2,500 公尺，接著做技術訓練。
星期六	自行車	有氧動力	160 公里
星期日	綜合	恢復	比賽時間 5 小時以上的訓練，包含 1 小時游泳、2 小時自行車、1.5 小時體能訓練、1 小時跑步。

第六週	項目	強度	內容
星期一	休息	休息	休息
星期二	游泳	間歇	100 公尺慢游和 100 公尺技巧練習暖身，100 公尺 10 組 組間休息 30 秒。
星期三	自行車	輕鬆／比賽配速／輕鬆	輕鬆 10 公里，比賽配速 15 公里，接著間歇衝刺比賽配速 3 公里與輕鬆 1.5 公里 × 6 組，最後緩和騎到 80 公里。
星期四	跑步	輕鬆	60 分鐘
星期五	游泳	間歇	暖身後快游 100 公尺與慢游 50 公尺 × 16 組
星期六	自行車	輕鬆	40 公里
星期日	自行車（轉換）	有氧動力	120 公里
	跑步（轉換）	輕鬆	70 分鐘

第七週	項目	強度	內容
星期一	休息	休息	休息
星期二	游泳	間歇	間歇 900, 800, 700, 600, 500, 400, 300, 200, 100 公尺，趟間休息 1 分鐘。
星期三	自行車	恢復	100 公里
星期四	跑步	輕鬆／比賽配速／輕鬆	輕鬆 40 分鐘／比賽配速 15 分鐘／輕鬆 10 分鐘
星期五	游泳	有氧動力	快游 1,900 公尺，休息與補充水分 5 分鐘，1,900 公尺，比前一趟的時間慢 10% 內完成。
星期六	自行車	有氧動力	75 公里
星期日	跑步	恢復	30 公里

第八週	項目	強度	內容
星期一	休息	休息	休息
星期二	游泳	有氧動力	2,000 公尺，休息 5 分鐘，2,000 公尺。
星期三	跑步	間歇	熱身 10 分鐘，間歇 800 公尺 ×10 趟，趟間運動休息時間比 1：1，緩和慢跑 10 分鐘。
星期四	游泳	輕鬆／技術	輕鬆 2,400 公尺／技術練習 1,000 公尺
星期五	跑步	輕鬆	45 分鐘
星期六	自行車	有氧動力	100 公里
星期日	跑步	恢復	32 公里

訓練日誌

不論你是初學者或是老手，確實記錄你的訓練以及比賽過程是每一位認真的鐵人三項選手都必須做的事。原因有許多，在這裡舉個例子。當你完成 1,500 公尺的游泳或是 10 公里的跑步訓練後發現自己特別疲勞，或是做了標準練習後覺得某個關節或肌肉特別痠痛，都可以記錄下來。如此持續記錄訓練內容一兩週後，你將能清楚地從訓練計畫中發現自己是否過度訓練，當週是否安排了太多高強度的練習，或者是練習的模式過於頻繁，甚至可能什麼都沒做錯，只是因為自己感冒了，那麼你可能就要攝取一點維他命 C 與 E，然後調整一下練習計畫。

相反地，假設你在奧運距離的比賽之中打破了個人最佳紀錄，你在比賽之前幾週記錄的體能狀況、訓練狀況、營養攝取狀況，都可以成為你日後準備其他比賽的參考依據。我不停的強調，要了解你自己！而了解自己的最佳方法，就是記錄自己每天的訓練過程並且加以分析。

我們曾經在第 1 章談到目標設定與達成目標，把你的訓練當成達到這些目標的工具。記錄訓練過程可以讓你知道自己是如何達成目標，甚至是激勵自己持續精進的方法之一。雖然你的目標不變，但是在達成目標的途中可以有些彈性，那會讓你記得自己是如何達成的。

週日夜晚是審視過去一週訓練日誌的好時機。從前一週的經驗來決定下一週的訓練內容是否需要調整，調整的內容可能是增加間歇訓練的次數或是體能訓練的時段等。雖然你不太可能做大幅度的變動，但有一個資訊與基準可供參考會很棒。

也許在悶熱的四月，你進行完自行車的訓練後，可能會完全沒有心情填寫訓練日誌，但你必須強迫自己去寫，隨時讓自己保持專心致力並全心全力去達成。當你越願意花時間去詳細書寫訓練日誌，你所能夠得到的回報就更多，無論你是處在高原期、受傷期，或是突破個人最佳成績時。

訓練日誌的書寫不必很複雜，只要用我下面所附的範例就可以：

訓練日誌				日期：
種類	游泳	自行車	跑步	轉換
距離				
時間				
強度／心跳率				
註記				

強度與練習狀況

運動	次數	組數	休息	註記

間歇

游／騎／跑	距離	衝刺時間	心跳率	註記

註記（時間、氣溫、身體狀況、訓練夥伴等等）

第12章

運動傷害與復健

運動傷害是每個運動員的夢魘，這不僅意味著運動生涯的終止，也可能意味著失去以往的健康與活力。本章主要說明三項運動選手常見的傷害以及該如何診斷，如果受傷時該如何自我處理，（雖然最好應該立即求助於你的醫生！）如何注意到早期徵狀，為了避免受傷，該如何進行預防傷害。

痛失努力的成果

如果你受了傷或是因為沒有時間練習而停止訓練，造成的影響可能是毀滅性的。無論你是否很認真地做健身，總是有投入心力，所以很容易感到只要停止一段時間就會失去一切。不過，其實停止訓練並不全然是壞事。首先，你可以把這當作是另一種動力來讓自己無論何時何地都能繼續訓練，保持正面積極的態度，改變悲觀的想法。

此外，研究顯示，運動表現降低主要發生在停止訓練兩週後，所以因感冒而休息幾天，並不會對你的表現造成太大影響。對大多數人而言，適度休息一下反而會對我們帶來好處。不過，如果因嚴重受傷、生病或其他理由而停止訓練了幾個月的時間，你努力的成果真正會受影響，研究顯示，只要你因受傷或生病而久臥不起二十天，最大攝氧量將會降低 25%。

修復和重新調整

當你受傷了，你必須去接受它，了解受傷的原因，找出一條繞過障礙物的新路徑。絕對不要放棄。只要專注於休息、靜養、修復和重新調整。

休息和恢復

在我的所有著作中，有一個共同主題就是過度訓練導致受傷。休息和恢復會使你成為一個全面性及不斷進步的三項運動員，在大多數時間裡都能避免傷害。

重拾過往的表現

如果生病或受傷使你流失了體能，這並不是世界末日。舉我自己的例子來說，我曾經右手嚴重受傷，而導致近六個月無法使用慣用手、或不能跑步達三個月（傷疤還會因流汗而難以癒合）。我當然很煩惱，因為受傷前我的體能水準幾乎到達巔峰。然而，研究顯示，體能的累積一旦達到一定的程度後，即使失去了，接下來會比第一次更容易再獲得。我現在已超越了以前的體能，也發現了更多不同方法來訓練、改善，並提升原本的表現。此外，我喜歡努力恢復我以前的體能水平，因為它給了我另一種動機目標。

由於這一切的結果，我現在對訓練受傷的人們更能夠感同身受，並發現我比其他人更能有效幫助他們復原。

三項運動員常見的傷害

跟腱炎（阿基里斯腱炎）

什麼是跟腱炎？

阿基里斯腱連接腓腸肌到跟骨，是身體裡最強壯的肌腱，並在跑步時提供上推的力量。當它發炎時會在你的腳後跟上方造成疼痛，尤其在跑或走時更甚之。研究顯示，阿基里斯腱發炎占了所有跑步傷害中的11%。

◆ 病因

一般來說，這是由於你的小腿肌肉過於緊張或你的腳踝不太靈活。速度增加的太快（即過度訓練），運動鞋後面與跟腱的磨擦也有可能是因素之一。

◆ 治療

將老舊太硬的運動鞋替換成有新軟墊的鞋子。利用伸展運動來增加小腿的柔軟度，減少坡度訓練，衝刺和間歇訓練也可以，因為這些訓練會讓腳跟能承受更多的衝擊。最後，訓練後冰敷也能幫助減少疼痛。

◆ 預防

多做伸展運動！如果是剛開始進入訓練或是要突然增加里程數，請記得慢慢來。

脛骨骨膜炎

什麼是骨膜炎？

骨膜炎是指運動員因訓練造成脛骨疼痛，但最常見的是脛骨內側壓力症候群。脛骨的內側部分基本上會發炎和疼痛，感覺像是挫傷。

◆ 病因

通常是由於在訓練中承受太多的衝擊，尤其是在堅硬的表面。如果是生物力學上的問題，像過度內旋或膝關節以下肌肉無力也有可能是主要原因（這點使我們必須回到訓練上做改善）。

◆ 治療

用冰敷和按摩來減輕發炎症狀，緩解疼痛區域。在訓練之前進行伸展和鍛練肌肉也是好方法。可能的話最好是在較柔軟的地面進行訓練。訓練前的被動和主動熱身亦可以幫助緩解此一症狀。

◆ 預防

調整體能訓練內容。每週訓練量不要增加的太多太快。保持下肢強度和調節訓練，這其中包括柔軟度。嘗試不同的訓練，可以在草原上或跑步機上跑步，而定向越野也是不錯的訓練方式。

跑者膝

什麼是跑者膝？

跑者膝是指軟骨軟化或髕股關節疼痛綜合症（patellofemoral pain syndrome, PFPS），特徵是在髕骨的前部疼痛。這種疼痛通常出現在久坐之後的下樓梯動作時。

◆ 病因

有很多種原因，但通常是因為過度內旋。跑太多下坡路、腿後肌群太緊繃、股四頭肌太虛弱或是過度訓練。

◆ 治療

減緩和消除發炎可以透過"PRICE(A)"的方法（保護，休息，冰敷，壓迫，抬高，消炎藥，如異丁苯丙酸）。保護或休息：減少或停止跑步並避免會引起疼痛的活動。改善股四頭肌和臀部肌群的失衡現象，穩定性的運動是一個有效的治療方法。

◆ 預防

分析你的跑步步伐。在跑步時過度內旋容易發生此問題。定期更換你的跑鞋。盡量把注意力放在游泳和騎自行車上，以避免此傷害。跑步時，避開堅硬的路面和陡峭的下坡。透過伸展保持柔軟度，繼續保持預防傷害與調節的訓練，使你的下肢維持健壯。

跳躍膝

什麼是跳躍膝？

跳躍膝或者髕骨肌腱炎的特徵都是前膝蓋骨下方疼痛。這種疼痛通常是肇因於長時間的使用膝關節，如站立，行走，或者依我個人的經驗，長時間開車也會。

◆ 病因

跳躍膝與跑者膝一樣有很多種成因，像是直接的撞擊或是跳躍性的運動。例如：籃球和體操。股四頭肌的緊張和過度勞累（常見於大部分上班族），也可能是一個重要原因。

◆ 治療

減少活動，並用 PRIA（保護，休息，冰敷，使用消炎藥）策略緩解發炎症狀。減少或停止跑步訓練，改以坐姿方式進行騎車（在站姿騎乘時會給髕骨肌腱壓力）或游泳訓練，讓肌腱可以癒合、復原。改善股四頭肌和臀部肌群的失衡現象，穩定性的運動非常適合用來改善此一傷害。

◆ 預防

使用有軟墊的鞋子來取代原本的跑鞋，學習使用中足著地的跑法，避免總是在堅硬的地面上跑步。盡量不要在陡峭的下坡上運動，尤其是如果路面又很硬的話，並盡量不要在堅硬地面上跳躍和跑步。跟往常一樣避免過度的訓練。

下背痛

什麼是下背痛？

下背部在中間或是一側隱約的疼痛，導致動作範圍受限，也可能讓跑步無法繼續進行。

◆ 病因

最常見的原因通常是因為運動或是訓練導致惡化，可能是游泳、騎單車或是跑步。

任何項目的技術不佳與穿著不合適的鞋也會有影響，也有可能是整天坐在辦公室導致不良的姿勢。連續數天揹著不是自身所能承受重量的背包（攜帶了一整天的工作所需用具、換洗衣物、午餐等）跑步所導致的下背痛，這種情況越來越普遍。此外，腿後肌太緊繃或是腹肌無力也是很大的原因。

◆ 治療

消炎藥會大幅降低疼痛和發炎，但無法解決根本的問題。改善姿勢和解決核心肌群的弱點才是最重要的（詳見第 10 章的核心肌群訓練）。特別是加強腹橫肌，臀大肌和豎脊肌等，對改善背痛很有幫助。柔軟度也可能是一個問題，所以如果你以往都忽略訓練後的伸展，那麼每天開始進行有關腰背部、腿後肌和髖部屈肌的伸展運動。此外，冰敷和熱敷可以幫助緩解疼痛和肌肉太緊繃的問題，是很好的運動按摩。

◆ 預防

避免訓練疼痛的部位，做些不會感覺到疼痛的運動，像游泳、跑步、騎單車。嘗試不同的訓練場地，在草原上或跑步機上跑步，嘗試不同的騎車姿勢或騎乘不同的車種。確保你的跑步步態經過專業的評估，然後戴上適當的護具。提升核心肌群和腹肌力量是絕對必要的，如果你跑步時必須揹著一個背包，那請確認它是一個合用的背袋。

維持強壯的核心肌群

對三項運動員來說，核心肌群力量不足非常可怕。如果你的核心虛弱，那麼你的游泳能力會很差，這會讓你消耗掉比原本所需更多的能量。更令人擔心的是，跑步是一項十分依賴核心肌群的運動，且是鐵人三項運動中的最後一個項目。你的核心在跑步的時候已經相當的疲勞，如果核心無法恢復，那麼骨盆會產生位移，而你的下背部就會開始疼痛。假如這聽起來跟你的狀況很相似，那就開始訓練你的核心吧！

髂脛束症候群

什麼是髂脛束症候群？

髂脛束症候群是在膝外側會有隱約的痛感。髂脛束是粗厚的，在筋膜下方的纖維束向下越過大腿外側，附著在膝關節下方。這種疼痛會嚴重到讓你難以繼續跑步，更有甚者在臀部區域也會感覺到觸痛。與跟腱炎類似，這是一種很常見的跑者運動傷害。三項選手如果經常在馬路上進行跑步訓練（特別是里程數的增加過快），就會飽受髂脛束症候群之苦，為此受影響的人不比跑者來的少。

◆ 病因

如果髂脛束變緊，它會磨擦膝外側導致疼痛和發炎。特別是在下坡時跑者可能會因此加重疼痛感。在嚴重的情況下即使是彎曲膝蓋也會感覺到疼痛。過度訓練或訓練之間沒有充分的休息也是常見的原因之一。

◆ 治療

PRICE 策略和使用泡棉滾筒來伸展髂脛束是目前緩解這種傷害的最佳方式。在平地跑步，進行適度伸展、加強柔軟度。強化腿部、髖部與背部肌群力量等都可以改善這種傷害。因此，體能訓練是關鍵！

◆ 預防

結束每個課程之後都要進行伸展運動。盡量不要太常在下坡路段或是堅硬的路面上運動，並記得穿著避震、合腳的鞋子。良好的體能訓練可維持腿部肌肉強度。若你以前曾受過髂脛束症候群的影響，那就必須使用中足著地跑法。確保你的訓練計畫除了跑步、騎單車與游泳外，也包括了體能訓練與預防傷害的練習。

腳趾甲瘀血

什麼是腳趾甲瘀血？

在訓練時腳趾會不斷的碰撞，尤其當穿著不合腳的自行車卡鞋或跑步鞋時，使得血液集中在腳趾甲底下，令趾甲變黑。

◆ 病因

在一次軍事訓練中我失去了五個腳趾甲。我認為是因為當時我的軍靴尺寸小了半號所導致。通常是因為腳趾抵著鞋尖或鞋子太緊而將血液擠壓到腳趾所造成的影響。過長距離的跑步，尤其是下坡跑也是其中的原因之一。

◆ 治療

趾甲最後會自行脫落，然後會有新的趾甲從下方長出。不要提早將趾甲拔除——它仍然保護著下方柔軟的皮膚，如果將它拔除將會引起疼痛和長期的傷害，其中包括指甲內生症（凍甲）。如果趾甲掉落在襪子或床上，可以利用貼布將其包覆回去，或請當地診所幫忙將其移除。

◆ 預防

試試新的自行車卡鞋、跑鞋或工作鞋，也許是不同的品牌，或至少大半號的尺寸。盡量別在下坡路段跑步，尤其是在較硬的路面上。

起水泡

什麼是起水泡？

水泡會發生在身體的任何部位，但三項運動員會因為跑步和沒有穿襪子騎自行車，而通常會出現在腳掌或者腳趾等處。人體藉由形成水泡的方式來保護受摩擦的部位。

◆ 病因

很多原因都會引起水泡，如不合腳的運動鞋、皺褶的襪子和潮濕都是原因之一。

◆ 治療

關於治療水泡的方式有兩種說法。藉由穿上不會摩擦患處的鞋子或者利用貼布、水泡專用的醫藥物品來保護水泡，讓水泡自行消失或破裂；或者，如果上述方法沒有幫

個人經驗

當我在陸戰隊服役時，我們利用很多不同的方式來處理水泡。某些人認為，貼紮問題部位是解決水泡的關鍵。這意指在常起水泡的地方使用氧化鋅或 Leuka 貼布來隔開患部，可以代替足部承受摩擦的力量。我自己也這樣做，而且有不錯的效果。作為一個三項運動員，在游泳時還是有可能使用貼紮，但較不常見。在訓練時是可以這麼做，但比賽中，凡士林還是比較行得通的方法。

助，可利用無菌針頭刺破水泡，戳兩個孔——一孔讓液體流出，另一孔讓空氣進入。立刻清洗患部，將液體擦拭掉並包紮傷口。不過，不要將死皮去除，這樣可以保護新的柔軟皮膚組織；生長出新皮膚時它便會自動脫落。在此之前將死皮去除會引起比水泡本身更不舒服的情況，並且延長癒合的時間。

◆ **預防**

保持足部的乾燥與清潔，並穿上更合適的鞋子。過了一段時間，原本患部的區域皮膚會變硬。如果發現有紅熱的部位表示已經產生摩擦，可以使用貼布或凡士林保護足部受摩擦的地方，並把凡士林塗抹在車鞋或運動鞋內會與足部產生摩擦的區域。

足底筋膜炎

什麼是足底筋膜炎？

足底筋膜是一個寬且厚的組織，從腳跟下方向前延伸到足部前方。足底筋膜炎通常會使腳跟下方附著點的深處感到疼痛。疼痛會在早晨下床時變得劇烈，這是因為筋膜整晚都處於緊縮的狀態。幾分鐘過後，當足部溫暖了起來，疼痛就會減輕。然而，當腳掌的足底筋膜在一天下來被過度使用後，疼痛的情形可能變得更糟。

◆ **病因**

最常見的原因被認為是小腿肌肉過於緊繃，導致足部過度內旋。這會使足底筋膜過度拉扯，引起發炎症狀和肌腱增厚的情形，這反而會導致喪失彈性和力量。穿著沒有提供太多足弓支撐的鞋子，已經被認為與提高足底筋膜炎發生率有關。三項運動員從游泳上岸到第一轉換區的長距離赤腳跑步，就會誘發或加重損傷，尤其是在水泥地上跑步時。

◆ **治療**

任何時候都穿著適合的鞋子（不只在訓練時）極其必要，尤其在跑步的時候。一雙像樣的鞋子必須擁有良好的足弓支撐以及緩衝性能。除此之外，盡可能的多休息，並停止會造成傷害的活動。利用橫跨足底筋膜的貼紮可以幫助減輕壓力，但最好可以請教物理治療師或醫療專家。冰敷和服用消炎藥也可以提供幫助。

◆ **預防**

最重要的是選擇正確的鞋子，因為支撐性不足的鞋類會產生足部的問題。研究顯示，體重過重的人有更高的風險會罹患足底筋膜炎，因為多餘的體重會在足部造成影響，所以實施減重計畫對這些人來說可能會是不錯的做法。最後，如果足底處於緊繃的狀態，利用在足底滾動高爾夫球等伸展的技巧對於治療和預防足底筋膜炎很有效。在游泳上岸到轉換區之間的路段使用中足式跑法也可以降低足底部位所承受的壓力。

游泳肩

什麼是游泳肩？

由重複的游泳動作造成肩部旋轉肌受傷，特別是將手向前延伸的抓水動作，會迫使肩膀重複進行抬肩高過頭頂的姿勢。這樣反覆的動作有時會造成發炎反應，並且最後會感到疼痛。

◆ 病因

訓練量和／或強度超過負荷可能是其中的原因，但主要是因為動作技術不良所造成。

◆ 治療

運用 PRICE 策略，降低訓練量或訓練的里程數，使用非類固醇抗發炎藥（NSAID），復健並且修正不良的動作技術，以防止未來再次受傷。

◆ 預防

確保自己的泳姿動作是正確的。如果擔心方式不正確，可以請教專業指導人員。將划手動作拍攝下來並自我檢視，這樣的做法非常值得參考。

車座疼痛

什麼是車座疼痛？

車座疼痛是由一些皮膚問題所引起，其中包括擦傷、皮膚過度摩擦、瘡、大腿和臀部的發炎，甚至是皮膚潰爛。幾乎任何的摩擦都可能會導致肌膚病變。

◆ 病因

主要是在一個不太自然且固定位置的小車座上進行長時間的身體活動。雖然這常被認為是初學者才會發生的疾病，但它卻可能對任何人造成影響，尤其是當他們改變了服裝、坐墊、自行車或者自己本身的體型大小。

◆ 治療

個人衛生是最重要的因素：每次使用後立刻將裝備、衣物清洗乾淨。切勿使用超過一次，並且在運動結束後立刻沖澡。使用抗菌藥膏，並保持患部的乾燥和清潔直到痊癒。

◆ 預防

適當的配件終究是最好的解決方式，如有需要，可立即更換。如果你正受到車座疼痛的影響，可以嘗試更換新的坐墊或運動褲等等。請教專家的意見，購入新的坐墊並確保坐墊適合自己。同樣重要的還有坐墊的位置：坐墊不應該隨著踩踏板的每一步而隨意移動，這樣會導致皮膚摩擦。衣服和短褲也一樣重要，它們可以保護皮膚免於摩擦。一分錢一分貨，所以還是買較好與合適的短褲或三鐵衣為佳。最後，凡士林和貼布拯救了我在海軍陸戰隊的時間，用在鐵人三項上也很有效！

磨傷

什麼是磨傷？

在騎乘自行車或者跑步時因為跌倒而造成皮膚擦傷破皮。

◆ 病因

由柔軟的皮膚與堅硬的表面接觸摩擦所引起，導致皮膚摩擦脫落。多半並不嚴重，很少會破壞超過兩個皮膚層。但是，高速度下的自行車禍或者衝刺時摔倒可能會造成更深的傷口。

◆ 治療

清潔傷口處的灰塵、汙垢，否則會引起感染。肥皂水或清水都很適合。清理傷口的同時，檢查傷口並移除任何碎屑雜物。較深的傷口需要進一步的就醫檢查。如果傷口出血超過 15 分鐘或是有撕裂狀的邊緣，可能需要做縫合處理。在傷口上覆蓋半滲透性的敷料以保護傷口並保持濕潤，這有助於傷口的癒合過程。每隔幾天就更換敷料，直到傷口癒合為止。

◆ 預防

突發性的車禍或者其他事故很難預防。穿著有保護性的服裝（如過膝式鐵人服，慢跑褲或者長袖運動衫）可以幫助保護大面積的皮膚，但很可能會影響比賽和訓練的過程。

足癬（香港腳）

什麼是足癬？

這是一種足部皮膚細菌感染所引起的問題，病徵是腿部皮膚和腳趾底下會龜裂，若情況嚴重卻未經治療會非常痛苦，因為傷口會引起皮膚撕裂脫皮。

◆ 病因

足癬一般是由已感染者傳染，特別是在潮濕的更衣室地面，透過共用襪子或是訓練器材和使用他人的毛巾。

◆ 治療

保持腳部透氣且乾燥，使用抗真菌藥膏、足癬粉以及大量噴劑來治療患部。

◆ 預防

避免與他人共用毛巾、鞋子、襪子等物品。在游泳池或更衣室時穿上拖鞋。盡量保持腳部乾燥，沖澡後一定要擦乾。可使用滑石粉，尤其是抗菌型的特別有用。並且在使用訓練器材前，確保它們已完全乾燥。

疲勞性骨折

什麼是疲勞性骨折？

疲勞性骨折指的是骨頭出現小裂縫或者碎裂。在三項運動選手中，骨折最常出現的部位是蹠骨和脛骨，因為長跑會使肌肉長期處於疲勞狀態。病徵是跑步時會緩緩出現疼痛感，觸碰會疼痛且腫脹。

◆ 病因

當肌肉、肌腱和韌帶因訓練而過度疲勞，卻沒有提供腳部足夠避震的話，骨頭會首當其衝受到傷害。已無避震功能的舊運動鞋也是一個主因，還有穿不適合跑步的鞋跑步，或是用不正確的方式赤腳跑步，特別是在長泳後腿部肌肉疲勞的情況下。無論如何，疲勞性骨折有時起因只是過度使用傷處，尤其是當距離或時間增加過快時。

◆ 治療

PRICE(A) 策略是不論哪一處受傷時都要嚴格遵守的原則。處理的持續時間從四週到四個月不等，視受傷的情況而定。所有的跑步、自行車訓練（高強度的訓練也是）皆必須停止進行直到痊癒，否則傷勢會難以復原。

◆ 預防

鞋內加入緩衝墊並且時常進行更換。如果要嘗試赤足跑，先要了解該項技術，非常緩慢的增加練習量並從較軟的地面開始。這同樣適用於改進任何跑步的方式——小心並漸進地增加訓練距離，可能的話最好在每個跑步日程之間安排一天的休息，以防止疲勞性骨折的發生。

滑囊炎

什麼是滑囊炎？

滑囊炎是在任何關節所產生的滑囊腫脹。關節囊裡面含有滑液，可以幫助組織和骨頭與骨頭或軟骨之間活動的潤滑。關節本身會感到疼痛和僵硬，尤其在早晨或長時間維持一個動作之後會更明顯，例如騎乘自行車。對於三項運動員來說，肩膀、臀部、膝蓋以及腳踝是最常發生滑囊炎的部位。

◆ 病因

通常與過度使用和持續受到撞擊有關，也就是一個關節長時間重複著一個動作。

◆ 治療

PRICE(A) 處理策略依然是最好的方法。休息可以幫助恢復，而冰敷可以逐漸解決問題。如果還沒完全痊癒，不要對受到影響的關節做訓練，否則會再次出現受傷的情況。

◆ 預防

如果受傷是與過度使用／衝擊有關，就必須要有一雙良好的緩衝墊運動鞋。可以在較軟的表面上做訓練，如草地或跑步機上。對於過度使用所造成的病情，千萬不要太快增加訓練的時程。良好的技術也可以避免這個問題。

角質過度症

什麼是角質過度症？

角質過度是足部皮膚的增厚現象，尤其是在腳後跟和蹠球的部位。繭（皮膚層）會生長在這些不斷承受壓力的部位，以避免起水泡。當這些較硬的皮膚開始感到疼痛，問題就會產生。

個人經驗

在海軍陸戰隊裡，新兵們會在休息的時間裡照顧自己的腳，以便能繼續執行任務。如果水泡、戰壕足、長繭或者其他任何的足部病變產生，這意味著他們已經「失去作用」，這個情形被視為新兵失敗的一部分。身為一位跑者，好好照顧自己的雙腳應該是標準程序的一環。

◆ 病因

有多種原因會使皮膚長繭，如單單只是長時間騎自行車或跑步，或穿著不合腳的鞋造成的摩擦。過大的運動鞋或者沒有將鞋子綁緊，則是導致此一症狀的一大主因。

◆ 治療

利用浮石處理可以幫助去除皮膚上的繭，並可以光滑皮膚。

◆ 預防

確保鞋子合腳並且經常更換，治療並修復你的雙腳。如果忽略病情，可能會造成感染且令你感到疼痛。平常保持良好的足部去角質習慣、保濕以及將硬皮去除會是最好的做法。

坐骨神經痛

什麼是坐骨神經痛？

在臀部、下背部出現麻痺或電擊感的疼痛，有時甚至整條腿部的後側都會受到影響，這是因為坐骨神經受到某種形式的壓迫或刺激所造成的現象。

◆ 病因

這可能由多種原因所造成，例如不平行的跑步姿態，而這往往是因過緊的臀部、腿後肌群、小腿和髂脛束所導致。更嚴重一點的原因可能會是椎間盤壓迫神經。只要以一種不自然的姿勢坐在自行車上就有可能引起坐骨神經疼痛。

◆ 治療

如果長時間展現同一種坐姿會造成病情加劇，所以伸展和活動對脊柱非常重要。如果就醫期間問題仍然存在，可以服用止痛藥和消炎藥來解決疼痛。

◆ 預防

穿著加壓緊身衣物，保持活動和伸展肢體。

皮膚炎（摩擦引起的）

什麼是皮膚炎？

皮膚炎會使皮膚發癢疼痛（通常是因為摩擦而引起），可能磨破皮膚。大多數發生在腿部、足部、背部、手臂兩側和乳頭（男性）部位。

◆ 病因

皮膚之間或者皮膚與衣服的摩擦。這個情況特別常見於衣物被汗水浸溼時。

◆ 治療

在已知問題的區域塗上凡士林，並穿著適合所從事運動的配件（如潛水服、鐵人服等）。確保服裝配件選擇適當。同樣地，在皮膚受到摩擦的表面使用抗菌乳膏以防止感染也很重要。

◆ 預防

開始運動之前，在有問題的皮膚表面上塗上足量的凡士林。購買並穿上鐵人服，替換需要更換的部分。此外，在每次使用後要清洗乾淨！最後，保持肌膚的水分，如此一來便可有效降低皮膚發炎的機會。

抽筋

什麼是抽筋？

抽筋是痙攣發生導致肌肉收縮後無法放鬆，情況嚴重時會使患肢無法正常使用。嚴重的抽筋情形會持續相當長的一段時間。

◆ 病因

抽筋是由於礦物質／離子的不平衡而產生電流脈衝，導致肌肉強力收縮。

有很多因素會導致抽筋：疲勞、脫水、鹽分不足、過度訓練，和進行一項對於目前自身的健身水準來說過於困難的訓練課程。

◆ 治療

在大多數案例中，透過補充水分和飲食來重新平衡礦物質與電解質就可以解決這樣的狀況。但是，溫和的伸展和按摩患部肌肉也可以有所幫助。

如果我所訓練的人員當中有人不斷地抽筋，我會讓他們在訓練開始前飲用電解質飲料，並在泳池的尾端放置兩個瓶罐提供他們使用，其中一瓶裝著電解質飲料，另一瓶則裝水。

◆ 預防

在開始訓練前要進食和飲料，不要長時間運動卻沒有能量補給，尤其是在高溫環境下要特別注意。徹底的熱身和伸展有助於預防抽筋的發生。

延遲性肌肉酸痛

什麼是延遲性肌肉痠痛？

延遲性肌肉痠痛會發生在運動後 12 到 72 小時間。

◆ 病因

這種症狀起因於肌肉的小拉傷。通常隔天疼痛會加劇，這似乎是因為肌肉中的蛋白質被分解後又重組。如果你在長期坐式生活之後又開始運動，情況又會惡化。嘗試新的訓練，或是延長一定的訓練距離與時間都可能會使症狀變得更嚴重。

◆ 治療

如果病情惡化的話，PRICE 處理策略可有效減緩病情。除此之外，按摩肌肉並且讓它休息也有幫助，可以使用消炎藥，但不應該依賴。

◆ 預防

充足的熱身活動可降低發生機率，穿緊身衣（詳見第 10 章）運動，或是長期坐式生活後緩慢提升運動強度都可有效預防。

熱衰竭

什麼是熱衰竭？

當你體溫過高時可能出現噁心、頭暈、頭痛、神智不清等症狀。如果未及時治療可能導致潛在的危險，甚至是危及生命。

◆ 病因

一般認為是身體大量出汗而缺乏水分所引起，因脫水而造成體溫急速升高。

◆ 治療

當你感到身體不適時應立即停止運動，並馬上到陰涼處休息。坐著緩慢且小口的喝水，而不是大口灌水，否則可能會引起反胃。也可喝些機能性飲料來補充電解質，但要先確保已補足足夠水分。

◆ 預防

在你工作或是比賽前適當的控制飲水，如果怕熱的話可選擇早上或晚上天氣較涼爽時來訓練。

扭傷

什麼是扭傷？

過度伸展，使連接骨頭的韌帶撕裂。大部分運動員的扭傷都發生在腳踝和腕關節，可能在跑步或騎腳踏車時發生。跑步時腿部肌肉疲勞也可能造成腳踝翻轉，因而感到劇烈疼痛。扭傷通常會使關節腫脹且造成一定程度的傷害。

◆ 病因

任何發生在腳踝的扭轉、翻轉和外翻，或是踝關節和腕關節的結締組織受損。可能在崎嶇不平的路面上發生，或是因為肌肉、肌腱、關節與其他受器過於疲勞而發生扭傷。

個人經驗

在一次陸戰隊新兵戶外訓練中，一名年輕新兵的腳踝扭傷。在與他談話過程時，發現傷勢似乎頗為嚴重。當時是冬天，地面上有一水窪，於是我叫他把襪子脫掉後將腳浸入冰水中。當他得到醫療照護時傷勢已經好轉很多，多虧當下直接進行冰敷治療。由此可知，傷害發生時立即處理並盡快運用PRICE(A) 策略是很有好處的。

◆ 治療

盡快使用 PRICE 處理策略，兩個禮拜內只做最低限度的活動且盡可能不要使用到關節，在兩個禮拜後腫脹應可消除。

◆ 預防

發生意外時手腕受傷是很難避免的。而在踝關節扭傷時，你能夠執行本體感覺訓練以復健並增強它們（詳見第 10 章）。跑步時避免跑在崎嶇不平的路面上，然後確保你的鞋子能夠發揮良好的保護作用。進行一套完整的熱身運動也是避免扭傷的方法。然而，大多數的扭傷其實都是不幸的意外。

肋部刺痛

什麼是肋部刺痛？

通常發生在胸腔右邊，似乎是因為橫隔膜韌帶伸張而影響其他器官。

◆ 病因

通常是跑步時橫膈膜及其他器官受到衝擊所導致，假如你是在左腳著地時呼氣應該不會感到疼痛，不過若呼吸節奏亂掉變成右腳著地時呼氣，將造成橫隔膜上升，使連接肝臟的韌帶拉伸（儘管你在呼氣）而出現刺痛感。進食後間隔時間不夠就跑步也會引起肋部刺痛，因為飽足的胃會影響整個呼吸過程。

◆ 治療

嘗試在跑步時減緩速度調節呼吸以減緩疼痛。如未奏效就停下，改以走路來控制，深呼吸並伸展體側患處。適當伸展通常可減緩痛苦。

◆ 預防

確保你在左腳踏地時呼氣。跑步時均勻且深度呼吸。如果感到喘不過氣且胸腔陣痛，則放慢速度直到疼痛減輕。在練習的兩小時之內不要吃東西並飲用充足的水分，因為脫水可能導致抽筋刺痛感。

腸胃道不適

什麼是腸胃道不適？

跑者腹瀉指的是在劇烈運動時，產生無法抗拒的欲如廁感。

◆ 病因

這被認為是因為腸胃道的血流量降低，壓力或焦慮在訓練當下造成的影響。其他可能的原因是騎自行車的姿勢不佳，和賽前或賽前一日的營養不足。脫水也會是一大原因。運動會造成消化系統的血流量減少而造成腹脹或腹瀉。

◆ 治療

上廁所！如果症狀持續，抗腹瀉藥物可以提供幫助。

◆ 預防

注意賽前幾天或高強度訓練之前攝取的食物。減少纖維的攝取。在賽前 24 ～ 48 小時內避免吃大量的生菜沙拉。最好是在訓練期間多嘗試一些不同的食物，找出最適合你的飲食方式，並且保持下去；不要在賽前或比賽當天嘗試新的食物。多喝水，因為這有助於血液流向腸胃道肌肉以利消化食物。

精神崩潰

什麼是精神崩潰？

一種完全失去鬥志和自信的狀況，原因並不清楚。

◆ 病因

在長距離賽事中，鬥志的衰退很常見，可能是因低血糖和疲勞所導致。三項運動選手絕對需要精神力量，但低血糖或全身的疲勞會透過荷爾蒙傳達給身體，告訴身體已經累了，繼而導致精神的低迷。

◆ 治療

做好準備。在漫長的比賽或者訓練途中，你不會一直覺得情緒高昂，所以可以事先告訴自己將可能面對低潮難關。「了解自己」再次扮演了一個重要的角色。另外將低潮也納入特別訓練的目標，如此才不會在比賽中發生首次的精神崩潰。透過在腦中重複念一些詞句，或者數著自己的腳步或踩踏圈數等來分散注意力。

◆ 預防

營養極其重要。不斷地補充能量，因為血糖（約每小時 60 克碳水化合物）對於維持心理和身體專注力是不可或缺的。對自己要誠實。假如你最多只能做一半的訓練或已經受傷了，就不要將目標設為要打破個人最佳成績。你將對自己感到失望，鬥志也會受到打擊。

游泳耳

什麼是游泳耳？

游泳耳或外部中耳炎是一種外耳道的發炎疾病，症狀包括疼痛、紅腫和耳朵會有分泌物。如果抓它會變得更嚴重，因為你抓癢的部位可能會導致皮膚破損因而感染。耳道可能會因為腫脹而影響聽力。

◆ 病因

水質不乾淨是最主要的原因，而開放水域的危險性更大。另外在游泳或洗澡時，耳朵會進水，這也是另一個常見的因素。

◆ 治療

保持耳朵完全乾燥直到症狀消失，所以即使有耳塞也不要下水游泳。飛行也可能對症狀有害，所以應該盡可能避免。

◆ 預防

游泳時戴上耳塞，一定要夠緊密卻不要傷到皮膚。最有效的方式是可以將它捲成合適大小的球狀使用。小心保持耳朵的乾燥和清潔，但不要將任何異物插進耳道，因為這有可能會破壞耳膜。使用滴耳劑可以幫助你防止病情惡化。

鐵人憂鬱症

什麼是鐵人憂鬱症？

在完成任何大型的比賽後，像是超級鐵人三項，會產生失望甚至沮喪的情形，這通常被稱為「鐵人憂鬱症」。

◆ 病因

突然沒有可以期待的目標，在長期辛苦訓練後突然有太多的空閒時間導致情緒低迷。從化學上的角度來看，腎上腺素、壓力和焦慮荷爾蒙皮質醇大量的釋放到體內；而運動過程中會產生腦內啡，所以一旦停止運動後，會導致戒斷作用。

◆ 治療

讓自己放輕鬆，休息一到兩個禮拜，吃垃圾食物並且用額外的時間再次與你的家人、朋友聯繫。因為你的身體會對腦內啡上癮，所以要開始積極的恢復。游泳是很棒的方式，可以讓你恢復和維持活動程度。和你的家人、朋友分享你對比賽的想法與感受，他們會幫助你將過去的比賽拋在腦後。

◆ 預防

請記住，鐵人三項只是你生命裡一天中的一項比賽。然而，憂鬱症很常見，可能也只是冰山的一角。所以如果你持續地感到憂鬱，去找你的家庭醫生吧。

肌肉拉傷

什麼是肌肉拉傷？

肌肉的撕裂，範圍從較小的撕裂傷（或拉扯）到完全斷裂。小撕裂傷的特徵在於輕微的疼痛，如果不斷地使用會使它惡化。完全斷裂是一種尖銳的感覺，會感到刺痛，有時還會伴隨著聽得見的聲音。

◆ 病因

最常見的原因是緊張而用力過度、太冷或是肌肉還沒熱身足夠。對三項選手來說，最常見的原因是突然加速或把不必要和不尋常的壓力施加在特定的一塊肌肉上。

個人經驗

有一次我進行了三組八趟、每組間隔一分鐘的間歇訓練課程。我已經完成了前兩組（十六趟）。就在我進行最後一組的第一趟時，我的大腿後肌有些作痛。我完成了第一趟，讓自己休息一下，然後開始第二趟。我又再一次感覺疼痛。我停了下來，然後花了大約三天的時間冰敷、休息，服用非類固醇消炎藥和按摩。之後我又開始進行較和緩的運動。不到一星期我就又可以舉重深蹲了。這代表甚麼?及早停止，正確復健，快速恢復。

◆ 治療

如果你懷疑肌肉有拉傷或撕裂傷的情況，請立即停止，因為繼續運動會使其變得更嚴重。使用 PRICE(A) 處理策略配合休息直到疼痛消退是唯一實際的補救方式。依據你受傷的嚴重程度，可以將休息時間安排在二到八週之間。在恢復運動時，要非常的小心注意。徹底進行熱身，包括動態伸展或先進行簡單輕鬆的課程，再開始正常訓練。

◆ 預防

有正確的技巧，和使用安全無虞的設備，最重要的是每次運動前的熱身和運動後的伸展。

胃腹脹

什麼是胃腹脹？

從水裡出來後胃會產生發脹、噁心的感覺，這會使之後的騎車賽段非常難受。

◆ 病因

一般認為是由於游泳時吞嚥了太多的水，但更可能的原因是因為吸入了太多空氣，像是呼吸通過嘴巴，順著食道進入肺部導致過量的空氣進入胃。過度換氣吸入這些空氣，才會導致胃腹脹與噁心感。

◆ 治療

自行車騎在道路上時的震動有助於自然排出你身體裡多餘的氣體。騎自行車時過量飲食也有可能會造成你的不適感。

◆ 預防

精進換氣技巧會有幫助。在開放水域進行練習，以避免驚慌和過度換氣。當你游泳時，若不是在吸氣，就應該吐氣。這有助於消除你胃中的空氣，並促成更自然的吸氣，引進足夠氧氣來供應你的肌肉。當吐氣時，請務必同時使用口鼻，否則很有可能吸進去的比你吐出來的多。

跗管症候群

什麼是跗管症候群？

跗管是踝關節周圍的區域，內有數條神經、韌帶及肌腱。當此區域任何一處發炎（通常為脛骨神經），會在跗管區域造成壓力，使腳趾及腳踝感到疼痛、刺痛。嚴重時，會造成整隻腳疼痛和跗管產生組織液。

◆ 病因

常見於長期規律跑步者。主因為扁平足，因為足弓扁平，會讓跗管周圍的神經及肌肉遭受壓力。

◆ 治療

NSAIDs（非類固醇抗炎藥物）能幫助減低神經內、韌帶、肌腱的腫脹，藉此讓區域有更多的空間，使藥物對跗管產生效果。取得跑步的步伐分析也是一個解決的好辦法。有一些跗管併發症的案例需要動手術，手術包含切除不規則的韌帶及增加跗管的空間。

◆ 預防

穿著寬鬆適合的鞋子讓足弓獲得支撐，這樣可幫助減少受傷的機會。也可以考慮使用矯正器來解決扁平足的問題，因為它會矯正足弓使其增加機動性。

旋轉肌群撕裂

什麼是旋轉肌群撕裂？

旋轉肌群是四個肌肉所組成，功能類似肌腱，將手臂上方固定在肩窩。如果肌肉被撕裂，疼痛會難以忍受，必須立即停止游泳。有兩種形式的撕裂——急性和退化性——游泳者主要是後者。症狀包含睡覺時碰觸到患處會感到疼痛，當抬起手臂或移動時也會。當旋轉手臂時會有碎裂聲。

◆ 病因

源自重複動作造成的壓力。游泳的划手動作是主因之一。

◆ 治療

如果你懷疑自己有撕裂傷，趕快看醫生，也可以使用消炎藥來減輕疼痛和腫脹。在極度痛苦的情況下，你可能需要注射類固醇。只要你開始感到痛，停止游泳並避免會造成不適的動作，但患臂不能完全停止運動，因為這有可能導致冰凍肩（沾黏性關節炎）。外旋動作的復健是非常重要的，這會成為復健的一部分。若是急性可能需要進行手術；手術修復撕裂旋轉肌群的成功率幾乎是 100%，所以不需要擔心。

◆ 預防

這類受傷可能是因為技術不良。所以花些錢請位教練，並透過適當的體能訓練課程預防傷害。

失眠

什麼是失眠？

簡單來說就是睡不著。

◆ 病因

眾多因素可導致失眠，包括壓力、飲食習慣、氣溫和荷爾蒙。對在訓練的你來說，睡眠是非常重要的。如果你無法正常入睡，精神和體能會受到影響，而且會無法進行比賽或訓練。這增加了你的壓力，產生不正常的荷爾蒙，讓失眠更惡化。

◆ 治療

規律的生活作息，從你一週七天的睡眠開始，到你的飲食和日常工作時間。擔心睡不著只會使情況變得更糟。真正的關鍵是要控制住你的壓力程度。因此找時間與親朋好友一起放鬆，或許有幫助。

◆ 預防

攝取養分的時機至關重要。盡可能早點吃晚餐且避免咖啡因與酒精。找一個適合你的放鬆方式，像是洗熱水澡、閱讀和聽音樂。避免任何會阻止你放鬆的因素，特別是工作。

冰敷治療與傷害

傷害可以分為兩種：急性與慢性。急性傷害是指近期內發生並清楚受傷的原因；腳踝扭傷就是一例。慢性傷害是指受傷情況已經存在了一段時間並且還在持續中，像髕骨肌腱炎。沒有經過處理或者是不穩定的急性傷害可能會轉變為慢性傷害。

如果有任何受傷的情況（急性或慢性）都應該就醫檢查，以確保沒有其他嚴重的損傷產生。如果傷到頭部、頸部或是背部，須立即就醫。一般來說，三項運動員的傷害常與腿、核心肌群／下背部相關，但也常聽到傷害出現在肩部及心血管系統——如果我們也將氣喘和過敏視為一種傷害。不論是什麼樣的傷害，通常都應該尋求專業意見，如果檢查過後發現不需要過於擔心傷勢，頂多也只是多花了一些時間去做檢查；但如果確實受傷，也可以因此避免因為繼續使用受傷的部位而造成其他併發症。

最後提醒：如果懷疑有任何傷害產生，一定要就醫檢查治療。但是，如果你很肯定不需要就醫，或是已經就醫但發現受傷的部分並不是最主要的部位，你可以參考以下的準則。

個人經驗

某個秋天，我認為自己單純只是扭傷了手腕，所以一個月後才就醫治療。經過X光、核磁共振和關節鏡檢查後，發現手腕的主要韌帶已經完全斷裂，如果拖延更久，我的大拇指可能會失去作用。我需要透過手術治療，並減少手腕活動一段時間來恢復。

傷害處理

受傷當下一直到 48 小時之內是傷害急性期，這時段可以利用冰敷來處理。關節扭傷造成韌帶受損（例如腳踝）、肌肉拉傷（如腿後肌群）或是撞擊造成的瘀傷（通常因為跌倒或肢體碰撞所造成），以上這些傷害的類型都可以自行處理治療。如果不進行治療，所有的傷害都會被人體以自然生物途徑處理，但經由冰敷可以大大加速這個過程。這些傷害會導致典型的發炎反應，如紅、腫、熱、痛，這些反應都是為了保護免於進一步的傷害，也都是急性期的特徵，其中還會伴隨著顏色的變化和功能的喪失。

PRICE(A)

PRICE 現在後方經常伴隨一個 A 做結尾，這是一個幫助記憶如何處理受傷情況的方式，由 Protect 保護、Rest 休息、Ice 冰敷、Compress 加壓、Elevate 抬高，如有需要再加上 Anti-inflammatory medication 抗發炎藥物：

◆ Protection 保護

最重要的是保護受傷的部位，幫助恢復並防止進一步的傷害。盡可能不要從事會讓患部疼痛的任何活動，但很明顯的，你每一天的生活和工作必須擺在優先。盡可能地將患處完全固定並且忍耐、堅持下去，否則會有傷害惡化的風險。

◆ Rest 休息

在受傷的 48 小時之內，休息可以說是傷害管理中最重要的一部分，並且對傷害的復原有直接的幫助。再次提醒，必須避免任何可能會引起疼痛或不適的行為。雖說如此，一旦患處活動時不會感到疼痛，就要開始進行動態的恢復。

◆ Ice 冰敷

冰，是治療損傷的工具。藉由縮小血管的直徑達到減少腫脹和灼熱感；低溫也使患處感覺麻木，從而降低疼痛感。一旦將冰塊從患處移除，患處回溫後，含有豐富營養物質的血液流入，就能幫助患處癒合。

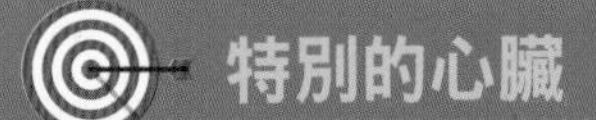

特別的心臟

如果你有一個在胸部或者左肩的傷，在冰敷之前必須先尋求醫療的建議，因為受傷的位置較靠近心臟。

◆ Compression 加壓

加壓可以在患處提供壓力以控制腫脹。提供壓力的方式有很多種，如螺旋式的繃帶、普通的絨質繃帶或「壓力型繃帶」。但是，必須透過按壓的方式來檢查受到加壓部位的血液循環，以確保血液的回流。如果患處或患處附近區域會感到疼痛，表示加壓的力道可能過於緊繃，應該將它移除或放鬆。

◆ Elevation 抬高

受傷部位（多半是腿部）的高度應該高於心臟，例如將雙腳抬高。這樣可以讓血液和炎性的液體從患部流出，進而降低腫脹。

在患部抬高的同時，在無痛的範圍內從事動態恢復運動，像是靜態和關節活動（如將腳踝背屈之後做左右旋轉）。這麼做可以促進肌肉收縮，幫助輸送腫脹區域內的液體。

消炎藥

布洛芬、Nurofen 和其他消炎藥有助於減輕發炎過程的五項特徵：

- 疼痛（由受損細胞釋放的化學物質所引起）。
- 腫脹（液體湧入受損區域所引起）。
- 發紅（血管舒張——血管擴張和關節或結構內出血所引起）。
- 發熱（因為受傷區域的血流量增加所導致）。
- 功能喪失（因為腫脹和疼痛感增加）。

當服用消炎藥時須先閱讀標示，遵循建議藥劑量，並且不要空腹時服用。

另一個字母 PRIA 的縮寫，也逐漸普及在處理較小、較不明顯的受傷狀況，是由 Protect 保護、Rest 休息、Ice 冰敷、Anti-inflammatories 消炎藥的縮寫所組成。

冰敷

雖然隨便任何一個塑膠袋都可以用來冰敷，但從體育用品店購買冰敷袋來使用會是更好的選擇。通常的做法是將內有凝膠的冰敷袋放進冰箱（透過微波加熱也可以作為熱敷包），在須冰敷的區域上鋪上一層間隔（保護皮膚免於凍傷或燙傷），最後再利用有彈性的魔鬼貼將之固定在受傷的部位。

隨時準備好冰敷袋

將冰敷袋放在冰箱內備用，因為你永遠不知道什麼時候會受傷，受傷後也不會希望還要等待冰敷袋冷凍。冰敷的速度是讓你快速復原的重要關鍵。

◆ 如何冰敷

冰敷須持續到受傷部位感到麻木，這通常需要 10 ～ 20 分鐘。盡可能在醒著的時候每兩個小時冰敷一次。將冰塊包裹起來或者將潮濕的毛巾或衣服冷凍後用來冰敷（或者有覆蓋的冰敷袋）。此外，很重要的是，當冰敷關節（膝、肘、腳踝、手腕等）時，約每 5 分鐘就要短暫將冰移開，讓關節在無痛的範圍內活動。由於冰敷的麻痺效果，不痛的活動範圍可能會增大。

恢復後的復健

一旦從傷後復原，復健就成了最重要的事情。這實質上包含了從事過去讓自己更強壯的相同運動，不過要長時間去執行以避免再次受傷。最容易受傷的方式就是游泳、騎自行車、跑步。注意你的體能狀態，你就更有可能保持無傷的狀況。

結論

不論你多小心，如何加強訓練和預防措施、避免過度的訓練，但你總還是會受傷。不過，透過了解常見的傷害，知道傷害的原因和避免的方法，你就可以降低受傷的機會，減少常見的傷害或舊傷的復發。一旦受傷，一定要確實休息，應用 PRICE 和／或 PRIA 處理策略並且多花一些時間恢復。將受傷視為一種挑戰，而不是挫折。

第13章

女性與鐵人三項

近年來，鐵人三項變得非常受歡迎，其中也包括了年輕的職業女性。跑步一直都是最受女性喜愛的運動，也是所有女性年齡層中參與人口成長速度最快的運動之一。緊接在後的是游泳，因為它是非衝擊性的運動，而且對於長期休息後（產前／產後等）再回到運動當中是一項很棒的選擇。再將一個受女性歡迎的運動器材「自行車」加入後，不意外的，有越來越多女性逐漸開始加入鐵人三項的行列中。

正如先前所說，從先天條件上來看我們都是不一樣的個體。因此，不論在選擇運動項目或是設定自我目標時都必須切合實際。

某些國家會評估孩子們最適合什麼樣的運動。舉例來說，一個長得較矮壯且體重較重的孩子，適合從事鐵人三項、橄欖球或是綜合武術？我並不想令人反感——但看看海軍陸戰隊——對於各種體格的人們來說，他們就是最好的例子，只要有強壯穩健的心理，就可以扮演任何角色。業餘運動也是一樣，如果你喜愛這項運動，去參與競賽並且享受這過程。那麼，為什麼我要提到基因呢？我是要強調，這是一個使我們都不相同的因素，也令每人適合進行的事情都不盡相同。

許多研究指出，相較於男性運動員，女性運動員膝關節外側受傷、髖骨損傷的發生機率是男性的兩倍，女性跑者臀部的受傷機率更可能高出三倍。此外，令人驚訝的是，報告中指出女性下背受傷的機率高出男性約十倍以上。

但那又怎麼樣呢？只要注意到這個問題，妳就可以盡量避免傷害。這麼說吧：如果我們單純的從身材大小、比例、運動方式來看，男性與女性是非常不同的。事實上，沒有兩個人會完全一樣。這些體形和腿部結

鐵三角競賽

現在有許多競賽都有團體的項目，例如三人接力共同完成一次鐵人三項。這樣可以讓三人各自完成自己的項目，而不必擔心另外兩個賽程。這也是進入鐵人三項世界完成個人項目的好方法。

構的差異，被認為是導致游泳、騎自行車、跑步形態不同的原因，也是女性運動員受傷率較高的主因。

運動生物力學上的差異

相較於男性來說，女性擁有較大的骨盆和較短的大腿。這些特徵意味著，一個典型的女性跑步步態包含臀部和大腿的內轉，以及雙腳呈現「X」的形狀。這種膝關節側向的彎曲，會對臀部、膝關節和下背部造成可能導致傷害的張力和影響。

對於喜歡跑步和（或）游泳的女性來說，參與鐵人三項其實是很不錯的。如果妳經常跑步，這種生物力學差異會很容易顯現出來（因為跑步的頻率更高），但三項運對會使妳為了練習其他項目而降低跑步練習的量。此外，許多女性泳者會練習蛙式，但不幸的是蛙式踢水的動作也會在膝蓋和背部造成壓力，所以訓練鐵人三項並改成使用捷式泳姿才是最好的。

阻力訓練

透過阻力訓練鍛鍊妳的肌肉（也可視為傷害前的復健），能有助於避免女性特有的運動傷害。休息與恢復也很重要，特別是當妳感到肌肉疼痛或受傷時。

跑步的一個主要問題是會使用相同的肌肉重複不斷地訓練。如果能加入游泳和自行車，能用不同方式訓練不同肌肉，避免重複訓練所造成的問題。

裝備有幫助嗎？

為了試著解決女性的 X 型步態，運動服飾和鞋的製造商利用特定的運動鞋和緊身褲，來改變女性雙腳的角度和肌肉關節作用的方式。據說這項科技可以防止 X 型步態，進而保護關節並預防隨之而來的傷害。不論這是真是假，如果妳為這類型的傷害所苦，並期待能再次跑步，任何預防措施都是值得嘗試的。即使那只能幫助妳更有自信，如果它能產生作用，或許就能給予妳幫助。雖然這樣，還是要重申一次，訓練、休息、恢復和身體改變是我首要的建議。

除了生物力學上主要的差異，女性所需的裝備也有明顯的不同，而不僅僅是不同的泳裝、自行車尺寸和運動內衣的差別。事實上，從萊卡緊身褲、潛水保暖衣到心率監測器和訓練器材，幾乎每個項目的裝備都有女性鐵人三項專用的版本。這是考慮到女性體質、體型等方面的差異，以確保她在訓練或比賽時感到舒適。這些裝備在第 5 ～ 7 章都會提到。

給女性的提示

綁好頭髮

無論是因為流汗或者游泳而弄濕了頭髮，濕髮貼在臉上或者後頸部都會令人感到不舒服。當從事鐵人三項運動時，妳不需要任何會令妳分心的事。

我女朋友曾向我描述她在健身房跑步機上訓練時忘了帶髮圈的經驗。她仍然試著繼續練習，但她必須不斷撥開臉上的頭髮，以致於她用一般速度跑步時也感到不舒服，最後她被迫離開跑步機去找其他可以將頭髮綁起來的方法。

化妝

有些人覺得在訓練時要看起來和平常一樣；尤其是健身房裡的同事或顧客經常可以看見這樣的情形。但卸除臉上的彩妝對妳的皮膚會比較好，這樣可以幫助皮膚經由流汗排出體內的雜質、讓皮膚正常呼吸並且預防毛孔堵塞導致產生斑點。即使妳保留妝容，訓練時的強度和時間還是很有可能導致脫妝。確保自己飲用大量的水，運動後去除臉上的角質，在重新上妝前要先徹底將臉洗乾淨。盡情的訓練，沖個澡，然後才將自己打扮得好看，這才是更好的做法。

如果妳是鐵人三項訓練的新人，認為除非在泳池中或雨中，否則妳不會被淋濕，那我只能說，如果妳不會流汗，那就表示妳並未在正確的強度下進行訓練以達到設定的目標。

每個月的生理期

以往，我們總是建議各年齡層的女性，

需要注意的時段

研究顯示，女性在月經期之前受傷的可能性更高。一般認為，荷爾蒙失調會影響運動神經元，讓妳的反應能力比平常更低；再加上血糖值會比平常低，這意味著能量水準也會降低，讓傷害較易發生。

在一個月裡面有幾天不要從事運動。如果疼痛感特別強烈，停止運動或許是不錯的建議，但這個建議卻不適用於當今繁忙的社會。專業運動員或球員在生理期來時更無法因此停止訓練。我很慶幸自己是男性，並且從男性的角度來寫關於女性的事情，但我也曾經是一個陸戰隊員，在部隊裡與男性、女性一起工作。在那裡沒有任何理由可以一整天不工作，或是因為工作勞累就倒下。不過，我明白，與月經週期相關的疼痛會令人衰弱。這讓我想到我最喜歡的口頭禪「認識自己」。如果受影響的情況非常嚴重，那就休息一下。

排除萬難

在每個月的那個時段，些許的心情憂鬱是很普遍的，不只是因為身體不適，也有部分是因為荷爾蒙的變化。因此，動機可能會是一個影響因子。排除萬難去運動似乎是最好的解決方式。這樣做會讓運動後的亢奮使我們感受到真實的成就感，也對整體的身心健康有所幫助。但從另一方面來看，休息也

減輕腹脹

腹脹的情況與經前症候群有關，是由身體中鈉的滯留所引起的。認真的運動和流汗可以大幅改善這樣的情況。不過必須補充大量的水分。

並沒有不好，因為傷害自己一點意義也沒有，尤其是如果妳可能會讓自己受傷時。

鐵人三項可以緩解疼痛——真的嗎？

有些女性鐵人三項選手聲稱，訓練對於緩解經前症候群的疼痛有很大的幫助。不論是因為實際訓練會讓注意力從疼痛轉移，或是因為運動時釋放的腦內啡，原本的疼痛可以獲得明顯的緩解。所以，如果你感覺情緒低落，游泳／騎車／跑步可以幫助妳提振精神。

衛生棉

我聽人說，運動對不同女性生理期血流量的影響也會不同。嘗試一些不同的衛生棉條和衛生棉墊，看看哪一種較適合自己。如果妳有朋友也參與三項訓練，或妳加入了游泳／騎車／跑步俱樂部，也可以詢問其他人的意見。在跑步、騎自行車或者游泳之前，先換上新的衛生棉墊／條，結束後再做更換。運動期間流量會比平常更多，這麼做可以防止尷尬的情況發生。最後，還是要以防萬一，避免穿著淺色的衣物。在生理期從事自行車或慢跑時，最好還是穿著黑色緊身衣。而且，比起在泳池，更建議穿著禦寒泳裝在開放水域游泳。一句老話：必須了解自己。如果生理期來臨時，在游泳池游泳會令妳感到不開心，那就增加跑步和自行車的訓練，直到妳回到像往常一樣時，再增加一些額外的泳池練習。

與男性的差異

除了先前所提到在腿部、臀部、膝蓋和雙腳等生物力學上的差異以外，外在的生理差異因素也很重要，尤其是在女性剛開始和男性一起進行鐵人三項運動或訓練的時候。一般女性的心血管系統比例較男性小，這意味著為了達到一樣的表現，女性必須付出更多努力。另外，女性的血紅素數量也比男性少，這表示女性原本較小的心臟必須增加收縮的次數，才能使紅血球提供全身所需要的氧氣。但是不用灰心。儘管存在這些差異，在訓練當中一般女性通常會比男性有更大的進步。所以關鍵是什麼呢？堅持訓練、努力奮鬥，挑戰自己而不是想著與男性競爭。

荷爾蒙

女性體內荷爾蒙在一個月內會產生波動

鐵人三項適合女性

有一個過去的理論認為，女性比男性更擅長耐力型運動，因為她們有更多的體脂肪可以燃燒並提供能量。在較短的距離內，男性傾向於使用自己的力量向前推進，而女性通常都會找到一個舒適區並且保持在那兒。這是很適合長距離比賽的方式，如超級鐵人三項比賽。因此，如果妳想要挑戰妳的另一半，何不先報名一場短距離的比賽，然後再說服他跟妳比一場超級鐵人三項比賽？

起伏，導致身體的各種反應，從體溫升高或者嗜睡都是。但訓練會對荷爾蒙有什麼樣的影響？研究顯示，相較於久坐，經常訓練會使體內產生一些較弱性的雌激素。這種形式的雌激素完全沒有任何問題，而且據說可以降低 50%罹患子宮癌和 66%罹患糖尿病的機率。

女性運動員三合症

這個名詞指的是一個艱苦訓練的女性運動員並且患有停經、骨質疏鬆症和厭食症其中一項疾病的情況。

停經

頻繁的鐵人三項訓練可能會造成停經（沒有月經週期）。這表示很少或者沒有雌激素在體內循環。有部分原因是由於運動時所釋放的腦內啡和兒茶酚胺過多所造成。妳可能最先會想到「太棒了，沒有經期」，但雌激素對於維持骨骼健康是必不可少的，因此，缺乏雌激素會導致嚴重的健康風險。透過服用雌激素和鈣補充品，停經的女性可以防止（但不可復原）骨骼受損。如果經期變短或者停止，請諮詢妳的醫生。

骨質疏鬆症

這看似相當矛盾，因為像是鐵人三項訓練等運動對促進骨骼健康和增加骨質密度的幫助眾所周知。但是，停經是因為體內雌激素降低所造成，而又必須有雌激素才能擁有強健的骨骼。這表示女性月經週期的異常，會提高罹患骨質疏鬆症或疲勞性骨折的風險。這樣的情況不僅止於停經的女性，也會發生在更年期後的婦女身上。

正確的處理方式同樣是減少訓練量並諮詢醫生的意見。不過，透過補充鈣、維生素營養品和服用避孕藥來提高體內雌激素的水平，並且重新調整月經週期，就可以預防這些問題的發生。

厭食症

無論妳是健身房的常客、跑者、三項運動員或是訓練成癮的人，許多女性（甚至有更多從事耐力運動的男性）會產生厭食症。這個情況來自於「更輕巧的身軀，更快速的表現」的假設，不過可悲的是，這樣的觀念顯然是一種誤導。

我們當然不必要與健美運動員一樣擁有大量的肌肉，但游泳、自行車、跑步仍然需要肌肉做有效率且適當的運作。此外，身體如果沒有足夠的燃料，表現會受到很大的阻礙，並且在一定的壓力下會使身體開始代謝自身的組織。肌肉分解和能量不足會使運動員因為肌肉量不足而導致疲勞及不可避免的損傷。厭食症所產生的其他副作用也應該注意。再次提醒，如果出現問題一定要就醫。

女性飲食需求

第 3 章概述了一般的飲食方式，例如該吃什麼、什麼時候吃以及該避免吃那些東西，適用於男性與女性，除了鈣和鐵這兩種礦物質以外。鈣質對於健康的骨骼是必需的，特別是在雌激素含量較低時。鐵質——尤其對生理期來臨的女性——也很必要；它可以使血液更容易攜帶氧氣。女性每天所需的鐵質比男性更多，生理期時的需求量可以多達 18 毫克。事實上有高比例的女性體內缺鐵，而對於一個每週長時間或長距離訓練的素食者來說，更容易產生貧血的情況。這是因為長距離運動會消耗大量的鐵質。鈣質的來源包括乳製品、深色蔬菜、花椰菜和魚罐頭，如沙丁魚和鮭魚。富含鐵質的食物包括肝臟、高營養的乾燥穀物、牛肉和菠菜。

懷孕

如果妳已經參與了鐵人三項的三個訓練項目，在懷孕初期一樣可以繼續訓練。如果之前沒有運動習慣，那麼在懷孕期間從事其中任何一種運動可能不是一個好主意，因為身體將會想辦法產生生理變化來適應。但是，此時身體也在適應體內的胎兒，同時讓兩種適應反應在身體裡作用不太明智。請教醫生，做可以讓妳感到放心的決定。

懷孕時期訓練的缺點

- 體溫過高：任何形式的運動都會使我們體溫升高；訓練結束後也會提高新陳代謝。不過，上述兩種情況都會造成體溫的升高，過高的體溫會傷害胎兒。
- 脫水：這會減少身體周圍的血液流動，特別是流向子宮的血流，繼而引起子宮收縮。如果選擇從事訓練，須確保補充的水分比懷孕之前跑步時所喝的更多。
- 受傷：懷孕期間會釋放荷爾蒙使關節較鬆弛，以幫助順利生產，這可能會導致妳更容易受傷。

懷孕時期訓練的優點

- 更健康的母親和寶寶：在懷孕之前經常運動的母親，可能會生出較大體型的嬰兒。這不需要感到害怕，因為體型較大的嬰兒通常較強壯，更能適應對身體不利的環境。
- 血壓：只要是使用舒適且不會疼痛的方式，懷孕期間的訓練可以保持較低的血壓，這對於妳和寶寶都比較健康。
- 減重：懷孕後減重會比較容易，如果在懷孕初期進行持續的訓練，就可以保持高度的新陳代謝。不過，只有在妳舒適的情況下才有此益處，否則為了妳和寶寶的健康，休息會是比較好的選擇。

幾項指導方針

懷孕的女性遠比人們認為的還要強壯得多。舉例來說，看看偏遠部落的婦女，在懷孕後期仍然長途跋涉、辛勤工作和提重物。這是很自然就發生的事情，而且在短時間內也不會有所改變。身處文明世界的我們發展出了一種保護並且隔離孕婦的文化。我不是要批評這個做法——我們仍然應該讓座給孕婦，並了解孕婦在從事日常工作時也有可能呼吸急促或感到反胃。不過，我們應該要記住，如果孕婦身體很健康，只要遵照一些指導方針，她就可以進行運動。運用常識是很重要的，如果感覺不對，就停下來並詢問妳的醫生。

- 如果在懷孕前就有運動習慣，懷孕後可繼續保持，但須降低強度。以前每月一次全程或半程超級鐵人三項比賽的運動量，現對孕婦而言顯然太多！要盡量保持在合理的範圍內。如果懷孕前沒有運動的習慣，妳就必須慢慢適應。在這三個項目中，游泳會是生產前最好的選擇。
- 懷孕期間變得特別嘴饞，被視為身體對維生素或礦物質需求的表達方式。所以，補充多樣的維生素和多種礦物質，並確保攝取足夠的紅肉和鈣質。
- 如果妳想要繼續慢跑、騎自行車和游泳，須選擇在較柔軟的地面上進行，以避免對胎兒造成過度撞擊，這或許也可以避免產生過多的妊娠紋。
- 雖然會造成額外的開銷，但如果需要較大件的緊身褲或運動內衣，這筆錢不需要省下來——許多公司都有出孕婦運動內衣。可以只買一套，半年內不斷換洗直到不能再穿，這樣是值得的。鞋子也一樣，在懷孕期間應該穿緩衝性更良好的鞋子來保護關節。
- 當要騎自行車時，健身房中的斜躺腳踏車也很有用處。斜躺車的姿勢很適合懷孕時期，可以提供一個完全沒有衝擊力且舒適的騎乘姿勢。

懷孕者本身

懷孕的三個時期都非常不同，每個時期都有當時可以做或不可以做的事情。關鍵在於要聆聽來自身體的聲音——無論妳是累了、餓了或是感到疼痛，確保自己會採取相對應的行動。

懷孕初期

訓練是可以的，但要保持有氧運動而不是無氧，也就是時間較長、較緩慢平穩的運動，不能過於激烈。間歇訓練的方式會很快進入無氧醣解系統，這樣的訓練過於激烈，也可能對胎兒造成傷害。

懷孕中期

這時自己和體內胎兒的所有生活需求正在分開。因此，妳開始會在活動時感到喘不過氣。這不是因為妳的身體適能水準導致，而是由於橫膈膜無法自由的移動，因為有個小小人正坐在上面。如果感覺沒有問題，就可以繼續運動。妳可能需先排除實際的慢跑和上路騎自行車，但可以繼續在健身房騎斜躺車和游泳；再次提醒，要保持在有氧運動的範圍內。

在懷孕中期和晚期剛開始時，女性體內會分泌一種稱作恥骨鬆弛激素的荷爾蒙。主要用途是放鬆骨盆，使其在生產時能擴張。問題是這樣的作用也同樣發生在關節上，導致身體變得不夠穩定。建議在這個階段不要從事高衝擊的訓練並堅持閉鎖式訓練（例如雙腿留在地板上的運動），因此游泳和自行車是個不錯的方式。只要是閉鎖式的訓練，還是可以繼續進行健身運動。

不建議進行涉及雙腳離開再接觸地面的運動（開放式訓練），腳踝、膝蓋和臀部會因為鬆弛激素的影響變得較軟弱無力。同樣的，妳也應該避免做重量訓練。利用自身體重的肌力訓練，在閉鎖式的情況下還是可行，但要避免將關節和骨盆張開，例如相撲式的蹲姿。要隨時注意身體的狀況並保持謹慎。

懷孕後期

到了這階段，懷孕中期呼吸困難的情況已經減輕，因為腹部隆起的部分向下移位，但也因為腹部隆起的程度，會使妳無法輕易的運動。不過奇怪的是，體內的能量通常會增加，所以保持活動仍然很重要。但由於鬆弛素的關係，必須選擇低衝擊性的運動以避免受傷。散步、游泳、斜躺車和水中慢跑（妳會感到比平常更輕鬆）都是非常好的選擇。訓練時應該保持輕鬆和愉快的心情，所以不要練到呼吸困難的地步，這樣會使寶寶需要的氧氣被轉移。

懷孕過後

對某些女性來說，鬆弛素會殘留在體內直到生產後六個月，也有一些女性體內的鬆弛素，會殘留直到哺乳期結束後六個月。不幸的是，這表示關節鬆弛的情況仍在繼續，運動必須採漸進的方式來進行，採用較輕的重量負荷，在做雙腿張開的動作時要很小心，因為可能會對骨盆造成傷害。加強核心肌群的訓練來改變鬆弛素和懷孕時產生的作用是個不錯的主意；強壯的核心可以避免大多數的傷害，而且對鐵人三項的各個項目都很重要。

母乳

有研究指出，嬰兒不喜歡運動後母乳的味道，因為當下處於高乳酸的狀態，使得母乳有酸味產生。因此，可以於運動前預先擠出母乳，或在運動前哺乳，並且補充比平常更多的水分。

向醫生請教

如果有動過任何手術和縫合的傷口，在訓練前請與醫生討論是否安全。

最後提醒

要記得，最重要的事情是要漸進地回到訓練當中，也要記住家中新成員的加入將會對妳有所影響。可能是因為整個夜晚都需要哺乳，或增加了一些憂慮，意識到生活將會完全的不同和必須付出的代價。此時，必須評估訓練在妳生命中的重要性。總之，記得要吃的營養，保持體內充足的水分並且運用妳的常識：傾聽來自身體的聲音、了解自己並充分的休息。

結論

男人和女人是不同的。我們需要的衣物、裝備有些不同，我們能承受的傷害有些不同，我們的能力和所能達到的成就也有一些不同。所以，要了解自己——看看妳的訓練和生活的關係。確保自己是健美的、健康的，把妳能做的每一件事情做到最好——不論是穿上一件良好的運動內衣、在每個月的「那個」時間裡好好休息、懷孕期間改變訓練的模式或者在停經的時刻就醫。安全和幸福的生活方式才是至高無上。

第14章

個案分析

梅麗莎·布蘭德（Melissa Brand，以下簡稱梅兒）是一位由Timex、Compress Sport、Zero D所贊助的三項運動選手，同時也是西元二〇一二年世界鐵人三項錦標賽的參賽選手之一。除此之外，她在倫敦市中心有一份全職的工作，所以她必須把訓練課表以及工作生活徹底合併，而訓練的內容至少得達到半程超級鐵人三項的距離。

我把梅兒的故事寫入這本書，不只是為了要向大家介紹職業或是半職業選手們的一些訓練秘訣，而是她的案例能夠激發許多認為自己沒有足夠時間做訓練的人。如果她可以在工作之餘，完成一週六天、一天兩次的訓練，而且在星期天可能長達5個鐘頭，你難道沒有辦法試著找出訓練時間來完成衝刺距離的賽事嗎？

梅兒是一位很認真努力的選手，但我們已經知道這些表現都是需要動機與犧牲的。她不僅有組織性也非常專注，而且會認真規劃每年、每月、每週和每場比賽，確保自己在生活中的所有事情都能順利運轉。同時她也是一位堅信肌力訓練以及體能訓練的選手，並且遵行食物優先，補給品只是輔助的原則。

訓練

就像我先前所說，這本書中介紹的訓練計畫都是一種指南，每個人的狀況都不同。所以當你的強項是游泳時，你就會花費較少的時間在泳池中，而是著重在路上和自行車上。如果我把梅兒的訓練課表一字不漏地寫出來，可能會有很多人照著做，然後希望自己也變成世界錦標賽的參賽者，但是這樣行不通。所以，我們要檢視的是梅兒訓練課表中的一些重要項目，希望對你在安排課表時有所助益。

梅兒通常一天訓練兩次、一週練習六天，但是這種規律會隨著賽事季節與季外訓練，以及比賽、減量、或是生病跟受傷等狀況而有所調整。但這也不代表梅兒一週用十二個訓練時段來壓榨自己。她會有一些重點訓練時段來增進自己的速耐力和耐力，也有一些訓練時段會以較低心跳率來進行訓練，讓身體可以恢復。

在比賽季節的期間，她仍然會進行肌力訓練和體能訓練，但這並不代表增加重量來增強爆發力與變壯，而是用來保持身體的狀態以及防止受傷的狀況發生。上一個賽季，她必須把重點放在增強臀部肌群和腿後肌群，以便讓自己的表現能更上一層樓，因此繼續維持肌力訓練以及體能訓練就是為了確保肌力不會流失。這種體能訓練的重點在於全身性的運動，節奏較慢、時間較長，需要在身體未疲勞的狀況下訓練，通常會安排在自行車或是跑步訓練之前進行。值得一提的是，雖然她在比賽季節仍進行體能訓練，但在季外時期進行體能訓練才能為下一季打好基礎。

梅兒大多會以七天做為訓練週期，其中包含了一個休息日。但如果她要參加一場重要的賽事或是要減量以及要出國比賽的話，則會有所變動。此時的變化是，她會另訂一個九到十天的週期安排一些特別的訓練。

在季外訓練的時候，梅兒的七天訓練週期可能重複四到六次，而她仍會將訓練週期

騎自行車上下班

梅兒利用通勤時間做為訓練時段，騎車上下班以及往返健身房。她的其他訓練時段則是在泳池、開放式水域中游泳；在戶外或是室內練跑；在功率車上練習。同時她也會利用地方舉辦的5公里、10公里或是半程馬拉松賽事，搭配游泳、自行車練習或是越野自行車項目來測試自己的表現。

維持在七天。

如同先前提到的，梅兒是一位堅信以賽代訓的選手。她會參加許多賽事，把賽事安排到訓練課表中並且不做任何減量。她並不會把這種安排視為一種困擾，而是當作一種優勢。和其他運動員一起競爭半程馬拉松，一起進行自行車以及游泳的計時賽，可以讓她有更多三種項目在比賽時的競爭感。她說道，不管你參加的是哪種類型的鐵人三項，比賽經驗都是最重要的。如果你是半程超級鐵人三項的參賽者，那麼就利用半程馬拉松，或者利用 10 公里、5 公里的比賽，來體驗奧運距離或是衝刺距離與人競爭時的感覺，藉此知道你在競賽的過程中會有多痛苦，以及這些痛苦可能會持續多久，也許是 1 小時或是 2 小時。如果你從未體驗過，那麼一切都是未知的。你必須經歷過這一切，才知道要如何克服它。

比賽距離的訓練項目可以讓她測試自己的營養補給計畫。藉由比賽強度以及比賽距離的訓練安排，能讓她經驗以及調整賽前應該需要攝取的量，以及比賽期間應該補給的量，而不會因為沒有嘗試過而苦惱不已。梅兒同時也發現她自己在短距離的賽事之中不太需要補給，因為身體裡有足夠的能量提供。但如果是全程或是半程超級鐵人三項的話，自己就需要好的營養攝取以及補給計畫。

針對每一場特殊的比賽，都必須先讓自己充分了解所需的卡路里數，然後準備相應的能量膠以及飲料。梅兒說她常在奧運距離或是衝刺距離的比賽看到參賽者們攜帶大量的能量補給品，然而他們所消耗的能量卻幾乎不需補給。所以最實際的方法在於，試著去測試自己的能量補給程度，這樣你才不會浪費許多錢，或是吃太多能量補給品反而讓自己噁心。

就像先前在第 4 章提到的，訓練的特定性對於任何體能訓練都很重要，在鐵人三項也不例外。梅兒在自己的訓練裡也發現了特定性的重要。因此在一些訓練項目之中，她會安排與比賽時間相當的訓練時間或是質量。現在梅兒專注於參加半程超級鐵人三項，而以下是她在季前訓練時期的部分內容：

- 2 小時的肌力以及體能訓練，以低強度、自身體重的重量連續操作。
- 1 小時的自行車騎乘，同時在騎車的過程中進行補給。
- 2 小時高頻率的跑步，主要是模擬雙腳在游泳以及自行車之後會在長跑項目中所出現的疲勞感。

特定性

特定性對於運動員的表現有很深的影響，但我認為最重要的還是自信以及知識。在我進入皇家海軍陸戰隊受訓之前就知道我會接受體能測驗。我的目標不只是通過測驗，而且還要以家常便飯的方式輕鬆通過。因此每個禮拜天我都進行同樣的測驗，而且都是在全力跑完5公里之後。同時我也會利用看足球賽時來進行特定性的訓練。我會選定一場足球賽，在健身房的跑步機上邊慢跑邊欣賞完上半場45分鐘的比賽，利用中場休息來伸展與補充能量，接著下半場開始時再上去跑步機跑步。這樣我就知道我能輕鬆地跑完90分鐘。

以半程超級鐵人三項來說，她預計在 5 小時左右完賽，因此訓練項目的安排必須長時間，而前兩項的訓練設計是要讓雙腳達到與在比賽時一樣的疲勞感，因為跑步項目是負擔最重的。

這一個訓練項目最棒的地方是，它展現出了頂尖選手不只注重肌力與體能的訓練。同時還會在進行其他項目前模擬疲勞，以增進訓練的效果。這是很聰明的安排同時也是時間運用絕佳的一個例子。

也許有人會認為，這對於衝刺距離或是奧運距離的項目來說根本不重要，因為距離還不夠長，所以選手不需要補充能量，也不會因為身體缺少能量而表現不佳（賽前的飲食和營養已提供充分的補給）。但這種訓練還是有幫助。近十年來世界上的頂尖運動員都已廣泛接受特定性，並將其策略運用在肌力與體能的訓練上。

如果你是用比賽距離的長度來做為訓練項目，那麼你必須要在訓練之後安排相對的休息時間，就如同參加實際比賽後的休息一樣。

休息

就像你早就注意到的，休息與恢復是這本書不停強調的主題之一。如果沒有良好的休息，你就不可能會進步，沒有辦法展現出最好的訓練成果，甚至還有可能會受傷。梅兒很仔細執行這項要點，在認真訓練之際，也安排足夠的休息時間。同時，如果她生病或是受傷，她也不會排斥整週都安排休息。雖然她的訓練都是經過有計畫的安排，但她也很願意根據身體狀況去調整訓練計畫。

通常在賽季的最後一場比賽過後，她會有一整個星期的休息時間，但這並不代表什麼事都不做，而是她不會進行訓練。她利用這個徹底恢復的時間，不進行任何三項運動與體能訓練來修補身體、恢復以及放鬆。同時，飲食的節制也會放寬。

在休息週過後，梅兒會進行四週的動態恢復，這代表做你想要做的訓練，而不是正規安排的體能訓練。意思是沒有規律性的訓練安排，只需以愉悅的心情，讓身體不停的動。梅兒可以游泳、騎自行車或是跑步，但她也可以不要。如果她想的話，也沒有特定訓練量的規劃。同樣地，她也可能不會進行任何練習，或是針對三項進行運動。梅兒認為這段時間，心態上的調整比起體能上的恢復還來得重要。

季外

通常季外的訓練計畫都比較簡單，不論是從賽季中得知或是因為考慮到舊傷的關係，通常會把重點放在弱項。這種事前預防性復健以及事後復健是梅兒在肌力以及體能上的基礎。因此為了要使訓練有效，必須

增強弱項

梅兒的教練曾經一度禁止她騎自行車與跑步，直到她增強了臀部肌群和腿後肌群的肌力。就像大多數的鐵人三項選手一樣，她常常專注地針對三種項目進行苦練，而忽略了自己的弱項。因此她現在非常了解核心運動和事前復健訓練的重要性，例如：自身重量的蹲舉、登階訓練，還有專注於臀部肌群和腿後肌群的體能訓練。她的自行車與跑步項目就在教練的強制禁止之下進步了，這就顯現出了體能訓練的重要性。

越野自行車

越野自行車是另一項很貴的裝備，它可以在不良的氣候與路況中騎乘，例如雪地或是結冰的地面。而且由於你是和自行車選手一起訓練而不是別的三項運動選手，你會更努力地把自己逼到極限，不論是在雨天或是寒冬中進行高強度訓練。

先從無負重開始訓練，直到身體熟悉，這才是學習的正確路徑與感知身體的方式，唯有如此才能感受到身體的哪些肌肉在活動、哪些沒有。自身負重的訓練，例如跨步蹲、腿後肌架橋以及深蹲是訓練關鍵。

季前訓練

梅兒的季前訓練仍然是針對三種項目並搭配肌力、體能、減量和重點項目來進行安排，同時也有安排恢復的時段。比較令人驚訝的訓練項目是在冬季時安排 30 分鐘的越野跑步，還有 1 小時左右的越野自行車。這些是高強度的訓練，需要很大的專注力，讓腦袋不停的動，而不是像在跑步機上面一樣放鬆。

越野自行車是很技巧性的運動，可以幫助她增進騎乘技巧，進而使她更能夠正確的騎車。她覺得這種訓練安排，可以讓她擺脫逐漸懶散的心態，同時也增加冬季訓練的趣味性。

減量與選擇賽事

梅兒與大多數的職業選手一樣，在賽季中有一系列的比賽要參加，因此必須仔細選擇要參加哪些賽事。梅兒會把賽事分級成 A、B、C 三級，從其中各選出一些。針對等級 A 的重要賽事她會進行減量與休息，而其他的賽事當成訓練的一環，以賽代訓的模式進行，不會另外減量。

針對一般三項運動選手到底在賽季中該參加幾場比賽的建議：

- 衝刺距離：一個月兩次，因為這種比賽通常不會超過 1 小時，所以身體可承受得住。如果有一場特別重要的話，那麼那個月就只比那一場。
- 奧運距離：一個月一次。
- 半程超級鐵人三項：在一季裡面可以參加四場半程超級鐵人三項。但是可以把衝刺距離或奧運距離當成訓練項目來參賽，所以可以一個月參加一到兩場的比賽。

營養

在飲食方面，梅兒並沒有過度地控制。她不使用處方節食也沒有營養學家提供意見。她的飲食控制是很正常多元化的，含碳水化合物、脂肪和蛋白質。她會刻意攝取比一般人還要多的蛋白質，這是因為她需要支撐高頻率的訓練量，並且確保身體有足夠的能量可以修補訓練後所帶來的耗損。

她崇尚多樣化天然食物，會特別攝取瘦肉當作蛋白質來源，然後從馬鈴薯、地瓜以及糙米飯來攝取碳水化合物。梅兒的早餐通常都是由無糖無鈉的碎堅果燕麥搭配優格或是豆漿。她說：「以我這個層級的訓練而言，我需要好的飲食調配，但是我不會限制攝取範疇。我崇尚簡單和高品質的食物。」

補充

與其他的運動員相同，梅兒試著從水果、蔬菜、肉類和魚類之中攝取所有所需的營養。但她也會定期的補充綜合維生素和礦物質來增進恢復的效率，並確保她不會生病與受傷。

她會在訓練前後攝取支鏈胺基酸，避免醣類在大量消耗後分解肌肉做為能量來源。在比賽或是較長距離的訓練項目之中，她會沖泡能量粉飲品，或是能量膠。這兩種都能提供碳水化合物以補充肌肉消耗掉的能量。這種粉狀泡成的飲料，通常都是等滲透壓的飲料，有助於水和作用。梅兒在比賽或是強度較高的訓練項目之後，會飲用有益於恢復的奶昔。這種奶昔通常含有蛋白質、碳水化合物、一些礦物質，能夠馬上提供身體能量幫助肝醣儲存、補充能量與進行身體的修補。

梅兒也從經驗中學到，要先去了解賽事所提供的補給品品牌，然後在賽前的訓練之中食用，以確保身體可以適應這種補給品。如果不行的話，那麼她就要自行攜帶補給品，然後請人在比賽過程中遞給她，但這種方式並不是很可靠。因此她還是建議選手們盡量使用賽事大會所提供的補給品，然後在比賽前的訓練使用，讓身體提早習慣。你最不想要發生的事情，就是在比賽中因為食品的關係感到不適。

曾有一次梅兒去荷蘭參加比賽。她按照慣例去蒐集賽事的補給品。出乎她意料的是，該補給品的品牌並不常見。她在比賽之前試用後，發現身體非常不適應，所以她只能自備補給品，不然她就得整場賽事都不補給。還好她在賽前先做了測試，才避免了一次恐怖的賽事經驗。

在超級鐵人三項比賽中，大部分的人都

個人經驗

如同我在陸戰隊所學到的一樣，我們必須讓自己看起來很專業，這樣敵人一看到我們就會有所遲疑。如果我們看起來糟得不得了，那麼敵人就會看輕我們。在比賽中也是一樣，如果你的自行車上貼滿膠帶和包裝紙，那麼你的對手可能會覺得你是來搞笑的，如果讓自己看起來熟練、專業且自在，那麼你看起來就像是準備贏得勝利的人。

會在自行車上待 6 個多小時。你只須準備足夠 6 小時的能量飲料帶在車上，而不是水，因為你可在賽道上拿到水的補給。梅兒說，職業運動員會在車上放三到四罐超濃縮能量粉，服用粉末時必須配合水一起嚥下，這樣才能在嘴巴和胃中混合。這種方法也適用於能量膠。大部分的業餘運動員都把能量膠黏貼在車上，而職業運動員則是擠出來裝在瓶子中，因為這樣比撕開包裝要簡單多了。

國家圖書館出版品預行編目(CIP)資料

鐵人三項完全指南／西恩・樂威爾 (Sean Lerwill) 作；
吳家慶總編譯 . -- 初版 . -- 臺北市：
麥格羅希爾 , 2014.09
面；　公分 . --（休閒生活 ; LL001）

譯自 : Triathlon Manual
ISBN 978-986-341-138-3（平裝）

1. 三項運動 2. 運動訓練

528.9474　　103016117

休閒生活 LL001

鐵人三項完全指南

作　　者　西恩・樂威爾（Sean Lerwill）
總 編 譯　吳家慶
企劃編輯　高純蓁
行銷業務　曾時杏
業務經理　李永傑
出 版 者　美商麥格羅希爾國際股份有限公司台灣分公司
地　　址　台北市 100 中正區博愛路 53 號 7 樓
網　　址　http://www.mcgraw-hill.com.tw
讀者服務　Email: tw_edu_service@mheducation.com
　　　　　Tel: (02) 2383-6000 Fax: (02) 2388-8822
法律顧問　惇安法律事務所盧偉銘律師、蔡嘉政律師
劃撥帳號　17696619
戶　　名　美商麥格羅希爾國際股份有限公司台灣分公司
亞洲總公司　McGraw-Hill Education (Asia)
　　　　　1 International Business Park #01-15A, The Synergy Singapore 609917
　　　　　Tel: (65) 6868-8185 Fax: (65) 6861-4875
　　　　　Email: mghasia_sg@mcgraw-hill.com
製 版 廠　信可印刷有限公司　(02) 2221-5259
電腦排版　詹婷婷　(02) 8231-7797
出版日期　2014 年 9 月（初版一刷）
定　　價　620 元
原著書名　Triathlon Manual

ISBN：978-986-341-138-3

經銷商：聯合發行股份有限公司　　電話：(02) 2917-8022

廣告回函
北區郵政管理局登記證 北台字第 7305 號
郵資已付

100
台北市中正區博愛路53號7樓

美商麥格羅・希爾國際出版公司
McGraw-Hill Education (Taiwan)

感謝您對麥格羅・希爾的支持
您的寶貴意見是我們成長進步的最佳動力

姓 名：＿＿＿＿＿＿＿＿ 先生 小姐 出生年月日：＿＿＿＿＿＿＿＿

電 話：＿＿＿＿＿＿＿＿ E-mail：＿＿＿＿＿＿＿＿

住 址：＿＿＿＿＿＿＿＿

購買書名：＿＿＿＿＿＿ 購買書店：＿＿＿＿＿＿ 購買日期：＿＿＿＿＿＿

學　　歷：□高中以下（含高中）□專科 □大學 □碩士 □博士

職　　業：□管理 □行銷 □財務 □資訊 □工程 □文化 □傳播
□創意 □行政 □教師 □學生 □軍警 □其他 ＿＿＿＿＿＿

職　　稱：□一般職員 □專業人員 □中階主管 □高階主管

您對本書的建議：

內容主題 □滿意 □尚佳 □不滿意 因為 ＿＿＿＿＿＿

譯／文筆 □滿意 □尚佳 □不滿意 因為 ＿＿＿＿＿＿

版面編排 □滿意 □尚佳 □不滿意 因為 ＿＿＿＿＿＿

封面設計 □滿意 □尚佳 □不滿意 因為 ＿＿＿＿＿＿

其他 ＿＿＿＿＿＿

您的閱讀興趣：□經營管理 □六標準差系列 □麥格羅・希爾 EMBA 系列 □物流管理
□銷售管理 □行銷規劃 □財務管理 □投資理財 □溝通勵志 □趨勢資訊
□商業英語學習 □職場成功指南 □身心保健 □人文美學 □其他 ＿＿＿＿

您從何處得知 □逛書店 □報紙 □雜誌 □廣播 □電視 □網路 □廣告信函
本書的消息？ □親友推薦 □新書電子報 促銷電子報 □其他 ＿＿＿＿＿＿

您通常以何種 □書店 □郵購 □電話訂購 □傳真訂購 □團體訂購 □網路訂購
方式購書？ □目錄訂購 □其他 ＿＿＿＿＿＿

您購買過本公司出版的其他書籍嗎？ 書名 ＿＿＿＿＿＿

您對我們的建議：

＿＿＿＿＿＿＿＿＿＿＿＿

＿＿＿＿＿＿＿＿＿＿＿＿

＿＿＿＿＿＿＿＿＿＿＿＿

＿＿＿＿＿＿＿＿＿＿＿＿

信用卡訂購單

（請影印使用）

我的信用卡是□VISA □MASTER CARD（請勾選）

持卡人姓名： 信用卡號碼（包括背面末三碼）：

身分證字號： 信用卡有效期限： 年 月止

聯絡電話：（日） （夜） 手機：

e-mail：

收貨人姓名： 公司名稱：

送書地址：□□□

統一編號： 發票抬頭：

訂購書名：

訂購本數： 訂購日期： 年 月 日

訂購金額：新台幣 □ 元 持卡人簽名：□

書籍訂購辦法

郵局劃撥

戶名：美商麥格羅希爾國際股份有限公司台灣分公司
帳號：17696619
請將郵政劃撥收據與您的聯絡資料傳真至本公司
FAX：(02)2388-8822

信用卡

請填寫信用卡訂購單資料郵寄或傳真至本公司

銀行匯款

戶名：美商麥格羅希爾國際股份有限公司台灣分公司
銀行名稱：美商摩根大通銀行 台北分行
帳號：3516500075
解款行代號：0760018
請將匯款收據與您的聯絡資料傳真至本公司

即期支票

請將支票與您的聯絡資料以掛號方式郵寄至本公司
地址：台北市100中正區博愛路53號7樓

備註

我們提供您快速便捷的送書服務，以及團體購書的優惠折扣。
如單次訂購未達NT1,500，須酌收書籍貨運費用90元，台東及離島等偏遠地區運費另計。
聯絡電話：(02)2383-6000
e-mail: tw_edu_service@mheducation.com

請沿虛線剪下